Ferdinand
Knauß

MERKEL
AM ENDE

Warum die Methode
Angela Merkels nicht mehr
in unsere Zeit passt

FBV

Bibliografische Information der Deutschen Nationalbibliothek:
Die Deutsche Nationalbibliothek verzeichnet diese Publikation in der Deutschen Nationalbibliografie. Detaillierte bibliografische Daten sind im Internet über http://dnb.d-nb.de abrufbar.

Für Fragen und Anregungen:
info@finanzbuchverlag.de

Originalausgabe, 1. Auflage 2018

© 2018 by FinanzBuch Verlag, ein Imprint der Münchner Verlagsgruppe GmbH
Nymphenburger Straße 86
D-80636 München
Tel.: 089 651285-0
Fax: 089 652096

Alle Rechte, insbesondere das Recht der Vervielfältigung und Verbreitung sowie der Übersetzung, vorbehalten. Kein Teil des Werkes darf in irgendeiner Form (durch Fotokopie, Mikrofilm oder ein anderes Verfahren) ohne schriftliche Genehmigung des Verlages reproduziert oder unter Verwendung elektronischer Systeme gespeichert, verarbeitet, vervielfältigt oder verbreitet werden.

Lektorat: Daniel Bussenius, Berlin
Korrektorat: Silvia Kinkel, Königstein
Umschlaggestaltung: Marc-Torben Fischer, München
Umschlagabbildung: IMAGO/Thomas Trutschel/photothek.net
Satz: Daniel Förster, Belgern
Druck: GGP Media GmbH, Pößneck
Printed in Germany

ISBN Print 978-3-95972-148-6
ISBN E-Book (PDF) 978-3-96092-268-1
ISBN E-Book (EPUB, Mobi) 978-3-96092-269-8

Weitere Informationen zum Verlag finden Sie unter:
www.finanzbuchverlag.de
Beachten Sie auch unsere weiteren Verlage unter www.m-vg.de.

INHALT

Vorbemerkung 7

Kapitel 1
Die Fesseln merkelscher Macht 13
November 2017 – Einer tanzt aus der Reihe 13
September 2015 – Farce eines Aufstands 19
Juni 2018 – Merkels taktisches Meisterstück 22
Die Scham der Mitläufer 29
Dezember 2016 – Klatschorgien und Kritik
von der Basis 32
Die letzte Hoffnung für die CDU 41

Kapitel 2
Die Bilanz – Deutschland nach 13 Jahren Merkel 49
Die wirtschaftliche Entwicklung 51
Die »alternativlose« Eurorettung 59
Der verschleierte Weg in die Haftungsunion 61
Die Bundesregierung ignoriert wachsende
Ungleichgewichte 66
Retten, was nicht zu retten ist 68

Die schwarze Null	71
Der verfettete Staat	72
Die zwei großen Ängste der Deutschen	75
Merkels taktisches Meisterstück: die Energiewende	80
Die Einwanderungskrise als Wendepunkt	86
Der Türkei-Deal	91
Wie Merkels »Flüchtlingskrise« Deutschland verändert hat	94
Fazit: Was bleibt von Merkel?	98
Merkels Hinterlassenschaft: die AfD	111

Kapitel 3
Die unpolitische Politikerin – Warum Merkel in Deutschland (noch) regiert … 115

Die Antifa verteidigt Merkel	115
Die Kanzlerin des Nichts	121
Die schiefe Ebene des Parteiensystems	123
Der Wille zur Macht	128
Geistig-moralische Wende? Abgesagt	130
Die Selbstentleerung der CDU	137
Merkel – die unpolitische Politikerin	140
Was tut Merkel?	153
Die Illusion vom Ende der Geschichte	160

Kapitel 4
Warum Merkel nicht mehr in unsere Zeit passt .. 173

Retterin des Westens? 180
Multilateralistin im Alleingang 186
Wie der Merkelismus seine eigenen Grundlagen
zerstört 192
Die Populismus-Hysterie in den Medien 197
Die Rückkehr des Politischen 199
Merkel befördert wider Willen den Populismus 205
Das Bedürfnis nach dem starken Staat 208
Das Ende der Illusionen ist das Ende des Merkelismus 211
Die Aufgabe der Zukunft: ein schützender Staat 214

Anmerkungen 221

VORBEMERKUNG

Im Frühsommer 2018 sagten die meisten, denen ich erzählte, dass ich dieses Buch schreibe: Da musst du dich aber beeilen! Mit Merkels Kanzlerschaft sei es schließlich sehr bald vorbei. Manche sagten es eher besorgt, andere mit erkennbarer Vorfreude. Es gab durchaus guten Grund für diese Erwartung: Einige Tage lang schien es so, als hätte Horst Seehofer mit dem »Masterplan Migration« nicht nur in seiner CSU, sondern auch unter den CDU-Bundestagsabgeordneten eine Mehrheit gegen die Kanzlerin erzeugt.

Daraus wurde bekanntlich nichts. Wie Napoleon im Frühjahr 1814 in einer strategisch ausweglosen Lage noch einmal sein ganzes Können als Feldherr zeigte und die unvermeidbare Niederlage hinauszögerte, bewies Merkel in der Endphase ihrer Kanzlerschaft noch einmal, was sie als Taktikerin draufhat. Von einem sachlichen Streit über ihre absurde Einwanderungspolitik, der ihren Rückhalt in der CDU gefährdete, lenkte sie durch ein raffiniertes Täuschungsmanöver ab. Schnell sprach man in der Union und in der Presse nicht mehr über sie und ihre schwache Position, sondern über den Störenfried Seehofer und seine Spießgesellen, die vermeintlich den Bruch der Fraktionsgemeinschaft von CSU und CDU heraufbeschworen.

Dieser späte Abwehrsieg ändert nichts daran, dass die Kanzlerschaft Merkels sich dem Ende zuneigt. Er konnte auch nicht verhindern, dass einige Wochen später, am

Vorbemerkung

25. September 2018, ihr treuster Paladin Volker Kauder als Vorsitzender der CDU/CSU-Bundestagsfraktion abgewählt wurde. Eine »Stunde der Demokratie« nannte Angela Merkel dieses Ereignis, das ihre bislang größte persönliche Niederlage als Kanzlerin und CDU-Vorsitzende bedeutete. Sie legte damit selbst den Schluss nahe, dass es bislang in dieser Fraktion durchaus nicht immer und unbedingt demokratisch zugegangen ist.

Merkels Abschied aus dem Kanzleramt ist eine zähe Angelegenheit. Dafür sorgen, wie ich im ersten Kapitel zeige, nicht nur ihre taktische Meisterschaft, sondern vor allem die Folgsamkeit der CDU-Abgeordneten und die Trägheit der CDU-Basis.

In diesem Buch stelle ich nicht die Frage nach Merkels persönlichem Schicksal, sondern nach der Bedeutung ihrer langen Regierungszeit für ihre Partei und vor allem für unser Land. Was für eine Partei ist das, die sich so lange von dieser Frau führen lässt? Was für eine Gesellschaft ist das, die sich so lange von ihr regieren lässt? Welchen Anteil haben ihre aktuelle sowie ihre früheren Regierungen an den gegenwärtigen, krisenhaften Zuständen in Deutschland? Und schließlich mache ich deutlich, dass es mit dieser Regierung oder einer ihr nacheifernden nicht mehr lange gutgehen kann, weil sie für die Aufgabe nicht gerüstet ist, die vor der deutschen Politik liegt.

»Die Person Merkel ist völlig unwichtig. Ihre falsche Politik ist wichtig«, sagte mir kürzlich ein CDU-Spitzenpolitiker. Ich denke, er hat recht. Wer hier Nahrung sucht für seine Aversion gegen den Menschen Angela Merkel, den muss ich leider enttäuschen. Sie ist vermutlich nicht bösartiger, als es jeder andere Mensch auch würde durch so viele Jahre an der Macht. Ich habe in vielen Gesprächen mit ihren schärfsten

Vorbemerkung

Kritikern in der CDU kaum ein abschätziges persönliches Wort gehört. Im Gegenteil: »Frau Merkel ist im persönlichen Umgang sehr sympathisch«, sagte mir die Düsseldorfer CDU-Abgeordnete Sylvia Pantel. »Sie hat ein unglaubliches Gedächtnis, ist fleißig, vor allem ist sie nicht eitel. Ich schätze und mag vieles an ihr. Darum finde ich es eigentlich schade, dass ich jetzt so enttäuscht bin. Ich wäre eigentlich viel lieber eine flammende Anhängerin von ihr.«

Wenn ich sage, dass Merkel am Ende ist, meine ich damit eben nicht nur, dass Angela Merkel demnächst freiwillig oder notgedrungen als Bundeskanzlerin und Parteichefin abtreten wird. Viel wichtiger: Die Methode Merkel, der Merkelismus, ist am Ende. Was ich darunter verstehe, wird im zweiten Kapitel in einem Rückblick auf ihre bisherige Regierungszeit deutlich: Es ist der Ausverkauf von politischem Kapital, also von Werten und Positionen ihrer Partei und Interessen des Landes und der Bürger, für die die Regierenden Verantwortung tragen. Oder besser: eigentlich tragen sollten. Merkel und die mit ihr Regierenden gaben auf, was sie eigentlich bewahren und schützen sollten – im Interesse des eigenen Machterhalts.

Merkel, so meine zentrale These, hat perfektioniert, was nach 1990 fast alle westlichen Staaten prägte: unpolitische Politik. Es gibt in ihrer Laufbahn kein konstantes Ziel, nichts, wofür sie steht. Jedenfalls nichts, von dem sie zuvor nicht das Gegenteil zu wollen behauptete, und nichts, was ihr wichtiger gewesen wäre als der Gewinn oder Erhalt ihrer Machtposition. Ihre wichtigsten Entscheidungen – Energiewende und Grenzöffnung – fällte sie im Widerspruch zu vorher (vermeintlich) vertretenen Positionen aus machttaktischem Kalkül. Mein Verdacht ist: Merkel interessiert sich für Macht, aber nicht wirklich für Politik. Ihr ist fremd, was

Vorbemerkung

die Politologin Chantal Mouffe als Essenz des Politischen bezeichnet: leidenschaftliche Parteilichkeit.

Ich halte also nichts von der unter ihren Kritikern verbreiteten Vorstellung, Merkel verfolge irgendeine finstere Agenda als »Krypto-Sozialistin« oder »Honeckers späte Rache«. Wenn sie heute, nach 13 Jahren Kanzlerschaft und 18 Jahren Parteivorsitz als stur und unwillig zur Umkehr aus Sackgassen erscheint, dann ist das nicht durch eine vermeintliche ideologische Verbohrtheit zu erklären. Sondern vielmehr dadurch, dass sie erstens wie die meisten Machtmenschen Eingeständnisse von Fehlern für Schwächesignale hält und sie zweitens weiß, dass zwar ein Saulus zum Paulus werden, sich aber nicht wieder zum Saulus zurückverwandeln kann.

Wer wenig Zeit zum Lesen hat und direkt zu meinen zentralen Thesen gelangen möchte, kann die ersten beiden Kapitel überfliegen und die Lektüre weitgehend auf das dritte und vierte Kapitel beschränken. Im dritten Kapitel analysiere ich, warum merkelsche, also unpolitische Politik so lange derart erfolgreich sein konnte. Die Antwort liegt im Traum der westlichen Gesellschaften, vor allem der Deutschen, vom *Ende der Geschichte*. In ihm verschmelzen Gegenwart und Zukunft zu einem Amalgam – und das Politische wird scheinbar überflüssig. Merkel war die passende Kanzlerin für ein müdes Land, das sich dieser Sehnsucht gerne hingab und nichts mehr von politischen Problemen wissen wollte.

Doch der Traum vom *Ende der Geschichte* ist ausgeträumt. In der Welt, in Europa und auch innerhalb Deutschlands sind fundamentale Gegensätze und damit politische Konflikte herangewachsen, die ein fortgesetztes Dahindämmern nicht zulassen. Wie ich im abschließenden vierten Kapitel zeige, entwertet der Anpassungsschock an die neue Wirklichkeit, den die Deutschen verspätet erleiden, die merkel-

Vorbemerkung

schen, unpolitischen Politikangebote. Was die Bürger in der ersten Hälfte des 21. Jahrhunderts vom Staat erwarten, ist: Schutz ihrer Interessen. Den hat der Merkelismus nicht zu bieten.

Die Zukunft gehört Politikern, die leidenschaftlich parteilich sind.

Düsseldorf, im Oktober 2018

KAPITEL 1

DIE FESSELN MERKELSCHER MACHT

»*Kein Abschied auf der Welt fällt schwerer als der Abschied von der Macht.*«

Charles Maurice de Talleyrand (1754–1838),
französischer Bischof, Staatsmann und Außenminister

November 2017 – Einer tanzt aus der Reihe

Der Beschluss eines Kreisvorstands der Jungen Union (JU) sorgt selten für überregionale Nachrichten. Doch der JU in Düsseldorf war das am 22. November 2017, zwei Monate nach der Bundestagswahl, gelungen. Die meisten maßgeblichen deutschen Medien berichteten über diesen Beschluss, außerdem Zeitungen in Österreich, der Schweiz, Großbritannien, Frankreich, der Türkei und sogar in den USA.

Die Pressemitteilung der jungen Nachwuchs-Christdemokraten hatte es aber auch in sich: »Auf der heutigen Kreisvorstandssitzung der JU Düsseldorf ging der Kreisvorstand hart mit der Kanzlerin ins Gericht. Merkel habe man das schlechteste Wahlergebnis seit 1949 zu verdanken. Auch die Jamaika-Sondierungsgespräche zeigten, dass der Kanzlerin persönlicher Machterhalt wichtiger scheint als die inhaltlichen Positionen der CDU. Daher fordert die JU Düsseldorf den sofortigen Rücktritt der Kanzlerin vom CDU-Parteivorsitz und spricht sich im Falle von Neuwahlen gegen eine erneute Kandidatur Merkels als Spitzenkandidatin aus. Die Junge Union möchte mit diesem Beschluss dem Niedergang der stolzen Volkspartei CDU entgegenwirken.«[1] Ulrich Wensel, der Kreisvorsitzende der Düsseldorfer JU, ging am Tag darauf in einem Interview mit der *Welt* noch weiter. Er sprach von einem »Demokratiedefizit« und »Kadavergehorsam« in der CDU, wünschte sich »mehr Aufmüpfigkeit« und einen »Basisaufstand«.[2]

Rücktrittsforderungen sind für Regierungschefs normalerweise kein besonderer Anlass zur Sorge, sofern sie von der Opposition kommen. Gefährlich wird es für sie erst, wenn die eigenen Leute sie nicht mehr wollen. Für durch Wahlniederlagen geschwächte Parteivorsitzende und Regierungschefs sind solche Rücktrittsforderungen oft gefährlich. Sie können wie ein Eisbrecher wirken. Wenn sich einer getraut hat, die Führung direkt infrage zu stellen, sinken in jeder Organisation die Hemmnisse für andere, dies auch zu tun.

Die vielen Nachrichtenredaktionen, die Wensels Pressemitteilung begierig aufnahmen, hatten vermutlich genau das im Hinterkopf: Keimte hier vielleicht gerade ein innerparteilicher Aufstand gegen Merkel?

Nach dem Ausstieg von Christian Lindners FDP aus den Verhandlungen zu einer Jamaika-Koalition hatten viele Beobachter den Eindruck, dass Merkel die Zügel der Macht aus den Händen glitten. »Das Ende der Ära Merkel«[3] – so ein Kommentar von Eric Gujer, Chefredakteur der *Neuen Zürcher Zeitung* – schien unmittelbar bevorzustehen. Auch ich selbst schrieb damals: »Der Anfang von Merkels Ende ist da.«[4]

Nach dem schwachen Abschneiden der Union bei der Bundestagswahl vom 24. September 2017 – dem schlechtesten Ergebnis seit 1949 – war das Jamaika-Aus schon die zweite Niederlage für Merkel innerhalb relativ kurzer Zeit. Sie hatte, wie überall zu lesen war, in der CDU/CSU-Bundestagsfraktion über die Jamaika-Koalition gesagt: »Ich will das.« Und nun hatte sie ihren Willen nicht bekommen. Seit Jahren schon war die Perspektive eines Bündnisses von Union und Grünen das Lieblingsthema des Berliner Politikbetriebs gewesen. Merkel wollte verwirklichen, was schon zu Kohls Zeiten die *Pizza-Connection* zwischen damals jungen Politikern von CDU (darunter mit Peter Altmaier und Armin Laschet zwei von Merkels engsten Gefolgsleuten) und Grünen angebahnt hatte. Nicht nur Ulrich Wensel hatte während der Koalitionsverhandlungen den Eindruck gewonnen, dass die FDP, der traditionelle Koalitionspartner der Union, dabei eher als notwendiges Übel angesehen wurde, das man in Kauf nehmen müsse, um endlich mit den Grünen regieren zu können.

FDP-Chef Christian Lindner beendete seine Erklärung zum Abbruch der Verhandlungen mit dem Satz: »Es ist besser, nicht zu regieren, als falsch zu regieren.« Ein Satz, der sicher vor allem als Grundsatzkritik an einer Kanzlerin gemeint war, die während der Verhandlungen mit den Grünen kaum auf eigene Positionen gepocht hatte und deren Maxime zu sein scheint: Es ist wurscht, ob man falsch regiert, solange man nur regiert.

Eigentlich bietet solch eine Niederlage einer Partei- und Regierungschefin die beste Gelegenheit für parteiinterne Kritik, vielleicht sogar für Versuche, sie zu stürzen. Aber dazu gehören Parteimitglieder, Parlamentarier vor allem, die es wagen, ihr die Gefolgschaft aufzukündigen und eine neue Mehrheit zu organisieren, zunächst nur verdeckt, aber irgendwann muss das natürlich auch offen geschehen. Bekanntlich ist das nicht passiert. Der Aufstand blieb aus. Ein Versuch war schon zwei Jahre zuvor im Anfangsstadium gescheitert, als es mindestens ebenso viel Anlass dazu gab. Eine gefährlichere Situation für Merkel – wir werden gleich darauf zu sprechen kommen – entstand dann im Sommer 2018, als die Perspektivlosigkeit ihrer Politik immer offensichtlicher wurde. Aber auch diesmal erwiesen sich ihre Gegner in der CDU als letztlich handzahm und der Kanzlerin taktisch nicht gewachsen.

Das heißt nicht, dass Merkel und ihr System der Macht nicht in absehbarer Zeit Vergangenheit sein werden. Denn dieses Deutschland, das ihren Aufstieg ins Kanzleramt ermöglichte (siehe drittes Kapitel), verändert sich auch durch ihr eigenes Zutun in ein Land, das immer weniger Bedarf an merkelschen Angeboten hat (siehe viertes Kapitel). Aber das Ende wird ein langes, mühseliges gewesen sein. Denn Merkel ist außergewöhnlich zäh und raffiniert in ihrem Willen zum Machterhalt, und diejenigen, die ihr die Macht eigentlich jederzeit nehmen könnten, die Bundestagsabgeordneten der Unionsfraktion, sind außergewöhnlich zahm.

Die Ereignisse, die in diesem Kapitel thematisiert werden, machen klar: Die späten Merkel-Jahre seit 2015 werden als Zeit der Lethargokratie der CDU in die Geschichte eingehen. Als Zeit des Hinausschiebens einer notwendigen personellen Erneuerung und programmatischen Kehrtwende. Trotz der immer deutlicher werdenden Schwächung Merkels, die selbst in der ihr wohlgesonnenen Presse wahrgenommen wird; trotz des unübersehbaren Scheiterns auf den zentralen sachpolitischen Themenfeldern der Zeit – von der Energiewende bis zur Flüchtlingspolitik; und trotz der auch auf dieses Scheitern zurückzuführenden Zuspitzung einer allgemeinen Krisenwahrnehmung in der deutschen Gesellschaft fehlten der Wille und die Vitalität in der CDU, ihre Chefin zu ersetzen. Vor allem gilt das für die Kaste der Berufspolitiker, der Mandats- und Funktionsträger, die an Merkel und ihrem System geradezu klebt. Auch solche unter ihnen, die Merkels Linie kritisch bis radikal ablehnend gegenüberstehen (das sind nicht wenige), antworteten auf die Frage, warum sie die Frau immer noch gewähren lassen, oft mit der beschämenden Gegenfrage: Aber wer soll es denn sonst machen? Dieses Empfinden der CDU-Kader – nur »Mutti« kann es – war wohl Merkels ergiebigste Machtquelle.

Dazu kommt der Fetisch des Zusammenhalts. Gerade weil die CDU nicht eine, sondern verschiedene Wurzeln hat,[5] gilt Loyalität zu einer starken Führung in der CDU als ewige Erfolgsgarantie. Man nannte sie schon zu Konrad Adenauers Zeiten einen Kanzlerwahlverein.

Von Anfang an empfand die CDU das Regieren als ihre ureigene Zuständigkeit. Als Union, also Bündnis wichtiger politischer Kräfte – christlich-sozialer, wirtschaftsliberaler und nationalkonservativer – und damit Volkspartei, war sie dazu prädestiniert. Ihre Vorsitzenden, die meist auch Kanzler waren, sicherten sich die Loyalität der CDU-Abgeordneten durch das Versprechen der Teilhabe an der Macht. CDU-Politiker sein, heißt unbedingt regieren wollen. Dieser Anspruch, personifiziert durch einen starken Kanzler, ist der eigentliche innere Klebstoff der Partei. Er hält sie zusammen. Zu ihren großen Zeiten machte er sie zu einer heilsamen Kraft der Stabilität in Deutschland.

Sylvia Pantel, direkt gewählte Bundestagsabgeordnete der CDU für Düsseldorf-Süd sagte im Gespräch mit mir: »Wir sind ein ganz großes, schweres Schiff, welches gerne Kurs hält. Wir sind sehr führungstreu. Wir stürzen unsere Vorsitzende nicht. In der CDU macht man sich unbeliebt, wenn man öfter aus der Reihe tanzt.«[6]

Ulrich Wensel hat nach seiner Rücktrittsforderung gegen Merkel erfahren, was es bedeutet, in der CDU aus der Reihe zu tanzen. Zunächst war da die große Aufmerksamkeit. Sie belegte, dass die Düsseldorfer JU-ler auch in der CDU keinesfalls die Einzigen sind, die Merkel und ihre Politik ablehnen. »In den Tagen danach stand mein Telefon nicht still«, erzählte mir Wensel ein halbes Jahr später, als ich ihn in einer Kneipe in Düsseldorf traf. »Ich habe Tausende von Zuschriften aus ganz Deutschland und auch Österreich bekommen. Da war kaum Negatives dabei. Die Leute sagten: Weiter so. Mich riefen Leute an, die mich lobten, auch ranghohe aus der CDU. Aber die wollen nicht namentlich genannt werden. Relativ bald kamen dann Unterstellungen. Sprachnachrichten von mir sind an die Presse gespielt worden, in denen ich alkoholisiert bin. Man versuchte dann das Bild von einer JU-Trinkertruppe zu malen. Mir wurde unterstellt, ich würde Stimmen kaufen und andere massiv unter Druck setzen. Man wollte mich also persönlich diskreditieren. Das ging wochenlang durch die Lokalpresse. Das durchzustehen, hat schon viele Nerven gekostet.« Und Wensel ist sich sicher: »Das kommt von Leuten, denen die Rücktrittsforderung nicht gepasst hat. Und die auch nicht möchten, dass ich weiterhin in der CDU an Profil gewinne. Die Hoffnung war, mich ganz aus dem Rennen zu werfen. Das ist nicht gelungen. Aber mein Ruf ist beschädigt worden.«[7]

Wensel will trotzdem unbedingt weitermachen, denn: »Vielleicht dreht sich der Wind ja noch mal.« Vielleicht wird man von ihm irgendwann in einer CDU nach Merkel dann noch hören. Vielleicht wird der rebellische Beschluss seines

Kreisverbands im Nachhinein dann als kleines Heldenstück in die Parteigeschichte eingehen: zu früh, zu wenige, auf aussichtslosem Posten. Aber da waren ein paar junge Leute, die Mut hatten, zu ihren Überzeugungen standen, persönliche Nachteile dafür in Kauf nahmen.

September 2015 – Farce eines Aufstands

Weniger heldenhaft verlief zwei Jahre zuvor der erste Versuch eines Aufstands oder zumindest einer wahrnehmbaren, koordinierten Opposition gegen Angela Merkel in der Unionsfraktion des Bundestags. Sein jämmerlicher Ausgang dürfte für viele Merkel-kritische Berufspolitiker der Union bis heute demotivierend wirken.

Der Anlass dazu war die Flüchtlingskrise im Spätsommer 2015. Die Entscheidung, die in Budapest nicht willkommenen Migranten aus Syrien nach Deutschland einreisen zu lassen, fiel am letzten Wochenende der parlamentarischen Sommerpause. »In der ersten Sitzungswoche gab es noch die Sprachregel der ›Ausnahmesituation‹«, erzählt Philipp Lengsfeld, damals Mitglied der CDU-Fraktion. »Die eigentliche Entscheidung zur Nichtgrenzschließung fiel am Wochenende dieser ersten Sitzungswoche im Herbst, die dann folgende Woche war eine Wahlkreiswoche, und als wir schließlich zur nächsten Fraktionssitzung zusammenkamen, waren die Weichen gestellt beziehungsweise die Fakten geschaffen. Die Bundestagsabgeordneten der Union waren an beiden Entscheidungen letztlich überhaupt nicht beteiligt.«[8]

Das heißt nicht, dass es keine Diskussionen in der Fraktion gegeben hätte. »Es ist nicht so, dass wir alles nur abgenickt hätten«, sagt Lengsfeld. »Dass die Zurückweisung, also eine harte Linie an der Grenze, möglich ist, haben auch Abgeordnete deutlich gesagt. Als die Kanzlerin in der Fraktion rhetorisch fragte: ›Sagt mir doch, wie das gehen soll, Grenze schließen, das geht doch gar nicht‹, gab es klare Gegenreaktionen aus den Reihen der Fraktion. Die Rechtslage wurde von Innenexperten deutlich gemacht. Wir wussten auch, dass die Bundespolizei der Regierung klargemacht hatte, dass es möglich ist, die deutsche Grenze zu schließen, und man eigentlich nur auf den Einsatzbefehl wartete.«

Eigentlich sollte man meinen, dass jede Regierung in einer derart dramatischen Lage und angesichts der Tragweite und des Konfliktpotenzials solcher Entscheidungen für das Land sich des Rückhalts im Parlament versichern muss. Aber: »Die Führungsspitze und sicherlich auch die Kanzlerin wollten keine Abstimmung über das Thema«, sagt Lengsfeld.

In dieser Lage taten sich einige Abgeordnete der Union, die teilweise dem konservativen *Berliner Kreis* angehören, zusammen. Lengsfeld war dabei. »Es gab eine Initiative für einen Antrag an die Fraktion, die Grenze zu schließen, also die Zurückweisungen anzuordnen. Ich habe an dem Entwurf mitgearbeitet. Daraus hätte eine parlamentarische Initiative werden können.« Hätte. Wenn einige der beteiligten Abgeordneten nicht der Mut – oder was auch immer – verlassen hätte.

»Diese Initiative wurde massiv torpediert, unter anderem durch verfrühtes Durchstechen an die Presse. Und plötzlich hieß es dann, ich weiß nicht genau, wo dies startete, dass wir keinen Antrag machen, sondern einen Brief an die Kanzlerin schreiben. Ich fand das völlig falsch. Als Abgeordneter stimmt man ab und schreibt keine Briefe an die Kanzlerin, vor allem nicht in einer Krisensituation. Ich habe mich da auch sofort ausgeklinkt.« War es einfach taktische Unklugheit? Feigheit vor der offenen Konfrontation mit der Kanzlerin und Parteichefin? Oder war vielleicht ein Maulwurf der Kanzlerin unter den Initiatoren? Alles möglich.

Lengsfeld jedenfalls ist heute überzeugt: »Wir hätten eine Abstimmung sicherlich nicht gewonnen. Aber die Angst vor der Diskussion und vor allem vor der offenen Abstimmung war offenkundig. Eigentlich war unsere Antragsinitiative genau richtig und hätte die Regierung in Erklärungsnöte gebracht.« Der Brief an Merkel dagegen bewirkte eine Welle der Loyalitätsbekundungen zur Chefin. »Es gab dann plötzlich Rundmails in der Fraktion mit dem knalligen Titel ›Ich unterschreibe nicht‹«, erinnert sich Lengsfeld.

Da Merkel und ihre Anhänger nicht über die Grenzentscheidung abstimmen wollten und die Kritiker in der CDU/CSU-Fraktion keinen Antrag stellten, wurde auch nie darüber abgestimmt. Die Abgeordneten des Koalitionspartners SPD und die der oppositionellen Grünen und Linken widersprachen der CDU-Kanzlerin ohnehin nicht. Denn Merkel erfüllte schließlich ihre eigenen Forderungen nach mehr Offenheit für Einwanderung. Merkel hatte damit ihre Taktik, der politischen Konkurrenz die Themen zu nehmen, auf die Spitze getrieben. So verfestigte sich in der Öffentlichkeit der Eindruck eines völligen Konsenses und einer Kanzlerin, die quasi über den Parteien schwebend das tut, was alternativlos getan werden muss. Im Nachhinein muss man feststellen: Das war verheerend für die politische Stabilität und den gesellschaftlichen Frieden in Deutschland, weil damit das wachsende Unbehagen und die Kritik an der Willkommenspolitik keine parlamentarische Stimme fanden, wodurch der Anspruch der AfD, die einzige Alternative zu sein, scheinbar bestätigt wurde.

Kapitel 1

Die Kanzlerin aber wusste nach diesem schon in der Anfangsphase zusammengebrochenen Aufständchen, dass sie ihre Kritiker in der eigenen Fraktion nicht allzu sehr fürchten musste. Die Scheu, aus der Reihe zu tanzen, war bei den meisten eben doch im entscheidenden Moment stärker als sachlich begründbare Zweifel an ihrem Regierungshandeln.

Juni 2018 –
Merkels taktisches Meisterstück

Dasselbe Phänomen, dass der CDU-Herdentrieb über die eigenen politischen Überzeugungen dominiert, zeigte sich auch im Verhalten der Abgeordneten in der Koalitionskrise im Sommer 2018. Merkel nutzte diese Schwäche ihrer Abgeordneten auf raffinierte Weise aus, als ihre Kanzlerschaft ernster bedroht war als je zuvor. Am Ende stand ein großer taktischer Abwehrsieg der Kanzlerin – vielleicht ihr letzter. Dessen Analyse offenbart sowohl die Zähigkeit und taktische Raffinesse der Kanzlerin als auch die Trägheit und Manipulierbarkeit der CDU-Politiker – sowie eines Großteils der Öffentlichkeit. Der Streit zeigt aber auch, dass Merkel und ihre Mitstreiter offenbar selbst nicht auf die Überzeugungskraft ihrer sachpolitischen Argumente vertrauen. Denn die spielten so gut wie keine Rolle für ihren Sieg.

Der Streit hat im Gegensatz zum Aufständchen von 2015 höchste öffentliche Wellen geschlagen und sein Ablauf ist allgemein bekannt. Es begann damit, dass Horst Seehofer, Bundesinnenminister und CSU-Chef, am Montag, den 11. Juni 2018 die für den nächsten Tag angekündigte öffentliche Vorstellung seines »Masterplans Migration« verschieben musste. Schnell wurde durch die *Bild*-Zeitung der

Grund bekannt: Es gab Uneinigkeit mit Merkel über einen von 63 Punkten. Genau genommen über diesen Satz, der in der ursprünglichen Fassung stand: »Künftig ist auch die Zurückweisung von Schutzsuchenden beabsichtigt, wenn diese in einem anderen EU-Mitgliedstaat bereits einen Asylantrag gestellt haben oder dort als Asylsuchende registriert sind.«[9] Die Kanzlerin hatte schon am Tag zuvor in der Fernsehsendung *Anne Will* ihren Willen deutlich gemacht, »dass wir nicht einseitig national reagieren«.

Sachlich nachvollziehbar war das kaum. Schließlich bedeutete das, was Seehofer ankündigen wollte, eigentlich nichts anderes als das, was andere EU-Staaten, zum Beispiel Frankreich, schon lange praktizieren. Allein 2016 wurden rund 70 000 in Italien registrierte Asylbewerber an der französischen Grenze zurückgeschickt. Niemand hatte das je als nationalen Alleingang gegen Europa moniert, auch Merkel nicht. Doch dieser eine Satz in Seehofers Masterplan ließ bei ihr offenbar die Alarmglocken klingeln. Der wirkliche Grund bleibt nebulös. »Vielleicht«, so mutmaßt später Stefan Aust in der *Welt*, »weil sie ihn nicht verstand oder nicht verstehen wollte, macht er doch den kompletten Irrsinn der gegenwärtigen Asylpolitik deutlich, wie sie seit dem Herbstmärchen der Willkommenskultur 2015 praktiziert wird ... Oder es ist der blanke Hass auf Horst Seehofer, der sie seit Jahren mit seinen Attacken gegen ihre Politik der offenen Grenzen nervt und sie zu allem Überfluss schon auf offener Bühne [beim CSU-Parteitag Ende 2015] abkanzelte. Was vom Horst kommt, muss ja falsch sein.«[10]

Sehr viele, vielleicht die meisten Bundestagsabgeordneten der CDU waren anderer Ansicht. Sie konnten an Seehofers Plan – der Wortlaut des ganzen Papiers war da noch nicht öffentlich, aber das Vorhaben der Zurückweisung bekannt –

Kapitel 1

nichts falsch finden. Die CDU-Abgeordnete Sylvia Pantel erinnert sich an die Sitzung ihrer Landesgruppe, also der nordrhein-westfälischen CDU-Bundestagsabgeordneten, am Abend des 11. Juni. Sie hätten sich »einstimmig darauf verständigt, dass Günter Krings [Vorsitzender der NRW-Landesgruppe und Parlamentarischer Staatssekretär beim Bundesminister des Innern] Frau Merkel darüber informiert, dass wir nicht damit einverstanden sind, was sie vorhat, sondern dass wir Herrn Seehofer unterstützen und am Dienstag in der Fraktionssitzung über diesen Punkt – die Zurückweisung an der Grenze – reden wollen. Das hat Günter Krings auch getan.«[11]

Fraktionschef Volker Kauder begann am nächsten Tag die Fraktionssitzung – in Anwesenheit der Kanzlerin – dann allerdings mit der Ansage, er wolle nicht über den umstrittenen Punkt in Seehofers Plan reden. Er wolle das vertagen, weil die beiden Vorsitzenden der Schwesterparteien sich erst nochmal unterhalten müssten. Woraufhin Pantel nach eigener Aussage reingerufen hat: »Ich will aber, dass wir darüber reden.« Auch Paul Ziemiak, Bundesvorsitzender der Jungen Union, meldete sich zu Wort, wie Pantel ebenfalls berichtet. »Herr Kauder hat sicher damit gerechnet, dass er Frau Merkel in Schutz nimmt. Aber Paul Ziemiak gehört zur Landesgruppe NRW und am Abend zuvor waren wir uns alle einig gewesen, dass wir zu Seehofers Linie stehen.«

Kauder selbst hat die Situation in einem Interview später so dargestellt: »Die Sitzung ist ungewöhnlich verlaufen. Klar. Der Streit in der Union war schon offenkundig. Aber Angela Merkel und Horst Seehofer wollten sich am nächsten Tag noch einmal zu dem Thema treffen und hatten darum gebeten, dass in der Sitzung daher noch nicht über den Masterplan gesprochen werden sollte. Die meisten Abgeordneten haben sich daran gehalten. Aber rund zehn Kollegen wollten ihre Meinung dann doch äußern und haben generell für einen schärferen Kurs in der Flüchtlingspolitik plädiert. Selbstverständlich muss ein Vorsitzender solche Diskussionen zulassen.«[12] Zehn Kollegen, das hört sich nach einer Minderheit an. Doch entscheidend ist, dass kein einziger Abgeordneter der Unionsfraktion offen die Kanzlerin verteidigte – nicht einmal Peter Altmaier.

Merkel muss klar geworden sein, dass tatsächlich ein Aufstand der eigenen Fraktion drohte, weil sie in einer zentralen politischen Frage keinen Rückhalt hatte. »Eine so klare und eindeutige Stimmung hatte es in der Fraktion noch nie gegeben«, sagt Sylvia Pantel. »Man hat gemerkt, dass Frau Merkel getroffen war. Damit hatte sie nicht gerechnet.« Laut *Spiegel* wirkte die Kanzlerin »verbittert«. Sie habe doch bewirkt, dass die Flüchtlingszahlen zurückgegangen seien. Dafür habe man ihr nie gedankt. In diesem Moment hätten viele Abgeordnete das Gefühl gehabt: »Das Band zwischen der Kanzlerin und ihrer Fraktion ist zerrissen, möglicherweise endgültig.«[13]

Wie die Kanzlerin es aber schließlich schaffte, dieses Band wieder zu flicken, das war eine taktische Meisterleistung.

Zwei Tage später bekamen die CDU-Abgeordneten während der Bundestagssitzung eine Einladung. Pantel: »Wir sollen um 11:30 Uhr in den Fraktionssaal kommen, wir hätten CDU-intern eine Sitzung. So eine Sitzung ohne die Fraktionsmitglieder von der CSU hat es noch nicht gegeben. Von einem so großen medialen Aufschlag kann man sonst nur träumen. Das Vorhaben ist ja auch aufgegangen.« Die CSU-Abgeordneten außen vor zu lassen, war ein geschickter Schachzug, der die öffentliche Aufmerksamkeit und die der Abgeordneten von der sachlichen Frage der Zurückweisungen auf die parteipolitische ablenkte. Die Fantasien der Journalisten richteten sich daraufhin umgehend auf die Aussicht eines Bruchs der Fraktionsgemeinschaft von CDU und CSU. Was tatsächlich so antieuropäisch an Seehofers Plan sein sollte, fragte kaum noch jemand.

In dieser Sondersitzung ohne CSU-Präsenz kam es nun zu erstaunlichen Szenen. Pantel: »Frau Merkel hat sich in der Fraktion vor uns hingestellt und gesagt: Also sie wäre ja nun die Bundeskanzlerin, Parteivorsitzende, aber sie sei auch für Europa verantwortlich. Und sie erwarte, dass sie wenigstens die 14 Tage bekäme. So ginge man nicht miteinander um.« Mit den »14 Tagen« war die Zeit bis zum anstehenden EU-Gipfel gemeint. Auf dem wollte Merkel eine »europäische Lösung« herbeiführen. Sie erweckte also den Eindruck, als ob Seehofer und der bayrische Ministerpräsident Markus Söder von ihr sofortiges Nachgeben verlangt hätten und sie somit demütigen wollten.

Was Merkel aber den CDU-Abgeordneten (zumindest den unsicheren Kantonisten) verschwieg: Seehofer hatte Merkel die 14-Tagesfrist überhaupt nicht verweigert. Im Gegenteil, er hatte ihr sogar von sich aus angeboten, die Zurückweisungen erst dann anzuordnen, wenn der EU-Gipfel keine Ergebnisse bringen würde. Pantel: »Ich habe mit Herrn Dobrindt und Herrn Seehofer gesprochen und bin aus allen Wolken gefallen, als die mir sagten, dass sie ja schon am Mittwoch [am Tag vor der Sondersitzung der CDU-Fraktionsmitglieder] Frau Merkel das Angebot der 14 Tage gemacht hätten.« Merkel habe den eigenen Fraktionskollegen »somit nicht die ganze Wahrheit gesagt«. Diese »nicht die ganze Wahrheit« der Kanzlerin – man könnte es durchaus auch eine glatte Lüge nennen – mobilisierte umgehend den Loyalitätsreflex unter den CDU-Abgeordneten, der umso stärker ausfiel, da die CSU-Kollegen zu der Sitzung nicht eingeladen worden waren.

Merkel exerzierte das alte Rezept der Mächtigen in mustergültiger Form durch: Divide et impera! – Teile und herrsche! Die aufmüpfige Gruppe der CDU/CSU-Bundestagsfraktion teilte sie in zwei widerstreitende Gruppen. Statt sich vereint gegen Merkel zu stellen, konnte die größere Gruppe ihr Mütchen am Zorn auf die kleinere kühlen. Darauf reingefallen sind nicht nur die Abgeordneten, sondern auch die Öffentlichkeit. Wie Pantel berichtet: »Dann ging es nur noch darum, dass man so nicht mit ihr umgehen könne, ihr doch die 14 Tage gönnen sollte.« In der *Frankfurter Allgemeinen Zeitung* (*FAZ*) hieß es: »Aus den mehreren Dutzend Wortmeldungen lesen Teilnehmer der Sitzung vier Fünftel Zustimmung zur Position der Parteivorsitzenden und Bundeskanzlerin heraus.« Auch die Kritiker hätten zugestanden, »man könne auf keinen Fall dem CSU-Ultimatum ›sofort handeln‹ nachgeben, zunächst müsse doch der Europäische Gipfel in zwei Wochen abgewartet werden«. Es kam offenbar sogar zu regelrechten Unterwerfungsgesten, inklusive Selbstkritik einzelner Teilnehmer, wie man sie sonst nur aus kommunistischen Kaderparteien kennt: Abgeordnete begannen ihre Wortmeldung »mit dem Hinweis, sie bedauerten, nicht schon am Dienstag das Wort ergriffen zu haben und auf diese Weise mitverantwortlich zu sein für die falsche Wahrnehmung, die Kanzlerin habe in der eigenen Fraktion keine Unterstützung mehr«.[14]

Von nun an stand Seehofer nicht nur für die CDU-Abgeordneten, sondern auch für weite Teile der Presse und der Bevölkerung als rüpelhafter »Störenfried« fest – und Merkel damit als dessen Opfer.[15] Man erinnerte sich an den CSU-Parteitag im November 2015. In der CDU und nicht nur dort waren damals viele empört, weil Seehofer Merkel neben sich auf dem Podium in München stehen ließ, als er ihre Flüchtlingspolitik kritisierte. Er habe sie damit bloßgestellt, gedemütigt, so die weitgehend einhellige Deutung dieser Szene. Später wurde allerdings auch kolportiert, dass Merkel sich trotz Aufforderung nicht setzen wollte. Der eisige Empfang in München und der Eindruck, Seehofer habe ihr eine Standpauke gehalten, dürften ihr jedenfalls in der CDU eher genutzt als geschadet haben. »So geht man nicht mit unserer Chefin um« – dieses Gefühl löst in der CDU offenbar einen sofortigen Reflex aus, der jede Sachfrage verdrängt. Immer wieder höre ich aus der parteiinternen Opposition Sätze wie diesen: »Schießt euch nicht auf die Person Merkel ein. Das schließt nur die Reihen um sie.« Merkel hat diesen Reflex der Nibelungentreue zum Vorsitzenden, den man nach außen (auch gegen die bayrische Schwester) stets in Schutz nimmt, ganz offensichtlich bewusst getriggert, indem sie so tat, als hätten Seehofer und die CSU sie persönlich ungebührlich behandelt.

Die Macht der Kanzlerin war seither nicht mehr akut gefährdet. Im weiteren Verlauf der Koalitionskrise verlief die Front nun nicht mehr quer durch die Unionsparteien, sondern weitgehend zwischen CDU und CSU. Selbst wenn Seehofer seine Ankündigung wahrgemacht hätte, die Zurückweisungen an der Grenze gegen Merkels Willen anzuordnen; selbst wenn er zurückgetreten oder von ihr entlassen worden wäre und die CSU die Fraktionsgemeinschaft und die Regierungskoalition verlassen hätte: solange die CDU-Abgeordneten ihr die Treue hielten, hätten Merkel und ihre Entourage dennoch an der Regierung bleiben können, da die Grünen sich unüberhörbar als Ersatzkoalitionspartner anboten. Möglicherweise hat es Merkel mit ihrem Konfrontationskurs gegen die CSU sogar bewusst darauf angelegt, in ihrer Koalition die Schwesterpartei durch die Grünen auszutauschen.

Pantels Fazit: »Man versucht jetzt in der Öffentlichkeit den Eindruck zu erwecken: Da gibt es zwischen CDU und CSU ein großes Problem. Gibt es aber überhaupt nicht. Wir arbeiten mit den Kollegen genauso zusammen, als ob sie in der CDU wären. Die öffentliche Wahrnehmung entspricht nicht dem, was wirklich stattgefunden hat. Das war ein ganz infamer Vorgang. Man hat uns CDU-Abgeordneten und der Öffentlichkeit einen Popanz der bösen CSU aufgebaut, den es nicht gibt. Man hat versucht, die CSU schlecht zu reden und die Grünen gut zu reden.«

Die Scham der Mitläufer

Die Unterwerfung der CDU-Abgeordneten unter ihre Chefin und die Umleitung ihres Grolls gegen Seehofer und die Schwesterpartei ist sachpolitisch kaum nachzuvollziehen – psychologisch aber durchaus. Was sich hier Bahn brach, war der Groll, den jeder Mitläufer gegen denjenigen verspürt, der ihn mit seinem eigenen Opportunismus konfrontiert. Der Masterplan drängte die Abgeordneten aus der bequemen Lage, in der die meisten von ihnen es sich unter Merkel gemütlich gemacht hatten: nicht entscheiden zu müssen, keine Verantwortung tragen zu müssen. Es ist eben nicht nur ein Witz, sondern durchaus treffend, wenn CDU-Politiker Merkel *Mutti* nennen. Für diejenigen, die schon 2015 im Bundestag saßen (also die meisten), war es natürlich beschämend, von Seehofer (der damals kein Bundestagsmandat hatte, sondern bayrischer Ministerpräsident war) durch den

Kapitel 1

Masterplan auf die Absurdität der damals hingenommenen Nichtzurückweisungs-Maxime Merkels gestoßen zu werden. Sie hatten damals allenfalls gegrummelt, aber Merkel und die Bundesregierung gewähren lassen.

In dieser Scham ist vielleicht der Grund dafür zu finden, dass sich nicht nur die CDU-Abgeordneten, sondern auch die Hauptstadtmedien letztlich darauf geeinigt haben, dass Seehofer der *bad guy* ist und nicht Merkel. Denn den »kompletten Irrsinn« (Stefan Aust) von 2015 hat eben nicht nur Merkel persönlich zu verantworten. Fast die gesamte politische Klasse und gesellschaftliche Elite ist im Schwarm mitgeschwommen. Wer Merkels damalige Linie – deutsche Grenzen kann oder darf man nicht schützen – mitgetragen hat, will verständlicherweise nicht gerne daran erinnert werden, dass das ein Fehler war, gegen den ein verantwortungsvoller Repräsentant des Volkes hätte Einspruch erheben müssen.

Gemeinsam etwas vergeigt zu haben, gemeinsam die Verantwortung gescheut und versagt zu haben, schafft mehr Zusammenhalt als der größte Erfolg. Nicht nur Merkel verliert ihre Glaubwürdigkeit, wenn sich die Erkenntnis durchsetzt, dass Deutschland im September 2015 einen kardinalen, vermeidbaren Fehler gemacht hat. Wenn Merkel als Versagerin aus dem Kanzleramt gejagt wird, so fürchten vermutlich viele mächtige und einflussreiche Menschen in Berlin und anderswo, würde das einen großen Sog erzeugen, der sie selbst mitreißen könnte.

Auch Horst Seehofer selbst ist vermutlich nicht frei von dieser Befürchtung. Er scheute seit 2015 immer wieder vor der letzten Konsequenz zurück. Im Sommer 2018 wollte er ganz offensichtlich Merkel nicht wirklich stürzen, sondern gab in den entscheidenden Momenten nach. Er ahnt vermutlich, dass der große Kladderadatsch, den er hätte auslösen können, nicht nur in der CDU einen personellen Neuanfang bedeutet hätte, sondern dass dann auch in der CSU der Ruf danach laut geworden wäre. Noch eine Zeit lang Minister unter Merkel zu bleiben, einer Frau, mit der er nach eigener Aussage nicht mehr zusammenarbeiten kann, ist ihm offensichtlich eben doch lieber, als schnell Ex-Minister ohne eine Kanzlerin Merkel zu werden.

Seehofer und die anderen unionsinternen Kritiker machen es Merkel leicht. Sie versuchen zwar seit 2015, eine konsequente Korrektur in der Einwanderungspolitik und ein offenes Eingeständnis der damaligen Fehler zu erzwingen, jedoch nicht um den Preis, Merkel stürzen zu müssen. Sie soll also stellvertretend für alle anderen die Schuld am Versagen von 2015 eingestehen – und trotzdem weitermachen, um ihnen die Mühsal des Neuanfangs zu ersparen. Aber Merkel denkt natürlich nicht daran, vor ihren feigen Parteifreunden zu Kreuze zu kriechen. Stattdessen bleibt sie mit Unterstützung der Medien sowie der SPD und der Grünen dabei: Sie hat 2015 alles richtig gemacht.

Im Koalitionsstreit des Sommers 2018 wird ebenso wie in den fast nahtlos anschließenden Affären um die »Hetzjagden« in Chemnitz und den schließlich aus dem Amt beförderten Verfassungsschutzpräsidenten Hans-Georg Maaßen vor allem eines deutlich: Merkel hat seit 2015 ein dominierendes Anliegen, das nie offen erwähnt wird, aber doch den gesamten Politik- und Medienbetrieb seither prägt: den damaligen Kardinalfehler des moralisch verbrämten Kontrollverlusts über die Einwanderung zu kaschieren. Was die deutsche Regierung aus Angst vor hässlichen Bildern, aus Scheu vor der Verantwortung damals unterließ, muss also als praktisch unmöglich oder unmoralisch verkauft werden. Oder zumindest als »antieuropäisch« und »nationaler Alleingang«.

Die verheerende Wirkung dieses Versagens der Kanzlerin und mit ihr fast der gesamten Politik- und Medienelite wird zwar immer offensichtlicher – nicht zuletzt durch die nicht abreißende Kette von Vergewaltigungen und Tötungsdelikten durch vermeintlich »Schutzsuchende«. Doch die politische Verantwortung dafür wird verleugnet. Die meisten Medien spielen mit, indem sie die öffentliche Aufmerksamkeit und Emotionen umleiten. Nicht die fatalen Folgen der damaligen Regierungspolitik, sondern deren Kritiker werden skandalisiert. Zum Beispiel der »Gefährder« Seehofer (*Spiegel*-Titelbild vom 15.9.2018), der mit seiner Aussage, die Immigration sei die »Mutter aller Probleme«, für Empörung sorgte. Oder der Verfassungsschutzpräsident Hans-Georg Maaßen, dessen Warnungen 2015 weder Angela Merkel noch eine unkritische Medienöffentlichkeit hören wollten.

Dezember 2016 – Klatschorgien und Kritik von der Basis

Wer einen Bundesparteitag der CDU in der späten Merkel-Ära besucht, sollte sich nicht auf ein Hochfest der Demokratie freuen. Was man mit demokratischer politischer Kultur eigentlich verbindet, etwa leidenschaftlichen Streit mit überzeugenden Argumenten vor Abstimmungen über wichtige Parteiämter oder politische Positionen, so etwas ist eigentlich nicht vorgesehen. Aber irgendwie, so dachte ich, wird sich in der stolzen Partei, die wie keine andere die Erfolgsgeschichte der deutschen Demokratie nach dem Zweiten Weltkrieg geprägt hat, doch noch der ein oder andere Funken von politischer Lebendigkeit zeigen.

Ich wollte jedenfalls nicht glauben, dass die CDU-Delegierten es ihrer Chefin wieder so einfach machen würden wie im Vorjahr. Auf der Zugfahrt von Düsseldorf nach Essen an jenem 6. Dezember 2016 las ich noch einmal die Merkel-Rede vom Karlsruher Parteitag im Dezember 2015. Damals, auf dem Höhepunkt der Migrationskrise, als täglich mehrere Tausend Zuwanderer als Asylbewerber nach Deutschland gekommen waren, hatte Merkel anschließend elf Minuten lang Beifall von den Delegierten erhalten. Für mich war das ein bizarrer, ja durchaus gruseliger Moment in der deutschen Parteiengeschichte. Jedermann wusste doch, dass zu diesem Zeitpunkt sehr vielen Bürgern und nicht zuletzt Mitgliedern und Anhängern der CDU mehr als mulmig geworden war bei dem, was die Kanzlerin und die anderen Regierenden taten oder vielmehr: einfach geschehen ließen. Es war bekannt, dass innerhalb der CDU längst nicht alle einverstanden waren mit der Flüchtlingspolitik der Kanzlerin. Und dennoch hatten die CDU-Delegierten ihrer Chefin tosenden und nicht enden wollenden Beifall geklatscht. Die berühmten elf Minuten.

Dabei war ihre Karlsruher Rede alles andere als überzeugend und mitreißend gewesen. Es war eben eine Merkel-Rede. Sie bestand, wie die meisten Merkel-Reden, aus einer seltsamen Mischung von banalen Feststellungen, die mit Nachdruck wie bedeutsame Erkenntnisse präsentiert werden, und Bekundungen, die teilweise so unsinnig sind, dass man sie in dem Moment, da man sie hört, gar nicht richtig fassen kann. In Karlsruhe hatte sie zum Beispiel gesagt, »wir« (im Abschnitt zuvor war von der »Volkspartei« CDU die Rede, aber jetzt meinte sie offenbar die Bundesregierung) »wollen und werden ... die Zahl der Flüchtlinge spürbar reduzieren, weil das im Übrigen im Interesse aller ist: Es ist im deutschen Interesse – mit Blick auf die Aufgaben, von der Versorgung der Flüchtlinge bis hin zur Integration in die Gesellschaft und im Arbeitsmarkt. Es ist im europäischen Interesse – mit Blick auf unsere innere Verfasstheit in der Europäischen Union und mit Blick auf unsere Rolle in der Welt. Und, liebe Freunde, es ist im Interesse der Flüchtlinge selbst; denn niemand, egal, warum er sich auf den Weg macht, verlässt leichtfertig seine Heimat.«[16]

Vor allem die letzte Begründung ist ganz offensichtlich völliger Unsinn. Natürlich haben die Migranten ein Interesse daran, in Deutschland aufgenommen, also nicht »reduziert« zu werden. Und überhaupt: Wenn es im Interesse aller ist, die Zahl der Flüchtlinge zu reduzieren, warum hat Merkel das dann nicht gleich von Anfang an angestrebt? Der in der Politik so zentrale Begriff des »Interesses« wird von Merkel offensichtlich widersinnig verwendet. Der einzige Zweck, den ein Redner mit einem solchen widersprüchlichen Unsinn bei seinen Zuhörern verfolgen kann, ist: sie zu verwirren und ihnen den klaren Blick zu trüben auf das, was Interessen sind. Andernfalls müsste man tatsächlich davon ausgehen, dass Merkel selbst ein »Wirrkopf« ist, wie der *New York Times*-Kolumnist Bret Stephens schrieb.[17]

Ich konnte die Klatschorgie von Karlsruhe damals nicht verstehen und kann es bis heute nicht wirklich. Wie können Hunderte Menschen elf Minuten lang eine Frau beklatschen, nachdem sie von ihr derartige Banalitäten und derartigen Unsinn gehört haben? Und das in einer dramatischen, nationalen Krisensituation, für die diese Frau als Regierungschefin mitverantwortlich ist! Man kann da nur psychologisierend mutmaßen: Vielleicht, weil alle Menschen und ganz besonders CDU-Mitglieder gerne Teil eines harmonischen Ganzen sein wollen und darum an ihre Parteivorsitzende und Bundeskanzlerin einfach glauben wollen. Vielleicht steckt da in manchem Christdemokraten auch noch etwas Katholisches: »Credo quia absurdum est« – »Ich glaube, weil es unvernünftig ist«, sagte Kirchenvater Tertullian. Und schließlich: Wahrscheinlich wollen viele CDU-Politiker einfach an Merkel glauben, weil Merkel der CDU wieder einen Weg zur Macht geebnet hat und sie an ihr teilhaben können.

Wer nun ein Jahr später auf dem Bundesparteitag von Essen im Dezember 2016, nach einigen für die CDU verlorenen Landtagswahlen und in Anbetracht einer generellen Ernüchterung in der Bevölkerung angesichts der Folgen jener Kanzlerinnenentscheidung vom September 2015, zum Beispiel der Silvesternacht am Kölner Hauptbahnhof, erwartet hatte, dass die Delegierten ihre Chefin diesmal weniger feiern würden, sah sich getäuscht. Auch ihre Rede von Essen wurde mit einer nicht enden wollenden Klatschorgie aufgenommen.

Merkel streichelte zunächst geschickt die leidende konservative Seele der Partei. Sie versprach erleichterte Abschiebungen abgelehnter Asylbewerber, ein Vollverschleierungsverbot (der plötzlich aufbrausende Applaus schien wie eine Erlösung), ganz generell einen wehrhaften Staat. Ja, sogar ein erstaunliches Plädoyer gegen die voranschreitende Noten-Inflation an Schulen und Universitäten gönnte Merkel den Konservativen.[18]

Aber zentral war auch diesmal wieder dieselbe absurde Botschaft: »Eine Situation wie die des Spätsommers 2015 kann, soll und darf sich nicht wiederholen. Das war und ist unser und mein erklärtes politisches Ziel. Genau dafür arbeiten wir seit vielen, vielen Monaten zum Wohle aller hier in Deutschland und Europa – wie auch zum Wohle der Flüchtlinge, damit sie nicht weiter skrupellosen Schleppern zum Opfer fallen.« Nicht das geringste Eingeständnis eines Fehlers kam ihr über die Lippen. Auch in Essen sang Merkel wieder das alte Lied von der eigenen Unfehlbarkeit: Es darf sich zwar nie wiederholen – aber damals war es richtig. »Dass die Situation des Sommers 2015, diese besondere humanitäre Notlage, dennoch so bewältigt werden konnte, wie sie bewältigt wurde, dass sie geordnet und gesteuert werden konnte, das wird für immer mit dem Jahr 2015 als herausragende Leistung unseres so starken Landes verbunden sein.« Das sei »Deutschland von seiner allerbesten Seite« gewesen. Also, so muss man dann wohl annehmen, soll sich Deutschland nie wieder von seiner »allerbesten Seite« zeigen dürfen?

Die Ungereimtheiten des Denkens – oder zumindest Sprechens – der Kanzlerin über das wohl wichtigste politische Thema der Zeit sind im Leitbeschluss des Parteitags zur offiziellen Linie der CDU erklärt worden. Da heißt es: »Deutschland hat im vergangenen Jahr Hunderttausende Menschen in Not aufgenommen und ihnen geholfen. Gleichzeitig haben wir hart dafür gearbeitet, die Zahl der Flüchtlinge zu reduzieren, indem wir Fluchtursachen und illegale Menschenschleusung bekämpft haben. Rund ein Jahr später können wir feststellen, dass unsere Politik erfolgreich war.«[19]

Was genau war erfolgreich? Die Aufnahme von Menschen in Not? Oder die Reduzierung der Zahl der Flüchtlinge? Offenbar will man es nicht so genau wissen. Hauptsache erfolgreich.

»Die Leute müssen merken, dass [wir] glauben, was wir ihnen sagen«, verkündete Otto Wulff, der Vorsitzende der Senioren-Union, nach Merkels Rede. Aber meinte er das wirklich ernst? Für klar denkende Menschen, die noch nicht völlig durch das Hören von Merkel-Reden und kollektive Klatschexzesse benebelt sind, ist es nicht unbedingt nachvollziehbar, die unbegrenzte Aufnahme von Flüchtlingen im Jahr 2015 für richtig zu halten und dann im Jahr darauf die Reduzierung von deren Zahl feiern zu sollen. Reduziert angeblich durch eigene Maßnahmen, konkret: Bekämpfung von Fluchtursachen und Menschenschleusern. Kann man wirklich glauben, dass Deutschland zwischen 2015 und 2016 irgendetwas an den Fluchtursachen in Afghanistan, Syrien, Irak und in ganz Afrika geändert hat? Und was die Schleuser angeht: Die waren in der zweiten Jahreshälfte 2015 ohnehin auf dem Balkan arbeitslos, da die Durchreise nach Deutschland staatlich organisiert wurde.

Die Wahrheit ist: Entscheidend für den Rückgang der Zuwandererzahlen ab Frühjahr 2016 war und bleibt die Sperrung der Grenzen auf der Balkanroute durch die dortigen Regierungen. Und die erfolgte bekanntlich zum ausdrücklichen Missfallen der Kanzlerin. Absurderweise steht diese Sperrung im beschlossenen Leitantrag der CDU als vierter von mehreren Punkten, die dafür gesorgt hätten, »dass unsere Politik erfolgreich war«. Unsere?

Verkaufen kann Merkel diese absurde Erzählung, dass 2015 richtig und geboten war, was sich danach nie wiederholen dürfe, nur, indem sie die damalige Situation als schicksalhaftes Naturereignis darstellt. Deswegen leugnet sie standhaft ihren eigenen Anteil an der Eskalation der Zuwanderungskrise. In ihrer Rede formulierte Merkel das so: »Ich habe euch einiges zugemutet, weil uns die Zeiten einiges zugemutet haben.« Aber wenn es damals die Zeiten waren, die uns die Flüchtlinge zumuteten, wieso konnte oder durfte man sie damals nicht aufhalten, aber künftig schon? Dass eine Frau nach einer derartigen Rede minutenlangen, stehenden, zunächst tosenden, dann in rhythmisches Klatschen sich wandelnden Applaus erhält, ist ein seltsames Phänomen und außerhalb politischer Parteien vermutlich völlig unvorstellbar. Erst nach rund elf Minuten – genau wie im Vorjahr in Karlsruhe – gaben die Delegierten allmählich Ruhe.

Gibt es denn in dieser Gemeinschaft sinnlos klatschender Christdemokraten niemanden, so dachte ich während dieses bizarren Huldigungsrituals, der offen Einspruch erhebt gegen diese Zumutung für den Verstand? Doch. Der Einspruch kam, als die Bundeskanzlerin und die meisten prominenten Parteigrößen nach der Klatscherei das Podium verlassen und auch die meisten Journalistenkollegen sich an die Fressbuden in der Vorhalle zurückgezogen hatten. Er kam von einigen wenigen CDU-Delegierten, die außerhalb ihres Landes- oder gar Kreisverbands kaum jemand kennt. Einige dieser Machtlosen hielten kluge, kritische Reden, die sehr viel hörenswerter waren als die der Bundeskanzlerin.

Besonderen Eindruck machte auf mich Christine Arlt-Palmer, Personalberaterin und früheres Vorstandsmitglied der CDU in Baden-Württemberg. Ihre kurze Rede war von ungeschützter Offenheit und Klarheit. Als einzige Rednerin sprach sie die Absurdität und Unglaubwürdigkeit der merkelschen Position in der Zuwanderungspolitik direkt an, nämlich dass »wir ... so tun, als ob wir letztes Jahr nicht völlig anders gesprochen hätten und nicht völlig anders gehandelt hätten«. Im Gegensatz zu Merkel sagte sie nicht nur: »Das, was letztes Jahr 2015 passiert ist in unserem Land, das darf sich nicht wiederholen«, sondern fügte auch an: »Es hätte nie so passieren dürfen. Das ist meine feste Überzeugung. Der Kontrollverlust über die Grenzen, den wir zugelassen haben, ist meines Erachtens unverantwortlich gewesen, und wir machen ja jetzt mit unserem Leitantrag auch diesbezüglich eine Rolle rückwärts. Ich hätte mir gewünscht, wir hätten so etwas letztes Jahr beschlossen und nicht nur in diesem Jahr. Wir haben Österreich und Mazedonien beschimpft, als sie die Grenze geschlossen haben.«[20]

Vor dem leeren Podium des Parteipräsidiums stand diese Frau da am Rednerpult und formulierte ein Fazit, das den ganzen Parteitag als beschämendes Schauspiel des intellektuellen Niedergangs einer einst großen Volkspartei entlarvte: »Dass wir immer nur noch verklausuliert sprechen und überall irgendwie so eine Harmoniesoße drüber gießen und überhaupt nicht mehr in der Lage sind, politische Diskurse zu führen, das finde ich ganz, ganz traurig. Da wünsche ich mir, dass die CDU sich aufmacht zu neuen Ufern und dieses ändert.«

Dieser kurze, kaum zehn Minuten dauernde Beitrag war für mich der eigentliche Höhepunkt des Parteitags. Doch Merkel und die anderen Mitglieder des Parteivorstands werden davon wohl nichts mitbekommen haben. Zumindest war im Saal kaum noch ein prominentes Gesicht zu sehen. Gerade in diesem Kontrast zwischen der von einer Klatschorgie gekrönten, selbstgerechten Unsinnsrede der Kanzlerin und den einfachen, wahren Worten Christine Arlt-Palmers besteht das Unglück der Regierungspartei CDU und damit auch der deutschen Politik.

Die CDU in der späten Merkel-Ära ist eine Partei, deren Chefin außer der schieren Macht keine glaubwürdige Botschaft hat, sondern den Bürgern und vor allem den eigenen Parteimitgliedern eine offenkundige Absurdität als politische Linie verkauft. Eine Partei, deren Chefin ihre Zuhörer verwirrt, statt die Wirklichkeit zu beleuchten und offen zu diskutieren – inklusive eigener Fehler in der Vergangenheit.

Eine Partei, in der die ehrlichen, klugen, mutigen Worte nur von denen gesprochen werden, die in ihr *nichts zu sagen* haben, also von Politikern der zweiten Reihe oder von Nichtberufspolitikern. Eine Partei, die in der Spitze zu einem Apparat der Ergebenheit gegenüber der Vorsitzenden zu degenerieren droht. Eine Partei also, in der oben nicht die klügsten Köpfe, sondern die folgsamsten zu finden sind.

Die Folgsamkeit der CDU-Kader ist ebenso groß wie die Ignoranz ihrer Chefin gegenüber den Wünschen der eigenen Partei, die ihr nicht in den Kram passen. Noch auf dem Essener Parteitag erklärte Merkel zum Beispiel offen, dass sie sich an den Mehrheitsbeschluss zur Wiederabschaffung der doppelten Staatsbürgerschaft nicht gebunden sehe. Bis heute hat die CDU in der Bundesregierung keine Anstalten unternommen, diesen Willen des Parteitags gegenüber dem Koalitionspartner SPD deutlich zu machen. Der Parteitag darf klatschen, programmatische Bedeutung hat er nicht.

Übrigens gilt das auch für Merkels eigene Versprechen gegenüber dem Parteitag. Aus Merkels Ankündigung eines Verbots der Vollverschleierung, wofür die Delegierten sie emphatisch bejubelten, wurde ein »Gesetz zu bereichsspezifischen Regelungen der Gesichtsverhüllung«. Dieses in der Öffentlichkeit völlig unbeachtet gebliebene Gesetz ist eine Farce. Es besagt, dass »Beamtinnen und Beamte, Richterinnen und Richter sowie Soldatinnen und Soldaten bei Ausübung ihres Dienstes sowie bei Tätigkeiten mit unmittelbarem Dienstbezug ihr Gesicht grundsätzlich nicht verhüllen dürfen«.[21] Im Umkehrschluss heißt das: Selbst eine Richterin, Beamtin oder Soldatin dürfte also in ihrer Freizeit durchaus Burka tragen und jede andere Frau erst recht. Besonderen Wert legt das Bundesinnenministerium auf die Bestimmung, dass »dort, wo eine Identifizierung notwendig und geboten ist, das Zeigen des Gesichts im Bedarfsfall auch durchgesetzt werden« könne.[22] Heißt das etwa, dass zuvor Burka-Trägerinnen bei der Einreise oder vor Gericht ihre Identität im wahrsten Sinne des Wortes verschleiern durften? Offenbar.

Die letzte Hoffnung für die CDU

Die obigen Episoden zeigen: Bei den CDU-Profis der Gegenwart sind Feigheit und Unterwürfigkeit vor der eigenen Führung ein übliches Verhaltensmuster. Unter Angela Merkels Führung sind die alten Tugenden des Zusammenhalts und der Loyalität bei den Spitzenpolitikern der Union zu Verantwortungsscheu, Machtanbetung und politischer Denkfaulheit degeneriert. Die Kaste der CDU-Berufspolitiker ist weitgehend zu einem Verbund gehemmter Gefolgsleute geworden.

Der Koalitionskonflikt des Sommers 2018 und das Aufständchen vom Herbst 2015 zeigen: Zwar kritisieren viele CDU-Politiker Merkels Linie scharf und sagen, dass der Kurs grundlegend geändert werden müsste – aber nur im Stillen. Sobald es zum Schwur kommt, sobald man vor der Kanzlerin und der Öffentlichkeit eindeutig Position beziehen müsste, wagen sie nicht den entscheidenden Schritt. Das Gros der CDU-Berufspolitiker hat sich selbst die goldenen Fesseln merkelscher Macht angelegt.

In der CDU überlagerten auch vor Merkel schon starke Führungspolitiker streitträchtige Programmfragen. Das war das Glück der CDU und auch das von Deutschland, solange CDU-Kanzler und -Minister geleitet von tief verankerten Überzeugungen und Verantwortungsgefühl für das Gemeinwesen zum Wohl des Landes regierten. Mit Angela Merkel kam aber erstmals eine CDU-Politikerin an die Spitze ihrer Partei und Deutschlands, die beides – politische Positionen der CDU und deutsche Interessen – nicht als Gut betrachtet, das sie zu bewahren hat, sondern als Ballast, dessen Abwurf den Aufstieg zur Macht erleichtert. Wer ein guter Merkelianer sein will, muss vor allem in der Lage sein, eigene Positionen aufzugeben und sich zu Absurditäten zu bekennen.

Merkels Glück, das sie mit einer konsequent an ihrer eigenen Machtsicherung orientierten Personalauswahl selbst befördert hat, ist die Abwesenheit starker Persönlichkeiten und politischer Denker in der heutigen CDU-Elite. Hätte die CDU einen Mann oder eine Frau wie Sebastian Kurz in ihren Reihen, wäre Merkels Kanzlerschaft wohl schon längst vorbei. Der junge österreichische Kanzler hat die Schwesterpartei ÖVP handstreichartig übernommen und programmatisch revitalisiert. Er ist der personifizierte Anti-Merkel, der all das umsetzt, was sich enttäuschte CDU-Anhänger von einer Union nach Merkel wünschen, vor allem eine Kehrtwende in Richtung restriktiver Einwanderungspolitik. Wehmütig blicken viele deutsche Christdemokraten, gerade die jungen, nach Wien. »Sebastian Kurz ist für viele JU-ler die große Ikone«, sagt Ulrich Wensel.

Die CDU hat aber keinen Sebastian Kurz in ihren Reihen. Unter den Berufspolitikern der CDU in der späten Merkel-Zeit gibt es keinen einzigen, der den Willen verkörpert, Merkels Platz einzunehmen und das Ruder in der Partei und in Deutschland herumzureißen. Ich will nicht spekulieren, wer in der Union das Zeug haben könnte, Merkel oder einer von ihr installierten Nachfolgerin entgegenzutreten. Ohnehin ist dies vielleicht das größte Handicap gerade der innerparteilichen Kritiker: die leidige Personalfrage – Wer soll

Merkel ersetzen? Und: Was bedeutet das für meine eigene Stellung? – lähmt sie.

Unter den Mandatsträgern der CDU fehlt, was die Düsseldorfer Junge Union mit ihrer Rücktrittsforderung bewies: Mut zum persönlichen Risiko. Dieses Risiko, zu früh aus der Deckung zu kommen, ohne eine neue Mehrheit auf seiner Seite zu haben; also vielleicht die Gunst der Mächtigen und die Aussicht auf einen Ministerposten oder einen aussichtsreichen Listenplatz bei den nächsten Wahlen zu verlieren und vielleicht demnächst außerhalb der Berufspolitik arbeiten zu müssen oder gar nicht in sie hineinzukommen, reicht offenbar in der merkelschen Kader-CDU als abschreckendes Disziplinierungsinstrument schon aus.

Man muss sich nur einmal vorzustellen versuchen, welche Wirkung es gehabt hätte, wenn nicht nur ein paar Abgeordnete der zweiten Reihe, sondern der Bundesinnenminister Thomas de Maizière im Herbst 2015 angesichts des staatlichen Kontrollverlusts seinen Rücktritt erklärt und laut in die Fernsehkameras gesagt hätte: Diesen kompletten Irrsinn mache ich nicht mit! Außergewöhnlichen Heldenmut hätte das gar nicht erfordert. Nur ein klein wenig Zivilcourage angesichts der gewissen Abneigung der Merkelianer und der Häme der Kommentatoren – und eine Existenz als finanziell gut abgesicherter Minister außer Dienst. Wer weiß, vielleicht hätte sich Merkels Position in der CDU dann ohnehin schnell deutlich geschwächt. Vielleicht säße ein solcher Ex-Minister heute selbst im Kanzleramt. Zumindest könnte ein solcher Ex-Minister ohne Gesichtsverlust die innere Opposition in der Union anführen. Diese Chance ist verpasst.

In der bedingungslosen Loyalität gegenüber der Chefin (statt Loyalität zu politischen Positionen und nationalen Interessen) zeigen sich vermutlich nicht nur Opportunismus und schiere Feigheit, sondern wohl nicht zuletzt auch ein letzter habitueller Rest von Konservatismus bei vielen CDU-Politikern. Ein CDU-Minister, erst recht der Sohn eines deutschen Generals, meutert eben nicht. Auch nicht, wenn ihm seine Beamten, darunter der Präsident der Bundespolizei und der Verfassungsschutzpräsident, klarmachen, dass die Entscheidung seiner Chefin fatale Folgen für das Land haben werde.

Merkel, wohlgemerkt, war im entscheidenden Moment ihrer Politikerinnenkarriere im Dezember 1999 ganz und gar nicht feige. Als Seiteneinsteigerin bremste sie sich auch nicht durch CDU-typische Nibelungentreue oder sonstige Rücksichtnahmen selbst aus. Merkel, die zwar keinen klaren politischen Gedanken formulieren kann oder will, aber die Bedingungen des Machtgewinns besser erfasste als jeder andere Zeitgenosse, hat die innere Schwäche der CDU gnadenlos ausgebeutet: ihre Anbetungsbereitschaft gegenüber jedem, der sie regierungsfähig machte.

Merkel hat das getan, was sich ihre Kritiker heute nicht zutrauen. Sie hat Helmut Kohl, dem sie bis dahin fast alles verdankte, in einem berühmt gewordenen Gastbeitrag 1999 in der *FAZ* die Gefolgschaft aufgekündigt, als der durch die Spendenaffäre verwundbar geworden war.[23] Der Text, den sie nur mit sehr wenigen parteiinternen Kohl-Gegnern besprach, war Merkels entscheidender Schritt auf dem Weg zum Parteivorsitz. Es hätte auch schiefgehen können. Nun müsste die CDU als Kollektiv den Mut aufbringen, den Angela Merkel damals als Einzelne bewies.

Das beschämend unterwürfige Auftreten der Unionsabgeordneten und vor allem der Minister seit 2015 macht klar: Wenn es eine Hoffnung für eine vitale, langfristig überlebensfähige CDU nach Merkel gibt, dann kann sie sich nicht auf deren aktuelle Führungszirkel stützen. Die Erneuerung wird der CDU nur dann nachhaltig gelingen, wenn sie auf politischer Leidenschaft und nicht auf taktischem Kalkül und Postenjägerei aufbaut. Die Partei wird sich deswegen aus der Tiefe der Parteibasis heraus erneuern müssen, getrieben von (noch) nicht von der Politik lebenden, allein aus ideellen Gründen aktiven Mitgliedern. Wenn noch Leben in der CDU ist, dann bei Leuten wie Ulrich Wensel oder Christine Arlt-Palmer, die nicht jedes Wort mit Blick auf die Machtverhältnisse in der Partei abwägen.

Eine Keimzelle dafür könnte die *WerteUnion* sein. Dieser Zusammenschluss von Kommunalpolitikern und einfachen Mitgliedern der Unionsparteien ist aus Initiativen hervorgegangen, die sich unter dem Namen »Freihetlich-konservativer Aufbruch« zunächst in Bayern und seit dem Frühjahr 2016 in allen anderen Bundesländern bildeten. Als ich die Gründer in Nürnberg traf, zum Großteil junge Frauen und Männer unter 40, kamen sie mir vor wie Rebellen wider Willen.[24] Eigentlich liegt konservativen Christdemokraten das Aufrührerische, Umstürzlerische nicht. Wer sich als konservativ betrachtet, der will eben eigentlich das Bestehende bewahren und empfindet keine innere Befriedigung darin, Autoritäten zu stürzen und etablierte Ordnungen zu stören. Konservative in der nicht mehr von Konservativen geführten Union müssen heute also über den eigenen Schatten springen und das tun, was früher Linke taten: subversiv sein, die Macht der Mächtigen infrage stellen.

Mit dem »Konservativen Manifest«, das die *WerteUnion* auf ihrer ersten Bundesversammlung im April 2018 in Schwetzingen beschloss, hat sie immerhin das, was die Parteiführung unter Merkel nicht hat: klare und unmissverständliche, politische Ziele, die weitgehend denen der vormerkelschen CDU entsprechen. Dazu gehören zum Beispiel

Kapitel 1

ein eindeutiges Bekenntnis zu Deutschland, zum christlichen Menschenbild, zu Ehe und Familie (»Vater, Mutter und Kinder«), »eine föderale, auf dem Subsidiaritätsprinzip fußende EU« mit der Möglichkeit, die Eurozone zu verlassen, und nicht zuletzt eine »restriktive Migrationspolitik«, »die die Annahme einer europäisch-deutschen Leitkultur durchsetzt«.[25]

Die CDU als Ganze steht in der Verantwortung. Was sie als Kollektiv tun müsste zu ihrem eigenen langfristigen Wohl, aber vor allem zum Wohl des Landes: Angela Merkel beim Worte nehmen, die 1999 in ihrem berühmten *FAZ*-Artikel schrieb: »Die Partei muss laufen lernen.«[26] Damals tat die CDU das gerade nicht. Sie warf sich der neuen Chefin noch untertäniger zu Füßen als zuvor Kohl und opferte ihr alles, wofür sie jahrzehntelang stand. Das Ergebnis 18 Jahre später ist eine programmatisch völlig entleerte Partei, deren Führung nichts will als die Macht – und sei es mit dem schlechtesten Bundestagswahlergebnis seit 1949 und einem von der SPD dominierten Koalitionsvertrag. Die Folgen für Deutschland sind noch schlimmer: eine destabilisierte, gespaltene Gesellschaft in einem geschwächten Staat, der in Europa weitgehend isoliert und für die Zukunft nicht gerüstet ist.

Wenn die CDU sich nicht zur Rückgewinnung ihrer politischen Lebensgeister aufraffen kann, dann steht ihr mittelfristig der Untergang bevor. Sie könnte dann das Schicksal der Mitte-Rechts-Parteien in Frankreich und der ehemaligen Democrazia Cristiana in Italien erleiden: fortschreitender Wählerschwund, schließlich Aufsplitterung in Kleinparteien. Das wäre ein großes Unglück für Deutschland. Denn große Parteien bedeuten Stabilität.

Wenn die CDU an ihre Geschichte als Volkspartei und Stabilitätsanker Deutschlands wieder anknüpfen will, dann liegt vor ihr nicht nur die akute Aufgabe, ihre langjährige Vorsitzende zu ersetzen. Es geht um viel mehr: Das, was ich in den beiden folgenden Kapiteln als Merkelismus bezeichne und zu entlarven versuche, muss personell und vor allem programmatisch überwunden werden. Die CDU muss sich erneuern, indem sie wieder die alte wird, nämlich die Deutschland-Partei, die Partei der marktwirtschaftlichen Ordnung und die Partei der inneren Sicherheit. Zu schaffen ist das, indem sie Kraft schöpft aus den eigenen christlichen, konservativen, ordoliberalen Quellen. Eine solche Partei, die das zu Bewahrende bewahrt und das zu Schützende schützt, wäre die erste Wahl für bürgerliche Wähler in den unsicheren Zeiten, die kommen (siehe Kapitel 4). Statt sich an SPD, Grüne und sogar Linke anzubiedern und deren unerfüllbare Zukunftsversprechen zu kopieren, würde sie ihre Aufgabe darin sehen, deren verschleppten intellektuellen und politischen Bankrott vorzuführen.

Es geht um nicht weniger als: die unbedingt notwendige Wiederbelebung der politischen Kultur in der CDU und damit auch in Deutschland.

KAPITEL 2

DIE BILANZ – DEUTSCHLAND NACH 13 JAHREN MERKEL

Für junge Menschen in Deutschland hat Angela Merkel einen Status erreicht wie Helmut Kohl für meine Generation in den 1990er-Jahren: An einen anderen Kanzler können sie sich kaum noch erinnern. SPD-Parteivorsitzende kommen und gehen (Andrea Nahles ist die achte seit 2005), ebenso US-Präsidenten (Donald Trump ist der dritte in Merkels Amtszeit) und französische (Emmanuel Macron ist Merkels vierter). Nur Merkel ist all die ereignisreichen Jahre hindurch im Kanzleramt geblieben.

Keine Frage, »Angela Merkel« wird einmal eine Ära in der deutschen Nachkriegsgeschichte bezeichnen. Aber was wird von dieser Ära bleiben? Wie unterscheidet sich das Deutschland zu Anfang ihrer Regierungszeit von dem der Gegenwart? Und für welche einschneidenden Veränderungen sind sie und die mit ihr Regierenden ganz oder teilweise verantwortlich? Wird der Name Merkel in den Büchern künftiger Historiker mit einem bleibenden politischen Projekt oder Ziel verbunden werden – so wie Adenauer mit der Westbindung, Brandt mit der Ostpolitik, Kohl mit der Wiedervereinigung?

Kapitel 2

Im Rückblick erscheinen sowohl Kohls zweite Kanzlerphase nach der Wiedervereinigung als auch die sieben Jahre der rot-grünen Schröder-Regierung als relativ ereignisarm. Der Politikbetrieb schien in den ersten Jahren nach dem Umzug von Bonn nach Berlin unter dem Schröder'schen Motto »Regieren macht Spaß« vor allem um sich selbst zu kreisen. Die politische Sprengkraft des Euro – beschlossen unter Kohl, eingeführt unter Schröder – war erst allenfalls zu ahnen. Zuwanderung und Integration erschienen noch nicht als alles entscheidende Zukunftsfragen. Francis Fukuyamas *Ende der Geschichte* schien Realität zu sein (vgl. nächstes Kapitel). Von Schröders Kanzlerschaft bleibt nur eine für seine Nachfolgerin und ganz Deutschland folgenreiche Tat: die *Agenda 2010* mit ihrer Reform des Arbeitsmarktes und des Sozialsystems.

In Merkels Regierungszeit erlebt dagegen Deutschland ein Dauergewitter dramatischer Ereignisse und sich verschärfender Entwicklungen. Nach einer kurzen harmonisch-ruhigen Phase – mit dem Höhepunkt des *Sommermärchens* der Fußballweltmeisterschaft 2006 – begann in der Mitte von Merkels erster Legislaturperiode eine nicht mehr endende Zeit der Krisen. Zunächst ökonomische: die Finanzkrise ab 2007, die dann ab 2009 fließend in die europäische Schuldenkrise überging. Ohne dass diese wirklich gelöst oder erledigt wären, kamen seither mehrere politische Krisen und gewaltsame Konflikte an der europäischen Peripherie hinzu. Und über allen anderen Themen steht spätestens seit der sogenannten Flüchtlingskrise von 2015, in der Merkel eine fatale Schlüsselrolle spielte, die Masseneinwanderung.

Die Krisen waren in Deutschland aber zunächst – bis 2015 – nicht unmittelbar zu spüren. Deutschland blieb wie im Auge eines Orkans scheinbar weitgehend verschont von schmerzhaften Auswirkungen. So entstand bei einem großen Teil der Deutschen der Eindruck, dass die Kanzlerin das Staatsschiff klug und erfolgreich durch den Sturm steuere. Dieser im Kanzleramt und der CDU geschickt beförderte Ruf als »Krisenmanagerin« (da sind sich Winfried Kretschmann, Horst Seehofer sowie unzählige Journalisten einig) und »Stabilitätsanker« (Julia Klöckner, Horst Seehofer und zahlreiche andere) war in den beiden letzten Bundestagswahlen das wichtigste Kapital für Merkel und die Union.

Merkel selbst hat wiederholt die Parole ausgegeben, Deutschland solle aus der Krise »stärker« hervorgehen. Wir wollen also prüfen, ob das geschehen ist, Bilanz ziehen. Nur auf einigen beispielhaften, aber besonders wichtigen Politikfeldern.[1] Und nur so weit, wie Merkel und die mit ihr Regierenden eine Verantwortung tragen. Natürlich: Geschichte wird nicht nur von Kanzlern und Ministern gemacht. Ebenso wenig wie eine Regierung sich alle positiven Entwicklungen eines Landes zugutehalten kann, darf man ihr alle negativen voll anlasten.

Die wirtschaftliche Entwicklung

In Merkels ersten Jahren als Parteivorsitzende und Oppositionsführerin galt Deutschland als volkswirtschaftlicher Sanierungsfall. Der Ökonom Hans-Werner Sinn brachte im Herbst 2002 eine rote Laterne zu einer Pressekonferenz mit, um zu untermalen, dass Deutschland international Schlusslicht im Vergleich der Wachstums- und Beschäftigungsraten sei. Ein Dauer-Lamento bestimmte die wirtschaftspolitische Diskussion schon in der späten Kohl-Zeit und dann mit zunehmender Intensität während der rot-grünen Koalition. Die Fernseh-Talkshow *Sabine Christiansen*, damals der beste Sendeplatz, hatte Themen wie: »Lässt die Regierung die deutsche Wirtschaft im Stich?«, »Konjunktur-Angst: Aufschwung adé«, »Schwache Wirtschaft, ratlose Politik«, »Deutschland-AG vor dem Abstieg?«, »Deutschland in Not: Krisen und keine Konzepte«.[2]

Die als bedrohlich und krisenhaft wahrgenommene Lage war sowohl der Anlass für das Reformpaket *Agenda 2010* der damaligen Regierung unter Schröder als auch für das noch weitaus radikalere, neoliberale Programm der damaligen Oppositionspartei CDU vom Leipziger Parteitag 2003.

Heute, 15 Jahre später, ist die rote Laterne bekanntlich längst abgegeben. Nach volkswirtschaftlichen Daten steht Deutschland innerhalb Europas glänzend da. Das Bruttoinlandsprodukt (BIP) nahm seit Beginn der merkelschen Kanzlerschaft 2005 im Schnitt um mehr als 1,5 Prozent jährlich zu, die registrierte Arbeitslosigkeit hat sich mehr als halbiert, die Zahl der Erwerbstätigen steigt kontinuierlich. Seit Anfang der 2010er-Jahre steigen auch die Reallöhne. Nachdem Deutschland in den ersten Jahren der Währungsunion den Maastricht-Grenzwert für das Haushaltsdefizit von 3 Prozent des BIP mehrfach deutlich überschritt, konnten die öffentlichen Haushalte seit 2014 sogar mehrere Jahre hintereinander kleine oder deutliche Überschüsse vorweisen. Das hatte es seit den 1950er-Jahren nicht gegeben.

In die Wirtschaftsgeschichte gingen die Schröder-Jahre also wie schon die späten Kohl-Jahre als Phase der Stagnation ein, während Merkels Regierungszeit eine Phase des Booms war, der noch anhält – nur unterbrochen durch die weltweite Finanzkrise 2008/09. War und ist Merkels Regentschaft also aus ökonomischer Perspektive eine Erfolgsgeschichte?

Auf den ersten Blick sollte man meinen: Ja. Doch so einfach kann man es sich nicht machen. Denn politischeÄnderungen an den Strukturen und Rahmenbedingungen wirken sich meist erst mit zeitlicher Verzögerung aus. Außerdem: Welchen Anteil wirtschaftspolitisches Handeln oder auch Unterlassen an makroökonomischen Ergebnissen hat, lässt sich nie ganz zweifelsfrei klären. Gerade als extrem exportabhängiges Land ist Deutschland auch besonders von der Weltkonjunktur abhängig.

Als Merkel als Kanzlerin antrat, war jedenfalls die deutsche Wirtschaft bereits ohne ihr Zutun auf Hochkonjunktur-Kurs, auch wenn das im öffentlichen Bewusstsein noch nicht ganz angekommen war. Die hohen Wachstumsraten der Jahre 2006 (3,7 Prozent) und 2007 (3,3 Prozent) jedenfalls waren sicher eher eine Folge der kräftigen Weltkonjunktur als der Wirtschaftspolitik der damaligen Großen Koalition.

Wenn man wirtschaftspolitische Ursachen des Booms innerhalb Deutschlands sucht, so sind sie gewiss vor allem in der *Agenda 2010* der Schröder-Regierung zu finden. Die zwischen 2003 und 2005 umgesetzten sogenannten Hartz-Reformen hatten die Belastungen der staatlichen Sozialsysteme gemindert und den Druck auf Arbeitslose erhöht, eine Stelle anzunehmen. Gleichzeitig wurde Unternehmen durch geringere Abgabenlast und gelockerten Kündigungsschutz die Einstellung von Mitarbeitern erleichtert. Die meisten Ökonomen sind sich einig, dass diese Reformen die beabsichtigte Wirkung erzielten und dass sie bis heute nachwirken. Nämlich, wie Schröder in seiner Regierungserklärung vom 14. März 2003 verkündete, die »Rahmenbedingungen für mehr Wachstum und für mehr Beschäftigung« schaffen. Am Anfang der ökonomischen Erfolgsgeschichte in der Ära Merkel steht demnach die Wirtschaftspolitik der Vorgängerregierung. Merkel selbst hat das auch durchaus anerkannt, zumindest zu Anfang. In ihrer ersten Regierungserklärung am

30. November 2005 sagte sie: »Ich möchte Bundeskanzler Schröder ganz persönlich dafür danken, dass er mit seiner *Agenda 2010* mutig und entschlossen eine Tür aufgestoßen hat, eine Tür zu Reformen, und dass er die Agenda gegen Widerstände durchgesetzt hat.«

Merkel hatte, so kann man im Nachhinein feststellen, das große Glück, sich in eher ruhigen Jahren in ihr hohes Amt einzufinden. Das änderte sich endgültig im Herbst 2008, als die internationale Finanzkrise mit voller Wucht ausbrach. Jetzt stürzte auch die deutsche Wirtschaft jäh ab. Im Jahr 2009 schrumpfte das BIP um mehr als 5 Prozent. Für eine politische Klasse, die Wirtschaftswachstum als Voraussetzung von Stabilität und damit auch als Bedingung ihrer eigenen Fortexistenz begreift, schien das völlig inakzeptabel.

Merkel und ihre Koalition reagierten schnell. Man traf zwei Maßnahmen: einerseits die Ausweitung der Möglichkeiten für Kurzarbeit. Das war vermutlich für die deutsche Industrie eine große Hilfe. Die meisten Unternehmen mussten auf der konjunkturellen Durststrecke keine Beschäftigten entlassen, sie aber auch nicht voll bezahlen. Das bot gute Voraussetzungen, um nach den Krisenjahren wieder sofort wettbewerbsfähig mit hoher Auslastung produzieren zu können.

Andererseits gab Merkels Koalitionsregierung das Ziel, den Bundeshaushalt zu konsolidieren, sofort preis und schnürte zwei Konjunkturpakete wie aus dem keynesianischen Lehrbuch. Neben Investitionsprogrammen für die Bauwirtschaft, die im Gegensatz zu Industrie und Handel gar nicht wirklich in einer Krise steckte, ist vor allem die sogenannte *Umweltprämie* zu nennen. Diese höchst euphemistische Bezeichnung wurde in der Öffentlichkeit schnell durch die treffendere Bezeichnung *Abwrackprämie* ersetzt:

Besitzer eines älteren Autos erhielten 2500 Euro vom Staat, wenn sie es verschrotten ließen, um ein neues zu kaufen. Nicht nur umwelt- und ressourcenpolitisch, sondern auch ordnungspolitisch war diese mit insgesamt 5 Milliarden Euro subventionierte Wertvernichtungsaktion höchst fragwürdig.

Die Meinungen über Sinn und Wirksamkeit der beiden Konjunkturpakete von 2009 gehen auseinander. Die Ökonomen Henning Klodt und Stefan Kooths schreiben, dass sie erst wirkten, als die Konjunktur längst wieder angezogen hatte.[3] Andere sehen das keynesianische Krisenmanagement der damaligen Koalition positiver. Eine Gemeinschaftsstudie des Instituts für Wirtschaftsforschung Halle (IWH) und des privaten Instituts Kiel Economics Research & Forecasting im Auftrag des Bundesfinanzministeriums kommt 2015 zum Schluss, dass die öffentlichen Investitionsprogramme erst verzögert auf die Produktion eingewirkt und daher die Konjunktur nicht wie gewünscht beeinflusst hätten. Die »nicht unbeträchtlichen Mitnahmeeffekte« seien außerdem »problematisch«.[4]

Nach dem weltweiten Rezessionsjahr 2009 erlebte die deutsche Volkswirtschaft zwei Jahre lang besonders starkes, nachholendes Wachstum von jeweils rund 4 Prozent und seither ein relativ gleichbleibendes, im Vergleich zu anderen europäischen Ländern überdurchschnittliches Wachstum. Spätestens seit 2010 gilt Deutschland daher wieder als ökonomische Zugmaschine in Europa. Das britische Wirtschaftsmagazin *Economist* schrieb Anfang 2011 über »Angela in Wonderland« und verkündete, es sei an der Zeit, dem »new German Wirtschaftswunder« Aufmerksamkeit zu widmen.[5] Der damalige Bundeswirtschaftsminister Rainer Brüderle ließ monatelang ein Plakat mit diesem Zitat an der

Fassade seines Ministeriums in Berlin hängen. Falls er den Artikel wirklich gelesen hat, musste er allerdings erfahren, dass darin vor allem die klug agierenden Unternehmen, aber nicht die deutsche Regierung gelobt wurden.

Fragt man Ökonomen nach den strukturellen Ursachen für den Erfolg der deutschen Wirtschaft in den jüngsten Jahren, so hört oder liest man vor allem von Folgendem:

Kaum bezweifelt wird, dass die Hartz-Reformen des Arbeitsmarktes unter der Regierung Schröder ihren Zweck auch während und nach der Rezession erfüllten. Die Arbeitsmarktreformen seien, so urteilt Ulrich Walwei, Vizedirektor des Instituts für Arbeitsmarkt- und Berufsforschung in Nürnberg, »ein ernsthafter Kandidat für die Erklärung der stark verbesserten Beschäftigungssituation. Für deren Wirkung gibt es klare Indizien. Die jüngere Entwicklung deutet auf einen spürbaren Rückgang der strukturellen Arbeitslosigkeit hin. Offenbar konnte auch die Wirtschafts- und Finanzkrise nicht zuletzt wegen der Reformen hierzulande besser absorbiert werden.«[6]

Ein weiterer Grund für das »new German Wirtschaftswunder« dürfte die von Walwei und anderen Ökonomen erwähnte Zurückhaltung bei den Lohnsteigerungen sein. »Bemerkenswert« sei, so schreibt Walwei, »dass zwischen 2003 und 2007 – und damit ab 2005 selbst in einer Phase mit kräftigem Wirtschaftswachstum – an der Lohnzurückhaltung festgehalten wurde«. Mit der Politik der damals neuen Bundeskanzlerin hatte das nichts zu tun. Es dürfte eher eine Folge der Reformpolitik ihres Vorgängers gewesen sein. »Denn«, wie Walwei schreibt, die Agenda-Reformen »haben die Zugeständnisse von Arbeitslosen in Bezug auf die Löhne erhöht und die Nutzung solcher Beschäftigungsformen erleichtert, die wie Minijobs oder Zeitarbeit mit einer relativ geringen Stundenentlohnung einhergehen«. Die Lohnstückkosten hatten sich in Deutschland allerdings schon vor den Agenda-Reformen ab 1999 verbilligt, nachdem sie zuvor in den 1990er-Jahren deutlich gestiegen waren.[7] Seit 2011 steigen nun allerdings die Löhne deutlich und damit auch die Lohnstückkosten.

Als weitere, von Merkel und ihrer Regierungspolitik weitestgehend unabhängige Ursache der Wachstumsstärke der deutschen Wirtschaft ist außerdem die nun schon seit rund zehn Jahren anhaltende Ultraniedrig- beziehungsweise sogar Null- oder Negativzinspolitik der Europäischen Zentralbank (und anderer Notenbanken) zu nennen. Die Konjunktur wird durch billiges, fast kostenlos beschaffbares Geld künstlich stimuliert.

Im Rückblick auf das wirtschaftspolitische Handeln der Regierungen Angela Merkels seit 2005 fallen keine strukturellen Reformen, keine ordnungspolitischen Großtaten auf. In völligem Gegensatz zu der auf dem Parteitag in Leipzig 2003 geforderten Marktradikalität haben Merkel und ihre CDU dem Reform-Rollback der verteilungsfreudigen Nach-Schröder-SPD in mittlerweile drei Koalitionsregierungen allenfalls geringen Widerstand entgegengesetzt. Vor allem das dritte Merkel-Kabinett von 2013 bis 2017, ihr zweites mit der SPD, war durch solche Anti-Agenda-Politik geprägt: Die SPD konnte nicht zuletzt ihre Forderung nach einem bundesweiten Mindestlohn durchsetzen. Dazu kam – an Absurdität kaum zu toppen – die Ausweitung der Möglichkeit, schon mit 63 in Rente zu gehen, und die von der CDU selbst propagierte Extrarente für Mütter von vor 1991 geborenen Kindern. Angesichts der demografischen Entwicklung bezweifelt kaum jemand, dass im Gegenteil eine deutliche Erhöhung des Renteneintrittsalters unbedingt notwendig sein wird. Klodt und Kooths nennen die Politik der Merkel-Regierungen daher »fahrlässig«.

Lob aus Ökonomenmund ist oft für das Krisenmanagement Merkels und ihrer Regierung in den Jahren 2008 und 2009 zu hören. Auf dem Höhepunkt der Verunsicherung angesichts des drohenden Zusammenbruchs der Hypo Real Estate trat Merkel mit dem Finanzminister Peer Steinbrück am 5. Oktober 2008 vor die Kameras und verkündete: »Die Bundesregierung sagt am heutigen Tag, dass wir nicht zulassen werden, dass die Schieflage eines Finanzinstituts zu einer Schieflage des gesamten Systems wird. Deshalb wird auch mit Hochdruck daran gearbeitet, die Hypo Real Estate zu sichern. Wir sagen außerdem, dass diejenigen, die unverantwortliche Geschäfte gemacht haben, zur Verantwortung gezogen werden. Dafür wird die Bundesregierung sorgen. Das sind wir auch den Steuerzahlern in Deutschland schuldig. Wir sagen den Sparerinnen und Sparern, dass ihre Einlagen sicher sind. Auch dafür steht die Bundesregierung ein.«

Dass die Bundesregierung dieses Sicherheitsversprechen tatsächlich hätte einlösen können, bleibt mehr als fraglich. Der Umfang aller Spareinlagen der deutschen Privathaushalte (2008 rund 523,1 Milliarden Euro) war und ist viel höher als der Bundeshaushalt (2008 rund 283,1 Milliarden Euro). Aber es wurde letztlich geglaubt, vermutlich weil man es glauben wollte. Und so waren diese Sätze wohl das richtige Signal zur rechten Zeit, um einen Bank-Run, also das massenhafte Abheben von Spareinlagen, zu verhindern. Das hätte womöglich zu einem völligen Zusammenbruch des Finanzsystems geführt. Merkel und Steinbrück haben an diesem Tag ohne Zweifel Mut und Verantwortungsbereitschaft bewiesen. Vor allem diese Sätze waren es, die Merkels Ruf als Krisenmanagerin begründeten.

Die »alternativlose« Eurorettung

Zum Gesicht des Dauerkrisenmanagements wurde Merkel schließlich ab 2010 in den seither anhaltenden Querelen um überschuldete Mitgliedsstaaten der Eurozone. Vor allem Griechenland war und bleibt das Sorgenkind. Hier ist nicht der Platz, diese Geschichte nachzuerzählen, die noch lange nicht abgeschlossen ist, aber schon in einer Legion von Aufsätzen und Sachbüchern behandelt wird. Mir kommt es auf einige zentrale Feststellungen über das Agieren Merkels und ihrer Mitregierenden an.

Eine berühmt gewordene Aussage, nach der sie dann auch wirklich konsequent handelte, offenbart die Motivation ihrer Europolitik. »Scheitert der Euro, dann scheitert Europa«, sagte Merkel am 19. Mai 2010 im Bundestag. Sie hätte ergänzen können: Und dann stürzt auch die gesamte politische Klasse Deutschlands (inklusive Merkel selbst) und Europas – so wie in Griechenland und Italien und teilweise auch in Spanien und Frankreich schon geschehen. Die Eurorettungs- und Stabilisierungspolitik, die sie als »alternativlos« bezeichnete, ist daher seit 2010 der Kern ihrer Außenpolitik.

Zunächst muss man ganz objektiv feststellen: Eigentlich ist der Euro schon längst gescheitert. Zumindest wenn man die ursprünglichen Ziele betrachtet, die mit seiner Einführung erreicht werden sollten. Die gemeinsame Währung sollte die Europäische Union stabilisieren und einen. Sie sollte, wie Ökonomen sagen, für Konvergenz sorgen, das heißt für eine Angleichung von Zinsen und Inflation, von Einkommen und Produktivität und Konjunkturschwankungen. Bekanntlich war schon zehn Jahre nach seiner Einführung klar, dass der Euro tatsächlich das Gegenteil bewirkte: Er kehrt die Divergenz, also die Unterschiede der Volkswirtschaften, hervor und verstärkt sie. Der Internationale Währungsfonds hat das in einer Studie bestätigt.[8]

Ein hintergründiger Zweck des Euro für Frankreichs damaligen Staatspräsidenten François Mitterrand und andere treibende Kräfte hinter dem Maastricht-Vertrag war die Einhegung Deutschlands. Frankreich wollte gerade angesichts der sich vollziehenden deutschen Einheit die ökonomische Dominanz Deutschlands verhindern durch die Abschaffung der starken D-Mark – in Frankreich damals oft als »Deutschlands Atombombe« bezeichnet.[9] Kohl und die Deutsche Bundesbank waren schließlich einverstanden, weil sie glaubten, durch die Stabilitätskriterien von Maastricht den Euro zu einer Hartwährung, einer Art europäischen D-Mark, machen zu können.

Auch statt dieses Ziels erreichte die Währungsunion eher das Gegenteil. Deutschlands ökonomische Dominanz, allerdings auch seine Risiken und Belastungen sind seither deutlich gestiegen. Doch man muss unterscheiden: Das dominierende, profitierende Deutschland ist nicht unbedingt identisch mit dem Deutschland, das durch die fortwährende Eurorettung belastet wird und enorme Risiken zu tragen hat. Das Deutschland, das vom Euro und von der EU profitiert, sind die exportorientierten Unternehmen. Verlierer und Leidtragende des Euro sind die deutschen Steuerzahler. Die meisten Deutschen gehören in Personalunion sowohl zum profitierenden als auch zum belasteten Deutschland. Viele Deutsche sind zum Beispiel nicht nur Steuerzahler, sondern auch Angestellte, Geschäftspartner oder gar Teilhaber von exportorientierten Unternehmen. Aber – darauf kommt es an – eben bei weitem nicht alle und vor allem nicht in gleichem Maße.

Während das offizielle Narrativ, verbreitet von den Interessenträgern der deutschen Exportindustrie und einem sehr breiten politischen Bündnis der etablierten Parteien, das von der EU und dem Euro profitierende Deutschland betont, ist für die deutsche Bevölkerung – wen kann es wundern? – der Blick auf die Lasten und Risiken immer bedrückender geworden.

Merkel und ihre Regierungen müssen in der Europapolitik in einem Zwiespalt agieren. Einerseits hat man sich auf den Euro festgelegt und will ihn komplett – ohne Ausscheiden selbst des kleinen Griechenlands – erhalten, vermutlich weil man mehr noch als die schwer kalkulierbaren ökonomischen Folgen den Gesichtsverlust der gesamten politischen Klasse fürchtet. Andererseits muss man den Deutschen signalisieren, dass man die Haftungsrisiken im Griff habe und das eigene Geld sicher sei.

Der verschleierte Weg in die Haftungsunion

Eine große Idee, eine Vision zur Erneuerung des Euro oder gar der gesamten Europäischen Union kann man bei Merkel bis heute nicht erkennen. Das gilt auf diesem Politikfeld wie auf allen anderen. Merkel gab selbst zu, dass sie »auf Sicht« fahre. Allerdings ist hier dasselbe taktische Muster erkennbar, das sie auch auf anderen Feldern anwandte, um ihre Machtstellung zu festigen: die langsame, verschleierte oder geleugnete Preisgabe von Prinzipien und Interessen zur Vermeidung oder zumindest Entschärfung politischer Konflikte, die ihr gefährlich werden könnten. In der Eurorettungspolitik wie auf anderen Feldern nährt sich Merkels Macht durch Verzehr von politischer Substanz. Was im Fall der Parteipolitik die konservativen und sonstigen Überzeugungen der alten CDU sind, ist im Fall der Eurorettung das sogenannte No-Bail-Out-Prinzip des Maastricht-Vertrages.

»Muss Deutschland für die Schulden anderer Länder aufkommen? Ein ganz klares Nein«, stand auf einem Plakat der CDU für die Europawahlen 1999. Zu diesem Prinzip hat sich Merkel immer wieder in Worten bekannt und mehrfach versichert, dass sie einer *Haftungsunion* und *Eurobonds*, also offener gemeinsamer Staatsverschuldung in der Eurozone, nicht zustimmen werde. Doch ihre Taten entsprachen dem für sie sehr viel wichtigeren Prinzip: Scheitert der Euro, dann verliert die politische Klasse das Gesicht und damit scheitert das System Merkel.

Der damalige Finanzminister Wolfgang Schäuble war bei Verhandlungen mit der griechischen Tsipras-Regierung über neue Kredite im Sommer 2015 eigentlich überzeugt, dass es besser sei, die Rettung abzublasen. Er wollte Griechenland »temporär« aus der Währungsunion ausscheiden lassen. Die griechische Volkswirtschaft hätte sich dann nach einer Staatsinsolvenz mithilfe einer eigenen, gegenüber dem Euro deutlich abgewerteten Währung erholen und wieder wettbewerbsfähig werden können. Auch manche Ökonomen hatten sich für eine solche ordnungspolitisch konsequente Lösung ausgesprochen.

Doch Merkel überstimmte ihren Finanzminister. Deutschland schwenkte auf die Linie der meisten anderen Euroländer ein und stimmte weiteren Krediten für Griechenland und damit dessen Verbleib in der Eurozone zu. Vermutlich ist für Merkel das Risiko, dass ein Staatsbankrott oder der erzwungene Austritt eines Mitgliedslandes der Eurozone eine Kettenreaktion auslöst und damit das gesamte »europäische Projekt« delegitimiert, höher zu bewerten als mögliche positive längerfristige Wirkungen einer konsequenten ordnungspolitisch harten Haltung für die griechische Volkswirtschaft und die deutschen Steuerzahler. Schließlich hat sie, wie alle bundesdeutschen Regierungen, dieses Projekt zu einer Art Staatsräson erklärt.

Der Preis des Erhalts der griechischen Zahlungsfähigkeit innerhalb der Eurozone war nicht nur ein finanzieller. Der Preis war die Entwertung der Regeln des Maastricht-Vertrags. Denn das darin festgehaltene No-Bail-Out-Gebot verbietet eigentlich genau das, was man durch die Kreditpakete und die Einrichtung des *Europäischen Stabilitätsmechanismus* (ESM) in Luxemburg tut: einem überschuldeten Eurostaat *aus der Patsche helfen* (englisch: to bail out). Jenseits offizieller Beteuerungen haben diese Maßnahmen die Regierungen der Krisenländer von unmittelbarem Handlungsdruck befreit. Spieltheoretisch gesprochen: Die Erfahrung eines Mitspielers, dass der offene Verstoß gegen Regeln keine Bestrafung, sondern im Gegenteil Unterstützung der anderen Spieler nach sich zieht, führt unmittelbar zu einem Moral-Hazard-Phänomen, anders gesagt: Trittbrettfahren. Die Haltung der neuen italienischen Regierung, die mehr oder weniger offen ihre Gleichgültigkeit gegenüber den Maastricht-Regeln zeigt, belegt: Die real existierende Währungsunion ist in der Folge ihrer von Merkel und anderen Regierenden verkündeten Alternativlosigkeit zu einem System geworden, in dem vermeintliche Stabilisierungsaktionen letztlich nur zu neuer Instabilität führen.

Die demonstrativ harte Linie der deutschen Regierung bei den Auflagen zur Haushaltskonsolidierung und für Reformprogramme – »Hilfe und Solidarität nur gegen Reformen« – flankierten dabei Merkels in Deutschland geäußerte Lippenbekenntnisse zur Ablehnung der vermeintlich zu verhindernden, tatsächlich jedoch durch den ESM ohnehin schon eingeführten Haftungsunion. Vor allem in

Griechenland aber wurden diese Spar- und Reformauflagen als entwürdigende Eingriffe empfunden. Merkel erhielt dafür Beschuss mit dem schwersten Kaliber, das man einem Deutschen gegenüber anwenden kann: Sie wurde auf Demonstrationen und in der griechischen Presse mit Hakenkreuzen und Hitlerbärtchen dargestellt. Auch diese Bilder gehören zur Bilanz von Merkels Regierungszeit: Durch den Euro und seine von Merkel wesentlich mitgetragene »Rettung« wuchsen nicht Dankbarkeit und das Gefühl der Zusammengehörigkeit zwischen den europäischen Völkern, sondern alte Ressentiments kamen wieder hoch.

Vermutlich war auch Merkels lange Zurückhaltung gegenüber den Plänen des französischen Präsidenten Emmanuel Macron als Anti-Haftungsunion-Signal an die Deutschen gedacht. Erst nach einem Dreivierteljahr, am 3. Juni 2018, gab sie schließlich in einem Interview mit der *Frankfurter Allgemeinen Sonntagszeitung* (*FAS*) eine Antwort mit eigenen Vorschlägen – und kam damit dem Franzosen sehr weit entgegen –, wie es im Koalitionsvertrag mit der Macron-begeisterten (und damals noch vom früheren EU-Parlamentspräsidenten Martin Schulz geführten) SPD schon weitgehend festgezurrt war: Der »Schutzschirm« ESM soll zu einem Europäischen Währungsfonds werden, der zusätzliche Mittel erhält und auch kurzfristige Kredite mit geringeren Auflagen vergeben kann.[10] Und zwar an Länder, die »durch äußere Umstände in Schwierigkeiten geraten«, also nicht mehr nur, wenn deren Zahlungsunfähigkeit die gesamte Eurozone gefährden würde, wie beim bisherigen ESM. Auch einem eigenen »Investivhaushalt« für die Eurozone – Macrons Lieblingsprojekt zur Stimulation des Wirtschaftswachstums in den Krisenländern – stimmte sie nun zu. Obwohl alle Bemühungen der EU, den wirtschaftlichen Zusammenhalt, also die berühmte Konvergenz, durch Strukturpolitik mit dicken Fördertöpfen für schwache Länder und Regionen zu befördern, bislang nur sehr bescheidenen Erfolg hatten, fällt auch Merkel nichts anderes ein, als diese Fördertöpfe noch üppiger auszustatten. Im erwähnten Interview nennt sie das: »Innovationsfähigkeit stärken, und zwar mithilfe zusätzlicher Strukturpolitik«.

Merkels Rezept ist also letztlich dasselbe, das man in Paris und in der Europäischen Kommission verschreiben möchte: eine Ausweitung und Intensivierung der Kreditbeziehungen. Schulden sollen mit noch mehr Schulden bekämpft und trotz Transfers gewachsene Ungleichgewichte durch noch mehr Transfers ausgebügelt werden. Merkels Betonung – »gegen Auflagen natürlich, in begrenzter Höhe und mit vollständiger Rückzahlung« – wird assistiert von Frankreichs Finanzminister Bruno Le Maire, der den Deutschen auf Deutsch zu den auf sie zukommenden Beiträgen für die »Fiskalkapazität« der Eurozone weismachen will: »Das hat nichts zu tun mit einer Transferunion. Das ist etwas ganz anderes.«

Diese Behauptung, dass Transfers in der Eurozone keine Transferunion bedeuten, ist natürlich ebenso unsinnig wie Merkels angebliche Ablehnung einer Haftungsunion. Beide sind schleichend schon längst Realität geworden. Einerseits durch den Rettungsmechanismus ESM. Für den haben nicht nur alle Euroländer eine Bareinlage gegeben, sondern für dessen Refinanzierung werden auch Anleihen aufgelegt. Also letztlich Eurobonds, die nicht Eurobonds heißen. Für die Kredite, die der ESM an klamme Eurostaaten vergibt, haften letztlich die anderen Eurostaaten inklusive Deutschland.

Kapitel 2

Die Bundesregierung ignoriert wachsende Ungleichgewichte

Noch erheblicher als das Haftungsrisiko über den Rettungsfonds ist aber das nahezu kontinuierlich steigende Ungleichgewicht im sogenannten Target2-System der Euro-Notenbanken. Eigentlich ist dieses *Trans-European Automated Real-time Gross Settlement Express Transfer System* nur das Abwicklungs- und Verrechnungssystem der nationalen Notenbanken untereinander für grenzüberschreitende Zahlungsvorgänge in der Eurozone. Kurzfristige Ungleichgewichte scheinen darin akzeptabel. Doch seit der Eurokrise entwickelte sich Target2 zu einem unbefristeten, anscheinend unbegrenzten Überziehungskreditgeber für die Krisenländer. Schuldenmachen ist da bei Nullzins völlig gratis und ohne jede Auflage möglich. Der Journalist und Geldpolitik-Experte David Marsh spricht von einem »Mysterium der Entwicklung der Währungsunion«.[11]

Durch Kapitalflucht vor allem nach Deutschland und auch durch die Anleihekaufprogramme der EZB in den Südländern wachsen die negativen Targetsalden der Süd-Notenbanken – und dementsprechend die Forderungen der Deutschen Bundesbank an diese. Zum 30. Juni 2018 hatte die Bundesbank Forderungen aus Target2 von genau 976 266 420 827,17 Euro an die anderen Notenbanken der Eurozone.[12] Natürlich ist es völlig unvorstellbar, dass die Bundesbank solch einen gigantischen Betrag, fast ein Drittel des deutschen Bruttoinlandsprodukts von 2017, jemals eintreiben könnte, wenn die Targetbilanz im Falle des Austritts eines Schuldnerlandes aus der Währungsunion bereinigt werden sollte. Die positiven Targetsalden bedeuten für Deutschland also: Gewinne, die deutsche Unternehmen und Personen in Geschäften mit den Südländern gemacht haben, streckt de facto die Bundesbank vor – gegen uneintreibbare Forderungen an die Notenbanken der Südländer.

Das Targetsystem enthält für die Bundesbank, also letztendlich den deutschen Steuerzahler, ein enormes Verlustrisiko. Deutschland ist damit politisch erpressbar, weil der Zerfall der Eurozone für es mit riesigen Verlusten verbunden wäre. Kurz gesagt: Der deutsche Steuerzahler steckt längst tief mit drin im Schlamassel der Eurozone. Er ist, ohne je gefragt worden zu sein, eine gigantische Wette darauf eingegangen, dass die Defizitländer des europäischen Südens in absehbarer Zeit an Wettbewerbsfähigkeit zu Deutschland aufschließen und ihre Targetsalden bereinigen werden. Da dies höchst unwahrscheinlich sei, kommt der Ökonom Daniel Stelter zu dem Fazit: »In Wahrheit ist der Euro [durch das Targetsystem] ein Subventionsprogramm für unsere Exportindustrie, das wir selbst bezahlen.«[13]

Es ist sehr bezeichnend für den merkelschen Regierungsstil, dass dieses Mysterium der Verwandlung des Targetsystems in ein Instrument der Haftungsunion ohne parlamentarische Debatte vonstattenging. Dass das Thema überhaupt einer breiteren Öffentlichkeit bekannt wurde, ist vor allem den Alarmrufen des prominenten Ökonomen Hans-Werner Sinn zu verdanken.[14] Merkel und ihr Finanzminister kamen deswegen aber nie wirklich in öffentliche Bedrängnis durch die Opposition. Ob die deutsche Regierung die Metamorphose des Targetsystems zu einem unbegrenzten Kreditgeber und Teil der Haftungsunion überhaupt verhindern könnte, ist durchaus fraglich. Nicht fraglich ist aber, dass sie nie den Willen deutlich machte, es auch nur zu versuchen. Ein Deutschland, das durch seine europäischen Nachbarn erpressbar ist, scheint für Merkel und die mit ihr Regierenden also durchaus akzeptabel zu sein.

Retten, was nicht zu retten ist

Jenseits der spezifischen Risiken für Deutschland bleibt die Frage weiterhin offen: Können die von Merkels Regierungen seit 2010 mitgetragene Rettungspolitik und die jüngsten Reformvorhaben, die auf noch mehr vergemeinschaftete Schulden hinauslaufen, ihren erklärten Zweck überhaupt erfüllen, die Eurozone langfristig zusammenzuhalten? Sind nicht alle bisherigen Rettungsaktionen und Reformen einzig und allein als »gekaufte Zeit« (Wolfgang Streeck) anzusehen?

Einige Ökonomen, vor allem solche, die nicht mit den großen, staatsnahen Forschungsinstituten verbunden sind, geben dem Euro keine langfristige Überlebensperspektive. Daniel Stelter zum Beispiel hält die Konstruktionsfehler für so schwerwiegend, dass die Rettung immer teurer – und langfristig doch nicht erfolgreich sein werde.[15] Ähnlich argumentiert der Ökonom Heinz-Werner Rapp, Leiter des FERI-Instituts: Die von Macron und der EU-Kommission, aber auch von Merkel betriebene bisherige Politik erschöpfte sich in der Beschaffung neuer Finanzmittel, »sei es durch neue Möglichkeiten für öffentliche Verschuldung oder – noch gefährlicher – durch schlichte Sozialisierung von Risiken«.[16] Wohingegen die eigentlichen, tieferen Gründe für die Krisenanfälligkeit des Euro in der politischen Öffentlichkeit fast immer unausgesprochen bleiben. Nämlich fundamentale Zielkonflikte, Missverständnisse und »konzeptionell-philosophische« Gegensätze zwischen Deutschland und Frankreich als den beiden wichtigsten Euroländern. Um nur einige Stichworte dazu zu nennen: In Frankreich fasst man die Zentralbank traditionell als Behörde auf, die der Einflussnahme der Regierung offensteht. Die Währung und die Geldpolitik sind nach französischer Tradition auch Mittel staatlicher Machtausübung. Dagegen sieht man in Deutschland als Lehre aus dem Inflationstrauma von 1923 die Unabhängigkeit der Zentralbank als Dogma an, da nur sie die Stabilität der Währung garantieren kann. Deutschlands *Wirtschaftswunder* beruhte auf dem ordoliberalen Prinzip möglichst weniger staatlicher Eingriffe in den Markt bei gleichzeitiger Betonung einer Ordnung mit festen Regeln. Frankreichs gleichzeitiger Erfolg in den *trente glorieuses* beruhte dagegen auf dem Konzept der *planification*, also staatlicher Vorgaben für die Märkte.

Diese unter politischem Primat in der Vor- und Frühgeschichte des Euro leichtfertig hingenommenen oder ignorierten Widersprüche bilden nun, so Rapp, einen »Bodensatz aus gefährlichen Bruchlinien und komplexen Risikofaktoren«, die den Bestand der Währungsunion gefährden. Dass diese tiefen unterschiedlichen historisch-kulturellen Prägungen auf absehbare Zeit veränderbar sind, ist höchst fraglich. Da sie in der politischen Arena überhaupt nicht offen problematisiert werden, werden sie wohl noch lange weiterwirken und die von Merkel und anderen Rettungspolitikern so sehr herbeigewünschte Angleichung in der Eurozone verhindern.

Rapp vermutet, dass eine grundlegende und tatsächlich umgesetzte Reform, die über die Suche nach neuen Verschuldungsquellen hinausginge, mit zunehmender Dauer der Hilfstransfers immer unwahrscheinlicher werde, weil der Anreiz dazu für die nationalen Regierungen schwindet. Vor allem: Da Regelverstöße nicht geahndet würden, seien künftige neue Krisen sogar wahrscheinlicher geworden. Die wahrscheinlichste mittelfristige Zukunftsperspektive der Währungsunion sei, so Rapp, »ein schleichender Übergang in eine teure und ineffiziente Transferunion« und »deutlich erhöhte Transferlasten und stetig steigende Zukunftsrisiken speziell für Deutschland«.[17]

Die mögliche Alternative zur dauerhaften Transferunion wäre der Austritt einzelner Mitgliedsländer. Das dürften, so vermutet Rapp, wohl eher kleine, volkswirtschaftlich starke Mitgliedsländer wie Österreich oder Finnland sein, da für diese irgendwann der Anreiz zum Verlassen stärker werden könnte als der Nutzen des Verbleibs in einer Union, die ihnen wachsende Verpflichtungen auferlegt.

Ein solcher Schwund oder auch der völlige Zusammenbruch der Eurozone sei als langfristiges Folgeszenario einer immer teurer werdenden »ermüdeten« Transferunion denkbar. Für Deutschland – volkswirtschaftlich stark, aber aus politischen Gründen ohne jegliche Exit-Option – bedeutet die Währungsunion demnach für die Zukunft die Aussicht auf Pest (ausgeweitete Transferunion) oder Cholera (Verwerfungen durch Zerbrechen des Euro) oder beide Krankheiten hintereinander.

Daniel Stelter kommt zu einem ähnlichen Fazit. »Wir müssen uns einstellen auf (wahlweise und in Kombination):

- einen ungeordneten Zerfall der Eurozone verbunden mit massiven Forderungsausfällen.
- Vermögensabgaben zur Tilgung von Schulden oder aber zur Herstellung von ›Gerechtigkeit‹ nach einem Zerfall oder hoher Inflation.

- Eine weitere Explosion der Preise von Vermögenswerten aller Art aus Furcht vor der Geldentwertung.
- Eine weitere lange Phase der Krisenverschleppung mit europäischen Transfers, die zwar die grundlegenden Probleme nicht lösen, dem Euro aber Zeit kaufen.«[18]

Die schwarze Null

Die mehr oder weniger vernebelten europäischen Haftungsrisiken für den deutschen Staat relativieren das, was man Merkels Regierungen als ihren wohl größten Erfolg anrechnet: den gelungenen Haushaltsausgleich. Die Einführung der Schuldenbremse im Grundgesetz 2009 war zweifellos eine der wenigen konsequent an der Zukunftssicherung ausgerichteten Maßnahmen in Merkels Regierungszeit. Mit ihr sind der Bund seit 2016 und die Länder ab 2020 rechtlich verpflichtet, solide, also ohne Neuverschuldung, zu haushalten. Tatsächlich weisen nach Jahrzehnten des Schuldenwachstums sowohl der Bund als auch der Gesamtstaat seit einigen Jahren eine schwarze Null oder sogar leichte Überschüsse auf.

Für diese schwarze Null gilt aber auch, dass sie nicht durch eine Beschränkung der Ausgaben, sondern durch das Wachstum der Einnahmen zustande kommt. Der Umfang des Bundeshaushalts ist zwischen 2005 und 2017 von 259,8 auf 330,7 Milliarden Euro im Jahr gewachsen, für 2018 sind Ausgaben von 341 Milliarden Euro geplant. Von einem sich selbst »bremsenden« Staat kann insofern nicht die Rede sein. Im Gegenteil. Nicht er, sondern die Steuern und Abgaben zahlenden Bürger mussten sich zurückhalten, um die Neuverschuldung zu beenden.

Von Steuererleichterungen zu reden, ist der Running Gag in allen Merkel-Regierungen. Eine der ersten großen Maßnahmen in Merkels erster Koalition mit der SPD war die Erhöhung der Mehrwertsteuer um 3 Prozentpunkte. Im Wahlkampf 2005 hatte die CDU eine Anhebung um nur 2 Prozent gefordert, um zugleich die Abgabenlast der Unternehmen senken zu können. Tatsächlich ist die Belastung von Bürgern und Unternehmern durch Steuern und Abgaben in den Merkel-Jahren deutlich gestiegen – und das, obwohl die Arbeitslosenzahl fast kontinuierlich sinkt. 2006 beanspruchte der Staat insgesamt 38,5 Prozent der Wirtschaftsleistung als Steuern und Sozialbeiträge. 2017 waren es – bei ähnlich guter Konjunkturlage – schon 40,3 Prozent. Merkels Regierungen waren also vor allem in dem Sinne erfolgreich, als sie es schafften, einen besonders großen Teil der Wachstumsgewinne der Wirtschaft für den Staat abzuschöpfen. Damit hat Deutschland unter Merkel wieder in etwa das Niveau der späten 1990er-Jahre erreicht, als Deutschland als kranker Mann in Europa galt. Die Effekte der *Agenda 2010* sind also aufgebraucht.

Der verfettete Staat

Besonders kennzeichnend für das Aufblähen des umverteilenden Staates in Merkels Regierungszeit ist das Phänomen stark steigender Sozialausgaben trotz deutlich sinkender Arbeitslosenzahlen. 2003 auf dem Tiefpunkt der wachstumsschwachen Jahre der Schröder-Regierung verteilte der deutsche Staat 29,3 Prozent des Bruttoinlandsprodukts zu sozialen Zwecken um. Das war ein Rekord, der verständlich war angesichts eines im Jahresvergleich um 0,1 Prozent geschrumpften BIP und rund viereinhalb Millionen Arbeitssuchenden. In den Jahren danach sank die Sozialleistungsquote deutlich. »Die Konsolidierungsanstrengungen der Bundesregierung im Bereich der Sozialversicherung führten in Kombination mit einem sich ab 2004 beschleunigenden Wirtschaftswachstum bis 2007 zu einem Rückgang der Sozialleistungsquote auf 26,8 % und damit auf ihren niedrigsten Stand seit 1992«, heißt es im Sozialbericht 2017.[19] Doch in jüngster Zeit ist die Quote trotz starken Wirtschaftswachstums wieder stark angestiegen. Das heißt: Die Sozialausgaben wuchsen schneller als die Wirtschaft. Der absolute Rekordwert von 29,4 Prozent für 2016 wurde 2017 noch einmal gebrochen: 29,6 Prozent der Wirtschaftsleistung gaben Staat und Unternehmen 2017 für Sozialleistungen aus. Erstmals wurde dabei 2017 die Billionengrenze überschritten: 1023,4 Milliarden Euro.[20]

Dass die Sozialleistungsquote im Krisenjahr 2009 hochschnellte, ist kein Wunder, aber warum blieb sie auch danach, in den Boomjahren und bei stetig sinkender Arbeitslosigkeit, auf Höchstwerten und erreicht sogar Rekordwerte? Die Bundesregierung gibt im Sozialbericht 2017 die Antwort: »Der Anstieg der Sozialleistungen beruht im Wesentlichen auf einem Leistungszuwachs in der Sozialversicherung – insbesondere der gesetzlichen Rentenversicherung (mit rd. 11 Mrd. Euro um rd. 4 %), Krankenversicherung (mit rd. 12 Mrd. Euro um 5 %) und Pflegeversicherung (mit rd. 8 Mrd. Euro um 26 %). Kranken- und Pflegeversicherung zusammen sorgen für einen Anstieg der Sozialleistungsquote um gut 0,4 Prozentpunkte. Aber auch die gesetzliche Rentenversicherung lässt die Sozialleistungsquote rechnerisch um rd. 0,1 Prozentpunkte steigen. Die genannten Anstiege sind darauf zurückzuführen, dass die Leistungen dieser Sozialversicherungssysteme in den vergangenen Jahren verbessert wurden ... Die Ausgaben in der Arbeitslosenversicherung steigen um rd. 4 Mrd. Euro, worin sich insbesondere planerische Vorsorge – auch im Kontext der gestiegenen Fluchtmigration – widerspiegelt.«[21]

Die Bundesregierung hat also das Wirtschaftswachstum, die steigenden Staatseinnahmen und die sinkenden Arbeitslosenzahlen nicht genutzt, um die staatlichen Ausgaben für soziale Zwecke zu verringern. Im Gegenteil, sie hat – wohlgemerkt unter zumindest stillschweigendem Mittun der Landesregierungen und des gesamten Staatsapparates – die staatlichen Sozialsysteme weiter aufgebläht. Es wird immer deutlicher, dass aus dem ursprünglichen Zweck des Sozialstaats, Sicherung und Stabilisator für Notzeiten zu sein, längst ein Selbstzweck geworden ist. Hier ist eine Eigendynamik der Expansion wirksam geworden, die den Staat wuchern lässt. Besonders deutlich wird das in der Bundesregierung selbst: In den vergangenen vier Jahren ist die Zahl der Mitarbeiter in den Ministerien um 7,2 Prozent auf 23 484 Planstellen (Stand Anfang April 2018) gestiegen. Am stärksten rüstete dabei das Bundeskanzleramt auf (plus 27 Prozent), gefolgt vom Familienministerium (plus 25 Prozent), dem Verteidigungsministerium (plus 18 Prozent) und dem Bildungsministerium (plus 17 Prozent).[22]

Merkel und ihre Regierungen seit 2005 zeigten nicht den geringsten Ehrgeiz, den Staat schlank zu halten. Man genoss das durch die Vorgängerregierung und andere Umstände bedingte Wachstum der Wirtschaft und damit der Steuereinnahmen. Man fütterte den gefräßigen Staat, statt ihm eine Diät zu verordnen. Die extrem steigenden Steuereinnahmen und die dadurch möglich gewordene schwarze Null im Bundesaushalt verschleiern diese chronische Staatsverfettung.

Zum Anstieg der (Sozial-)Staatsausgaben hat natürlich vor allem ab 2015 auch die sogenannte Flüchtlingspolitik stark beigetragen. Darauf werden wir gleich noch ausführlich eingehen.

Die zwei großen Ängste der Deutschen

Unabhängig davon, ob man die vordergründig imponierenden volkswirtschaftlichen Erfolgszahlen der Merkel-Regierungen – anhaltend starkes BIP-Wachstum und schwarze Null – oder die vernebelten, dahinterliegenden Haftungsrisiken und Belastungen durch die europäische Währungsunion und das ungebremste Wachstum der Staatsausgaben stärker gewichtet: Es ist unangemessen, Merkels Bilanz auf das Ökonomische zu fokussieren. Ihre wirkmächtigsten Handlungen waren nicht ökonomisch begründbar – zumindest nicht in erster Linie – und haben weit über die volkswirtschaftliche Gesamtrechnung hinausreichende Folgen.

Die Ära Merkel dürfte auch dadurch gekennzeichnet sein, dass das alte Erfolgsrezept der zweiten Hälfte des 20. Jahrhunderts – für Wirtschaftswachstum sorgen (oder sich das wenigstens zugutehalten) und daher wiedergewählt werden – nicht mehr uneingeschränkt gültig ist. Bill Clintons Leitspruch muss zumindest ergänzt werden: »It's – *not only* – the economy, stupid!«

Unübersehbar deutlich geworden war dies in den Bundestagswahlen vom 24. September 2017. Die beiden großen Wahlverlierer und Koalitionspartner – Union und SPD – haben dies jedoch erst ansatzweise realisiert. Im 28-seitigen Papier »Ergebnisse der Sondierungsgespräche von CDU, CSU und SPD« vom Januar 2018 heißt es gleich zu Anfang zutreffend: »Die Wirtschaft boomt, noch nie waren so viele Menschen in Arbeit und Beschäftigung.« Nach der höchst fragwürdigen und selbstgerechten Behauptung, dies sei »auch Ergebnis der Regierungszusammenarbeit von CDU, CSU und SPD« (von der *Agenda 2010* ist da keine Rede), folgt dann der Satz: »Das Wahlergebnis zeigt aber auch, dass viele Menschen unzufrieden waren.«

Was die Großkoalitionäre mit diesem banalen Satz verharmlosen, ist letztlich diese Erkenntnis: Der Versuch, den Wahlkampf mit den altbewährten Themen Wohlstand (CDU-Slogan: »Ein Land, in dem wir gut und gerne leben«) und Gerechtigkeit (SPD-Slogan: »Zeit für mehr Gerechtigkeit«) zu führen, war nicht aufgegangen.

Viele Deutsche sind von anderen Fragen aufgewühlt. Die meisten sind, wie Umfragen zeigen, mit der ökonomischen Lage, auch ihrer persönlichen materiellen und beruflichen, zufrieden. Aber viele sind dennoch zutiefst verunsichert über die Aussichten des Landes und der Gesellschaft jenseits der akuten Ökonomie. »Die Stimmung ist gut – aber nur ökonomisch«, meldete die Chefin des Allensbach-Instituts, Renate Köcher, im Januar 2018 in der *WirtschaftsWoche*.[23] Die Deutschen, so das Ergebnis einer Allensbach-Umfrage, fürchten sich vor allem vor zunehmender Gewalt und Kriminalität (74 Prozent), sorgen sich um zunehmende Unterschiede zwischen Armen und Reichen (68 Prozent), fürchten Terroranschläge (66 Prozent), Extremismus (61 Prozent), den Einfluss des Islam (56 Prozent), zunehmende Flüchtlingszahlen (55 Prozent). Erst an siebter und achter Stelle kommen ökonomische Sorgen um unsichere Renten (55 Prozent) und Mangel an bezahlbaren Wohnungen (49 Prozent). Schließlich sorgt sich auch knapp die Hälfte der Deutschen um den Klimawandel.

Der Psychologe Stephan Grünewald hat in 50 Tiefeninterviews schon vor den Bundestagswahlen ein ähnliches Bild der deutschen Seelenlage erkannt. Die Deutschen sehen ein Land, das wirtschaftlich floriert. Aber sie offenbaren dem Psychologen auch eine »große ungestillte Sehnsucht nach Sicherheit und Orientierung«.[24] Deutschland werde, so Grünewald, »trotz seines Wohlstandes als verwahrlostes Land erlebt: Marode Schulen, kaputte Autobahnen, No-Go-Areas, Geheim-Absprachen zwischen Politik und Industrie, eine sich immer weiter öffnende soziale Schere, eine zunehmend gefühlte Unsicherheit im Alltag, in dem die gewohnten Selbstverständlichkeiten mehr und mehr verschwinden.«

58 Prozent der Deutschen haben, so das Ergebnis des »Wohlstandsindex NAWI-D« im Mai 2017, Angst vor der Zukunft – obwohl der Anteil der Deutschen, die sich selbst als besonders wohlhabend einschätzen, seit 2012 um 7 Prozentpunkte auf 49,1 Prozent gestiegen ist.[25] Zukunftsforscher Horst Opaschowski kommentiert: »Der Wohlstand steigt, das Gefühl der Bevölkerung, weiterhin gut leben zu können, aber nicht im gleichen Maß. Die Bürger sind mit ihrem erreichten Wohlstandsniveau durchaus zufrieden, sind sich aber ihrer Zukunft nicht mehr sicher. In unsicheren Zeiten wünscht sich die Bevölkerung von Politik und Gesellschaft einen schützenden Sicherheitsrahmen – vom sicheren Arbeitsplatz über den sozialen Frieden im Land bis zur verlässlichen Gesundheits- und Altersvorsorge.«[26]

Die Deutschen, so könnte man Köchers, Grünewalds und Opaschowskis Erkenntnisse interpretieren, ahnen nach sieben Jahrzehnten Wohlstandssteigerung, dass der Staat und die Politik noch andere, grundlegendere Zwecke haben als die Schaffung kurzfristig wirksamer Bedingungen für mehr Produktion und mehr Konsum. Und sie merken, dass die gegenwärtige politische Führung diese grundlegenden Aufgaben nicht befriedigend wahrnimmt. Sie ahnen, dass das vermeintliche *Ende der Geschichte* (siehe folgendes Kapitel) eine Illusion war. Sie vermissen das Politische in der Politik.

Die Ängste, die die Deutschen umtreiben, lassen sich auf zwei Ursachen zurückführen.[27] Einerseits: die unbestreitbare, fortschreitende Zerstörung der natürlichen Lebensgrundlagen durch ein nicht nachhaltiges Wirtschaftssystem. Die Ängste davor fokussieren sich vor allem auf die Atomkraft und den menschengemachten Klimawandel durch die Verbrennung fossiler Energieträger. Die zweite Angstquelle ist die Zuwanderung aus den armen, bevölkerungsreichen Regionen Westasiens und Afrikas. Beide Prozesse – Naturzerstörung und Migration – verändern die Lebensbedingungen in Deutschland schon jetzt und werden sie in der absehbaren Zukunft noch viel stärker verändern. Beide Ängste der deutschen Gesellschaft des frühen 21. Jahrhunderts haben unbestreitbare Bezüge zur erlebbaren Wirklichkeit. Beide Ängste erwachsen aus der Ahnung, dass die wahrgenommenen Veränderungen unangenehm werden könnten.

Beide Ängste treten allerdings erstaunlicherweise bei den meisten Menschen in Deutschland sowie in anderen westlichen Gesellschaften nicht gemeinsam auf. Die Angst vor dem GAU, vor Atommüll und globalem Klimawandel ist vor allem unter Anhängern der Grünen, aber längst nicht nur diesen weitverbreitet, die zugleich sehr oft jegliche Einwanderung uneingeschränkt als Bereicherung begrüßen oder als moralische Verpflichtung empfinden. Andererseits bezweifeln viele von denjenigen, die die Auflösung der eigenen Nation durch die EU und unbegrenzte Zuwanderung fürchten, zugleich die Existenz des Klimawandels oder zumindest, dass er menschengemacht und gefährlich sei – etwa die AfD in ihrem Grundsatzprogramm.[28] Die einen fürchten sich als Weltbürger, die anderen als Deutsche vor dem Verlust einer gewohnten Behausung: der natürlichen Lebensgrundlagen auf der einen, der Nation auf der anderen Seite.

Im Politik- und Medienbetrieb werden beide Ängste allerdings völlig unterschiedlich aufgenommen. Die Sorge der Weltbürger um den Planeten wird von den gesellschaftlichen Eliten, vor allem den meinungsbildenden des Medienbetriebes, akzeptiert und entsprechend offen artikuliert – weshalb sie als vernünftige Haltung und nicht als Angst wahrgenommen wird. Dagegen gilt als Angst und damit als kein guter Ratgeber, wie Merkel und andere Spitzenpolitiker oft beteuern, nur die Furcht vor Einwanderung, vor dem Verlust der althergebrachten Ordnung und des *Eigenen*. Solche Angst gilt weithin als inakzeptabel, weil sie das Stigma des *Rechten* trägt.

Diese moralisierende Aufsplittung der beiden großen Ängste der Gegenwart ist in machtpolitischer Perspektive bedeutsam. Sie erlaubt nämlich den Regierenden, ihre Problemlösungsangebote auf die eine Seite zu konzentrieren – und die andere brachliegen zu lassen. Merkel hat das in einer besonders ausgeprägten Weise getan. Ihre folgenreichsten Taten – die Kehrtwende in der Energiepolitik mit dem Beschluss zum schnellen Atomausstieg im Frühjahr 2011 und ihre Flüchtlingspolitik im Spätsommer und Herbst 2015 – offenbaren: Sie bedient sehr einseitig die Angst der Weltbürger und ignoriert weitgehend die Angst der Deutschen um Ordnung, Sicherheit und ihr Land. Und das, obwohl ihre Partei auf diesem Feld traditionell durchaus stark engagiert war.

In beiden Fällen handelte Merkel nicht strategisch, also mit Blick auf langfristige Folgen ihrer Taten für das Land, sondern taktisch, also mit Blick auf unmittelbare Folgen für sie selbst. Nicht die sachpolitische Lage, so scheint es mir, war dementsprechend für sie und ihre Mitregierenden in diesen beiden Fällen ausschlaggebend, sondern deren Ableitung: nämlich die Ängste und Stimmungen in der Bevölkerung, vor allem in den tonangebenden Kreisen in den Medien, im politischen Betrieb. Denn diese waren unmittelbar ausschlaggebend für ihren Machterhalt.

Merkels taktisches Meisterstück: die Energiewende

Natürlich: Eine Regierung muss bei unvorhersehbaren Ereignissen und Lagen manchmal in unvorhersehbarer Weise entscheiden. Aber Fukushima war kein Ereignis, das Deutschland und seine Atomkraftwerke direkt berührte. Der atomare GAU im fernen Japan, ausgelöst durch einen Tsunami, dem rund 20 000 Menschen zum Opfer fielen, veränderte natürlich überhaupt nichts an der Sicherheitslage der Kernkraftwerke in Deutschland. Dass die Tage der Atomkraft in Deutschland grundsätzlich gezählt waren, stellte ohnehin niemand mehr infrage. Es gab also keinen rationalen Grund, ein sofortiges Moratorium auszurufen und die deutschen Atomkraftwerke überprüfen und teilweise sofort abschalten zu lassen. Warum also Merkels radikale Reaktion, die in dem kolportierten Ausruf »Das war's« zum Ausdruck kam?

Es gab keine sachlichen Gründe, aber es gab Umfrageergebnisse. Die zeigten, dass die Akzeptanz der Atomkraft durch Fukushima völlig abgestürzt war.[29] Am 26. März 2011 demonstrierten deutschlandweit rund 250 000 Menschen gegen die Atomkraft. Merkel und die CDU befanden sich –

nicht nur weil zwei Landtagswahlen in Baden-Württemberg und Rheinland-Pfalz kurz bevorstanden – in einer akuten taktischen Notlage.

Merkel hatte mit ihrem damaligen Koalitionspartner FDP erst wenige Monate zuvor den Atomkonsens der Schröder-Regierung gekippt und die Restlaufzeiten der Kernkraftwerke deutlich verlängert – wie sie im Jahr 2000 für den Fall ihrer Regierungsübernahme angekündigt hatte. Die *Süddeutsche Zeitung* nannte das einen »Lobbyismusexzess«. Die Kanzlerin habe Deutschland noch einmal in ein »nukleares Gefängnis« gesteckt.[30] Nicht nur die Grünen, für die Merkel damals die »Atomkanzlerin« war, hatten getobt. Auch die Beamten des Umweltbundesamtes und sogar CDU-Politiker wie Merkels Umweltminister Norbert Röttgen und Bundestagspräsident Norbert Lammert taten ihr Missfallen kund. Kurz: Merkel stand nach der Laufzeitverlängerung als willige Erfüllungsgehilfin der sogenannten Atomindustrie da – gegen eine breite gesellschaftliche Mehrheit. Letztlich hatte sie damit den Grünen und der SPD ein zugkräftiges Wahlkampfthema verschafft. Vor allem aber hatte sie sich selbst die Option einer erneuten Großen Koalition geschweige denn einer schwarz-grünen extrem erschwert, wenn nicht sogar völlig verbaut.

Merkels Laufzeitverlängerung war also jenseits sachlicher Erwägungen ein machttaktischer Fehler gewesen. Fukushima bot die Gelegenheit, ihn radikal zu bereinigen. Die Bilder von den explodierenden Reaktorblöcken von Fukushima erlaubten es der Kanzlerin, ihre radikale Kehrtwende als Bildungserlebnis oder gar persönliche Erweckung zu inszenieren. »Fukushima hat meine Haltung zur Kernenergie geändert«, sagte sie am 9. Juni 2011 vor dem Bundestag. Die meisten Menschen lieben es, wenn die einst ungläubigen Re-

Kapitel 2

gierenden ihren Glauben übernehmen. Schon Kaiser Konstantin der Große hatte deswegen das zuvor verfolgte Christentum angenommen und zur Stütze seiner Herrschaft im Römischen Reich gemacht.

Der Preis für Merkels blitzartige Wiedervereinigung mit dem Zeitgeist ist die starke Beschleunigung der schon unter Schröder eingeleiteten *Energiewende*. Auch wenn man deren grundsätzliche Unumgänglichkeit aufgrund der Endlichkeit verfügbarer fossiler Energieressourcen und der Klimafolgen ihrer Verbrennung nicht infrage stellt, bleiben Kritikpunkte am Merkel-Kurs.

Hubertus Bardt vom Institut der Deutschen Wirtschaft (IW) kommt im Juli 2018 in einer Zwischenbilanz, die sich an den selbstgesteckten Zielen der Bundesregierung orientiert, zu dem Fazit: »dass der Ausbau der erneuerbaren Energien zwar schneller vorangeht als geplant, die meisten anderen Entwicklungen aber nicht im Plan sind«.[31] Besonders ernüchternd: »Wenig Fortschritt konnte zuletzt bei der Senkung der gesamten deutschen Treibhausgasemissionen gemacht werden. Vor vier Jahren war gut die Hälfte der von den zwischen 2010 und 2014 geplanten Einsparungen realisiert. Seitdem ist die Geschwindigkeit des Klimaschutzes zurückgegangen, sodass nur 28 Prozent der Emissionsminderung erreicht wurde, die von 2010 bis 2017 notwendig gewesen wäre, um bei gleicher Geschwindigkeit das Ziel für 2020 zu erreichen.«

Aus ordnungspolitischer Perspektive ist vor allem der planwirtschaftliche Charakter der gesamten Energiewende kritikwürdig. Viele Ökonomen, zum Beispiel Justus Haucap von der Universität Düsseldorf, kritisieren das Fehlen wettbewerblicher Elemente und das gigantische Subventionsvolumen.[32] Haucaps Institut für Wettbewerbsökonomik DICE erwartet aufgrund einer Studie Gesamtkosten von insgesamt 520 Milliarden Euro allein zwischen 2016 und 2025. Getragen werden sie in Form einer extrem angestiegenen EEG-Umlage für erneuerbare Energie von den Strom-Konsumenten und in Form der unzähligen Ökostrom-Subventionen von den Steuerzahlern. Ganz offensichtlich ist die Mehrheit der Deutschen mit diesen Kosten jedoch einverstanden. Zumindest hält sich der öffentliche Protest in Grenzen. Für energieintensive Industrien wird Deutschland jedenfalls immer unattraktiver. Laut der oben genannten IW-Studie lagen 2010 die Mehrkosten für Strom durch die Energiewende für Industrieunternehmen durchschnittlich bei 12 Prozent, 2014 waren es 25 und 2017 bereits 30 Prozent.[33] Wo die Schmerzgrenze der Energiekosten für die internationale Wettbewerbsfähigkeit Deutschlands liegt, weiß vermutlich niemand genau. Wenn sie erreicht ist, wird man es merken.

Die Energiewende ist zu einem gigantischen Subventionsregime mit einem Dschungel aus festgesetzten Preisen und Förderprogrammen geworden. Von einem sozialdemokratischen Kanzler und grünen Umweltminister würde man das vielleicht nicht anders erwarten. Dass aber ausgerechnet unter einer Kanzlerin aus der Partei Ludwig Erhards eine »große Energie-Planwirtschaft mit einer kleinen Prise Markt« (Haucap) entstand, ist bezeichnend für Merkels Bereitschaft, mit allem zu brechen, was ihrer Partei vermeintlich heilig ist. Staatlich beschlossene »Einspeisevergütungen« für bestimmte Stromerzeugungsarten wären sicher nicht im Sinne Erhards, dessen Freigabe der Verbraucherpreise im Jahre 1948 Merkel und ihr neuer Wirtschaftsminister Peter Altmaier im Juni 2018 mit einem Festakt feierten.

Zu den finanziellen Kosten und den ideellen kommen die umstrittenen ökologisch-ästhetischen Kosten der beschleunigten Energiewende. In Merkels Regierungszeit hat sich das Erscheinungsbild deutscher Landschaften extrem verändert: Es ist kaum mehr möglich, den Blick über Felder, Wiesen und Wälder schweifen zu lassen, ohne ein Heer von Windrädern zu erblicken. Die Autobahnen sind zusätzlich gesäumt von schwarzen Feldern voller Solarpanelen in Reih und Glied. Für viele Menschen ist diese Verschandelung der ohnehin schon extrem zersiedelten deutschen Landschaft der am schwersten erträgliche Teil der Energiewende. Zahlreiche Bürgerinitiativen haben sich mittlerweile dem neuen Kampf gegen die Windmühlen verschrieben. Dieser Kampf könnte – zumal in den kommenden Jahren die Windkraft weiter kräftig ausgebaut werden soll – irgendwann durchaus eine Bedeutung wie die Anti-Atomkraft-Bewegung gewinnen.

Zur Bilanz der merkelschen Energiepolitik gehören schließlich noch zwei ernüchternde Feststellungen: Erstens hat der Ausbau der erneuerbaren Energien in Deutschland kaum eine unmittelbare Auswirkung auf den Kohlendioxid-Ausstoß, denn der ist durch eine europaweite Obergrenze gedeckelt. Da Emissionsrechte in der EU gehandelt werden, können Unternehmen in anderen Ländern ausstoßen, was in deutschen Unternehmen eingespart wird. Eine EU-weite Kopplung zwischen dem Ausbau erneuerbarer Energie und der Menge der Emissionsrechte gibt es nicht.

Zweitens findet die deutsche Energiewende bislang keine konsequenten Nachahmer. Deutschland hat energiepolitisch einen teuren Sonderweg eingeschlagen, den die anderen Industriestaaten innerhalb und außerhalb Europas mit distanziertem Interesse verfolgen. Genau dies aber – ein leuchtendes Vorbild und Vorreiter des unbegrenzten Ausbaus erneuerbarer Energie bei gleichzeitigem Schnellausstieg aus der Kernkraft zu sein – war und bleibt eine Hauptbegründung für den Kraftakt Deutschlands unter seiner »Klimakanzlerin« Merkel. Dieses Ziel ist seit 2011 kaum einen Schritt näher gerückt.

Merkel dürfte ihr wichtigstes Ziel aber mit dem vorgezogenen Atomausstieg und der forcierten Energiewende durchaus erreicht haben: Sie und die CDU haben den alten Konflikt um die Kernenergie, der jahrzehntelang ein zentrales Mobilisierungsmotiv der Grünen war und einen scheinbar unüberwindlichen Gegensatz zur CDU begründet hatte, mit einem Schlag beendet. Damit war eine potenzielle Gefahr für die eigene Machtposition beseitigt. Der Trick dabei war derselbe, den Merkel auch auf anderen Feldern anwandte. Merkels Kehrtwende vom März 2011 war ihr größtes Meisterwerk in der taktischen Kunst der asymmetrischen Demobilisierung: Sie gab einfach die bisherige eigene Position auf und übernahm weitgehend die des einstigen Gegners, der dadurch einerseits in seiner Mobilisierungsfähigkeit gegenüber der eigenen Klientel geschwächt und andererseits zum potenziellen Koalitionspartner wurde. Das Thema Kernkraft war, wie man im Politikbetrieb sagt, »abgeräumt«.

Auf dem Feld der Energie- und Klimapolitik war diese Taktik der Selbstaufgabe besonders problemlos möglich, da die eigene, alte Position ohnehin kaum noch Rückhalt in der Wählerschaft hatte. Während auf dem Feld der Innen- und Gesellschaftspolitik durch den Schritt der Merkel-CDU in die linke Mitte ein Freiraum unverteidigter konservativer, gemäßigt rechter Werte und Interessen offenblieb, den man lediglich mit den moralischen Minen (vgl. folgendes Kapitel) des »Kampfes gegen Rechts« absichern konnte (zumindest bis zum Durchbruch der AfD), war das bei den Interessen der vormaligen Atomindustrie, die man im Stich ließ, einfacher. Das gigantische staatswirtschaftliche Subventionsregime der Energiewende schuf und schafft schließlich neue Besitzstände im wachsenden Sektor der erneuerbaren Energie. Und damit neuen Rückhalt für die Regierenden bei den Profiteuren.

Die Einwanderungskrise als Wendepunkt

Auch in der sogenannten Flüchtlingskrise wandten Merkel und ihre Mitregierenden die Taktik der Aufgabe von alten Positionen zum Zwecke der Machtkonsolidierung und Vermeidung politischer Konflikte an. Auch in diesem Fall widersprach ihr Tun diametral dem, was die CDU-Vorsitzende und Oppositionsführerin einst zu denken und wollen behauptete: Inhaltlich verbindet nichts die Angela Merkel von 2002, die im Bundestag die Zuwanderungspolitik der rot-grünen Koalition als zu wenig restriktiv kritisierte, »Multikulti« als »gescheitert« bezeichnete und im CDU-Wahlprogramm die »Identität Deutschlands bewahren« wollte, mit der »Wir schaffen das«-Kanzlerin von 2015.

Das Motiv für ihr Handeln in den ersten Septembertagen 2015 – die sogenannte Grenzöffnung für einige Tausend in Ungarn unwillkommene Flüchtlinge und die verschiedenen Willkommenssignale der Kanzlerin – ist vermutlich dasselbe wie im Frühling 2011 beim Atomausstieg: ein taktischer Befreiungsschlag.

Wenige Wochen zuvor hatte sie noch vor laufenden Kameras dem arabischen Mädchen Reem, das die Abschiebung fürchtete, gesagt: »Alle aufnehmen, das können auch wir nicht schaffen.« Das Mädchen fing an zu weinen. Merkel wurde im Internet deswegen zur »Ice Queen« erklärt. In den Monaten zuvor war sie wegen ihres vermeintlich harten

Kurses gegenüber Griechenland in der Eurokrise als »Domina Europas« und »Zuchtmeisterin der Griechen« bezeichnet und in griechischen Medien mit Nazi-Symbolen dargestellt worden. Das ließ vermutlich weder die Betroffene noch viele ihrer potenziellen Wähler ungerührt. Ähnlich wie im Falle der Energiepolitik drohte Merkel im Sommer 2015 ein PR-Gau durch ein schlechtes Image bei großen Teilen des von ihr anvisierten Wählermilieus – und nicht zuletzt moralische Angreifbarkeit durch den Koalitionspartner SPD und den potenziellen Partner Grüne.

Wie Merkel Fukushima zum Anlass genommen hatte, das Image der »Atomkanzlerin« durch den vorgezogenen Atomausstieg radikal zu korrigieren, konnte sie nun durch die großzügige Geste des Einlassens der in Ungarn unwillkommenen Flüchtlinge und die berühmten Selfies der Welt ihr »freundliches Gesicht« zeigen und weite Teile der deutschen Mittel- und Oberschicht in der »Willkommenskultur« vereinen.

Inwiefern tatsächlich – wie bis heute behauptet – humanitäre, moralische Gründe für Merkel und den Rest der Bundesregierung ausschlaggebend waren, wird niemand außer den Entscheidern selbst letztgültig wissen können. Jedenfalls ist die bis heute immer wieder von Merkel bemühte Rechtfertigung logisch kaum nachvollziehbar: Die damalige Entscheidung sei aus humanitären und praktischen Gründen richtig gewesen, aber die Situation dürfe sich nicht wiederholen. Doch wenn es damals aus humanitären und sonstigen Gründen richtig und letztlich alternativlos war, so zu handeln, warum ist dann eine solche Situation in Zukunft unbedingt zu vermeiden? Und warum haben dann die meisten anderen, durchaus humanitär gesinnten Regierungen in der EU nicht ebenso gehandelt wie die deutsche?

Spätestens seit im Frühjahr 2017 Robin Alexanders gründlich recherchiertes Reportage-Buch *Die Getriebenen* erschien, ist die Glaubwürdigkeit der behaupteten Unumgänglichkeit der anhaltenden Grenzöffnung endgültig dahin: Die Bundesregierung hatte nämlich, so Alexanders zentraler Befund, eigentlich durchaus vor, die Grenze nach Österreich am 13. September 2015 zu schließen und Flüchtlinge auch im Falle eines Asylgesuchs abzuweisen. Viele Hundertschaften Polizisten mit entsprechender Ausrüstung standen bereit, der Einsatzbefehl war unterschriftsreif. Doch nach nächtlicher Beratung versagte die Kanzlerin schließlich dem damaligen Innenminister Thomas de Maizière die entscheidende Zustimmung. Alexander: »Er [de Maizière] konnte nicht versprechen, dass die Entscheidung später vor Gerichten Bestand haben würde. Und er konnte nicht versprechen, dass es keine unpopulären Bilder geben würde.«[34]

Auch hier war also offenbar nicht die Sache selbst ausschlaggebend. Bei der Entscheidung, die Grenzen offen zu lassen, ging es nicht in erster Linie um die Rettung von Flüchtlingen und um die Humanität. Weder waren, wie behauptet, Moral und Werte die entscheidungsrelevanten Kategorien noch die erwartbaren langfristigen Auswirkungen der totalen Offenheit der Grenzen für die Zukunft des Landes. Es ging um das Erscheinungsbild der Kanzlerin.

Dazu kam: Ausgerechnet die vermeintlich überzeugte Europäerin Merkel hat ohne Absprache mit den europäischen Partnern (Ausnahme: Österreich) im Alleingang das europäische Dublin-System de facto außer Kraft gesetzt, wonach der Erstaufnahmestaat für Asylanträge allein zuständig ist und Neuantragsteller in das entsprechende Land zurückgeschickt werden können. Umso absurder war es, dass Merkel drei Jahre später im Koalitionsstreit mit Innenminister

Seehofer auf eine »europäische Lösung« drängte und es ablehnte, im EU-Ausland schon registrierte Asylbewerber »im nationalen Alleingang« an der Grenze zurückzuweisen.

Dass die totale Offenheit eigentlich ein unhaltbarer Zustand ist und verheerende Folgen haben musste, war den Regierenden natürlich bewusst – daher der Plan, die Grenze zu schließen. Aber dieses Wissen gab und gibt weiterhin nicht den Ausschlag. Die Kanzlerin ignorierte die politische Frage nach den langfristigen Folgen des eigenen Tuns zugunsten der taktischen Frage nach der Absicherung der eigenen Machtposition.

Das Handeln der Bundesregierung war ganz und gar nicht alternativlos. Statt Selfies und »Wir schaffen das« hätte Merkel deutliche Signale des Ausnahmecharakters der Einreiseerlaubnis senden und dann eine strikte Flüchtlings-Rückweisung an der bayrisch-österreichischen Grenze anordnen können – flankiert vielleicht durch einen Not-Gipfel der EU-Regierungschefs, auf dem sie den Partnern hätte klarmachen müssen, dass Deutschland nicht gewillt ist, eine unabsehbare Belastung im Alleingang zu übernehmen. Aber: Das wäre sehr unangenehm, mühsam und konfliktträchtig gewesen – außenpolitisch ebenso wie innerhalb Deutschlands angesichts einer aufblühenden Willkommensseligkeit in großen Teilen der Öffentlichkeit sowie beim aktuellen Koalitionspartner SPD und dem potenziellen Koalitionspartner Grüne. Wie viel angenehmer, leichter und einvernehmlicher ließ es sich regieren als Übermutter der Flüchtlinge und Inkarnation des besten Deutschlands, das es je gab.

Die weitestgehende Kritiklosigkeit in den etablierten Medien und Parteien schien Merkels Taktik zu bestätigen – zumindest kurzfristig. Im Bundestag wurden die Entscheidungen der Regierung nicht einmal debattiert. Ansätze von

Widerstand in der eigenen Partei brachen schnell zusammen (vgl. Kapitel 1). Die Opposition opponierte nicht. Merkel verwirklichte schließlich, was Linke und Grüne in der Theorie und auf Demonstrationen seit langem schon vertraten: »No Borders« und »Refugees welcome«. Die Presse war weitgehend zustimmend bis begeistert. Wie der Soziologe Wolfgang Streeck schreibt: »... getragen von der ›Willkommenskultur‹ und einer so angsterzeugten wie -verbreitenden Gleichschaltungsbereitschaft der politischen Klasse, regierte Merkel wie eine Monarchin«.[35] Sie schien auf dem Gipfel ihrer Macht.

Diese Einmütigkeit fast der gesamten politischen Klasse und der großen Mehrheit fast aller maßgeblichen gesellschaftlichen Eliten, ihr Verzicht auf kritische Fragen angesichts einer höchst fragwürdigen Regierungspolitik ist rational kaum zu erklären. Treffender als Streeck kann man es nicht formulieren:

> »*Spätere Historiker werden versuchen müssen, das System Merkel auf seinem Höhepunkt als ebenso regierungsseitigen wie selbstauferlegten Dauertest einer demokratischen Öffentlichkeit auf ihre Fähigkeit und Bereitschaft hin zu beschreiben, unter laufender Opferung ihres Intellekts immer neue Absurditäten zu glauben oder wider besseres Wissen zu bekennen – etwa die Behauptung der Regierungschefin, man könne Grenzen heutzutage nicht mehr schließen, ... Niemand fragte, wo jene von Habermas so treffend bezeichnete ›Nervosität der Intellektuellen‹ geblieben war, die sich doch immer dann kräftig rühren müsste, wenn eine Öffentlichkeit wie ein Tanzbär am Nasenring regierungsamtlicher Wahrheiten durch die Manege gezogen wird und*

> *sich ziehen lässt. Nirgendwo im heutigen Westeuropa, nicht in Frankreich, nicht in Großbritannien, nicht in Italien, wäre es vorstellbar, dass ›alle verantwortlichen Kräfte‹ bei Strafe des Ausschlusses aus der öffentlichen Kommunikation verlangen würden, offenkundigen Unsinn wie den zu bekennen, dass eine Million unkontrollierter Immigranten als jährlicher Normalfall zu ›schaffen‹ sei. Dass diese Art von Dressurakt zeitweise im demokratischen Deutschland funktionieren konnte, könnte in einigen Jahren die wichtigste Erinnerung an die Ära Merkel sein.«*[36]

So einmütig Deutschland im Herbst 2015 erschien, war es aber nur kurz – und nur an der öffentlich-elitären Oberfläche. Mittel- und langfristig hat die Merkel-Regierung auf dem wichtigsten Politikfeld der Gegenwart in dieser Phase Folgen hervorgerufen, die das Land grundlegend veränderten und in jeder Hinsicht aufwühlten. Diese Veränderungen, die Merkel und ihre Regierung mit zu verantworten haben, fallen schließlich aber auch auf sie selbst zurück. Denn sie tragen dazu bei, die wichtigste Erfolgsbedingung für die merkelsche Regierungsweise abzuschaffen: eine befriedete, gleichmütige, unpolitische Gesellschaft, die sich am *Ende der Geschichte* angekommen wähnt (vgl. folgendes Kapitel).

Der Türkei-Deal

Nach einigen Monaten mit täglich oft mehr als 10 000 Grenzübertritten kühlte die Willkommenseuphorie schließlich merklich ab. Das bisher praktizierte »Flüchtlingsmanagement« erschien angesichts eines nicht enden wollenden Zustroms immer neuer Flüchtlinge allzu offensichtlich wie ein Wasserschöpfen mit dem Sieb.

Dass es so nicht weitergehen könnte, war auch der Kanzlerin klar. Aber sie hatte sich nun einmal gegen harte Maßnahmen an der Grenze – zumindest an der deutschen – entschieden. Eine späte Kehrtwende mit Grenzschließung wäre unweigerlich als Eingeständnis aufgefasst worden, dass man wochen- und monatelang auf dem Holzweg wandelte. Das hätte sie und die gesamte Politikerelite der Regierungskoalition das Gesicht gekostet – für Machtmenschen gibt es nichts Wichtigeres als Gesichtswahrung. Merkel weiß: Man kann vom Saulus zum Paulus werden – aber dann nicht wieder zum Saulus. Der Holzweg musste also weiter beschritten und für moralisch und praktisch alternativlos erklärt werden.

Was Merkel schließlich in Gang brachte, um die Fluchtmigration aus dem Mittleren Osten dennoch zu bremsen, war die Vereinbarung zwischen der EU und der Türkei vom 18. März 2016 – auch »Türkei-Deal«, »Flüchtlingsdeal« oder »Flüchtlingspakt« genannt. Dessen ungewöhnliche Form – eigentlich nur eine in Pressemitteilungen festgehaltene »Erklärung« (wie Merkel in einem Interview später selbst betonte[37]) – ist dabei ebenso fragwürdig wie der Erfolg. Die zentrale Idee stammt von dem Politaktivisten Gerald Knaus: Die Türkei verpflichtet sich, illegal nach Griechenland eingereiste, nicht asylberechtigte Menschen zurückzunehmen, dafür können im Verhältnis eins zu eins ausgewählte Flüchtlinge aus der Türkei legal in die EU übersiedeln. Außerdem erhält die Türkei Hilfszahlungen von insgesamt rund 6 Milliarden Euro bis 2018 für bestimmte Projekte zur Versorgung und Integration von syrischen Flüchtlingen.

Wirklich konsequent umgesetzt werden die Vereinbarungen ohnehin nicht – und zwar vor allem nicht auf europäischer, konkret: griechischer Seite. Wie die *Welt* berichtet, weiß die Bundesregierung, dass Griechenland, statt wie verabredet die Migranten auf den Inseln nahe der türkischen Küste unterzubringen und dort ihre Asylanträge zu bearbeiten, viele von ihnen aufs Festland bringt. Zwischen November 2017 und April 2018 kamen laut *Welt* 13 941 Personen neu auf den Inseln an, in der gleichen Zeit wurden 11 600 aufs Festland gebracht, von »wo sie laut Sicherheitskreisen oft weiter ins Ausland reisen«.[38]

Ob Merkels Türkei-Deal oder die etwa zeitgleich errichteten Grenzbefestigungen durch die Transitstaaten an der sogenannten Balkanroute der Hauptgrund für den starken Rückgang der Zuwanderungszahlen Anfang 2016 waren, ist umstritten. Merkel hat die Grenzschließung, die von Österreichs damaligem Außenminister und heutigem Kanzler Sebastian Kurz angetrieben worden war, zwar öffentlich kritisiert. Allerdings trug die Bundesregierung entsprechende EU-Beschlüsse, die das Vorgehen der Balkan-Staaten legitimieren, dennoch mit. Sicher ist sicher. Eine Wiederholung des September 2015 soll es schließlich nicht geben.

Dass Europa, vor allem das Haupteinwanderungsland Deutschland, sich durch den Deal in mindestens indirekte Abhängigkeit des türkischen Autokraten Erdogan brachte, ist offensichtlich. Merkels Deutschland hat ähnlich gehandelt wie die reichen Städte des zerfallenden Römischen Reiches in der Spätantike: In Ermangelung eigenen Handlungswillens und um sich Gefahren zu ersparen, zahlte man gewaltbereiten Stammesfürsten Tribut, damit sie die Stadt vor den Begierden anderer Fremder schützten. Dass das nicht lange funktionierte, ist bekannt.

Kapitel 2

Wie Merkels »Flüchtlingskrise« Deutschland verändert hat

Natürlich war Deutschland schon lange vor 2015 und auch lange vor Merkels Regierungsantritt ein attraktives Einwanderungsland. Aber die seit rund 50 Jahren anhaltende Entwicklung hin zu einer Einwanderungsgesellschaft wurde in ihrer Regierungszeit extrem beschleunigt.

Die Zahl und der Anteil der Menschen mit Migrationshintergrund haben sich stark erhöht, vor allem seit 2015. Waren es 2005 noch rund 14 Millionen (davon 6,8 Millionen ohne deutsche Staatsangehörigkeit), so stieg die Zahl bis 2016 auf fast 19 Millionen (davon rund 10 Millionen Ausländer).[39] Natürlich ist die sogenannte Fluchtmigration nur ein Teil dieser Zahlen. Vor allem aufgrund der anhaltend hohen Arbeitslosigkeit in Südeuropa und dem Wohlstandsgefälle zu Osteuropa sind Millionen Europäer in jüngerer Zeit nach Deutschland gekommen. Zum Jahresende 2016 waren 1,6 Millionen »Schutzsuchende« in Deutschland registriert, das waren 16 Prozent der ausländischen Bevölkerung.[40] Da sind wohlgemerkt die anerkannten Asylberechtigten noch nicht einberechnet. Als schutzsuchend gelten Zuwanderer, die sich noch im Asylverfahren befinden, anerkannte Flüchtlinge nach der Genfer Konvention, subsidiär Schutzberechtigte sowie abgelehnte Asylbewerber, die sich weiterhin in Deutschland aufhalten.

Die Zuwanderung von EU-Bürgern nach Deutschland ist aufgrund der innereuropäischen Freizügigkeit nicht unmittelbar politisch zu beeinflussen. Es besteht ein ziemlich breiter politischer und gesellschaftlicher Konsens in Deutschland und den meisten anderen EU-Staaten, der innereuropäische Migration akzeptiert, wie eine Studie der Denkfabrik Bruegel zeigt.⁴¹ Wenn in Deutschland über Einwanderung debattiert wird, sieht kaum jemand diesen beträchtlichen Teil davon als grundsätzliches Problem an.

Strittig ist fast ausschließlich die Zuwanderung von »Schutzsuchenden«. Merkel selbst und die sie stützenden Stimmen in Politik und Gesellschaft wollen den Anstieg von deren Zahl als ausschließlich externes Ereignis sehen, auf das der deutsche Staat und seine Regierung 2015 in einer Notlage reagieren mussten. Zumindest ist dies der Tenor der regierungsamtlichen Kommunikation. Zutreffend ist das aber nur teilweise. Einerseits: Im Sommer und Herbst 2015 spielten sicherlich in einem sehr hohen Maße externe Faktoren eine Rolle dabei, dass der Zustrom derart extrem anschwoll – nicht zuletzt der Bürgerkrieg in Syrien.

Was allerdings damals und auch heute noch auffallend ist, aber von Merkel und der Bundesregierung kaum jemals thematisiert wird: Die meisten anderen europäischen Staaten sind offensichtlich sehr viel weniger attraktiv für Schutzsuchende. Diese extreme Schieflage war während der Flüchtlingskrise besonders eklatant und für jedermann sichtbar: Die Flüchtlinge suchten, spätestens nachdem sie in Griechenland europäischen Boden betreten hatten, eben nicht mehr nur Schutz, sondern wanderten zielstrebig zum übergroßen Teil nach Deutschland.

Deutschland entschied 2017 über mehr Asylanträge als die übrigen 27 EU-Staaten zusammen: 524 185 Entscheide gegenüber 435 070 in den übrigen EU-Staaten. Im Erst-Ankunfts-Land Italien waren es nur 78 235.⁴² Die Erklärung dafür ist, dass ein sehr großer Teil der in Italien und anderswo ankommenden Asylbewerber – ob dort registriert oder nicht – mit Vorliebe nach Deutschland weiterreist und hier einen Asylantrag stellt. Dass der deutsche Staat die Möglichkeit zur Zurückweisung an der Grenze im Rahmen des europäischen Dublin-Abkommens nicht praktizierte und ihnen in der Regel auch gestattete, in Deutschland erneut einen Asylantrag zu stellen (was die hohe Zahl der Entscheide in Deutschland verglichen mit Italien erklärt), wurde auch nach der akuten Krise rund drei Jahre lang hingenommen. Erst im Juni 2018 wurde es zum Politikum, als Bundesinnenminister Horst Seehofer im Rahmen seines *Masterplans* forderte, umzusetzen, was eigentlich längst zulässig gewesen wäre: die Zurückweisung von bereits in anderen EU-Staaten registrierten Asylbewerbern an der deutschen Grenze.

Merkel selbst und die gesamte politische Klasse Deutschlands, einschließlich der meisten Journalisten, vermieden es in all den Jahren, die Frage nach dem eigentlichen Grund der Schieflage zu thematisieren. Warum ist Deutschland das Hauptziel der neuerdings sogenannten Sekundärmigration, die mit *Flucht* und *Schutzsuche* wahrlich nichts mehr zu tun haben kann? Sie ist offensichtlich eine Folge konkreter Anreize. Natürlich spielen dabei die relativ gute ökonomische Lage Deutschlands und damit die Aussichten auf Verdienstmöglichkeiten eine wichtige Rolle. Aber sicherlich auch politisch veränderbare Anreize: die besondere Attraktivität und Zugänglichkeit des deutschen Sozialsystems sowie nicht zuletzt die bekannten Signale der Kanzlerin (Selfies etc.) und einer von *Willkommenskultur* dominierten Öffentlichkeit.

Das Maß der unmittelbaren Verantwortlichkeit Merkels und der Bundesregierung für die übermäßige Belastung Deutschlands durch Zuwanderung von *Schutzsuchenden* kann man, wie ich meine, durchaus an der Differenz zwischen den deutschen Zahlen und denen der europäischen Partnerländer bemessen. Das ist vielleicht das schwerste Versäumnis der Regierung Merkel: Sie hat die Schieflage der

Armutszuwanderung innerhalb der EU zu Lasten Deutschlands auch unter dem Eindruck der dramatischen Jahre 2015 und 2016 nicht korrigiert. Die rechtlichen Änderungen durch die vier *Asylpakete* waren dazu völlig unzureichend: Sie sollten vor allem Verfahren beschleunigen und Integration erleichtern, änderten aber höchstens kosmetisch etwas an der unverhältnismäßigen Attraktivität Deutschlands. In Spanien zum Beispiel werden Flüchtlinge zwar zunächst durchaus ähnlich gut versorgt, aber nur in den ersten 18 Monaten, dann sind sie weitgehend auf sich selbst angewiesen – wer kann, zieht also nach Deutschland weiter, wo ihn eine Versorgung auf dem Niveau einheimischer Hartz-IV-Empfänger erwartet.[43]

Die Anreize, speziell nach Deutschland und nicht in andere EU-Staaten einzuwandern, wirkungsvoll zu senken, hätte sicher innenpolitische Konflikte mit dem Koalitionspartner bedeutet. Vor allem wäre es auch ein Eingeständnis früheren Versagens gewesen. Was immer auch ausschlaggebend war: Merkel machte keinen ernsthaften Versuch, Deutschlands Sogwirkung deutlich zu mindern – bis sie im Sommer 2018 von der Schwesterpartei CSU mit Horst Seehofers *Masterplan* dazu gezwungen wurde.

Jämmerlich gescheitert ist der von Merkel besonders unterstützte Beschluss der EU-Innenminister vom September 2015, 160 000 Flüchtlinge aus Italien und Griechenland in andere EU-Länder zu verteilen. Die ganze Aktion lief schließlich auf eine Farce hinaus. Ein Jahr später waren nicht einmal 5000 Menschen auf diese Weise umgesiedelt worden (währenddessen kamen seinerzeit oft mehr als 10 000 Zuwanderer pro Tag über die deutsche Grenze). Die meisten osteuropäischen Staaten verweigerten sich strikt der Aktion. Die wenigen Flüchtlinge, die zum Beispiel in Litauen ankamen, verschwanden nach wenigen Tagen wieder. Bis zum Frühjahr 2018 waren rund 35 000 Flüchtlinge verteilt. Eine völlig irrelevante Größenordnung verglichen mit den Hunderttausenden, die sich zeitgleich sozusagen selbst dahin verteilten, wo sie hinwollten: mit Vorliebe nach Deutschland.

Am Ende steht dieser Beschluss also vor allem für die völlige Realitätsvergessenheit einer Zuwanderungspolitik, die den logischen Widerspruch zwischen Grenzenlosigkeit in der EU und der Verteilung von versorgungsuchenden Menschen auf extrem unterschiedlich attraktive Sozialsysteme ignoriert. Dass Merkel ausgerechnet darauf setzte, zeigt, wie wenig ihre Politik tatsächlich dem früher oft behaupteten Anspruch entspricht, »vom Ende her« zu denken.

Fazit: Was bleibt von Merkel?

Die Frage, ob Deutschland nach 13 Jahren Merkel stärker dasteht als zuvor, kann eindeutig beantwortet werden: Nein, im Gegenteil. Dieses Deutschland der späten Merkel-Jahre *stark* zu nennen, ist ebenso passend wie der beliebte Euphemismus, mit dem man fettleibige Menschen als *kräftig* beschreibt. Dieses Deutschland der späten Merkel-Zeit bringt ökonomisch ein gewaltiges Gewicht auf die Waage und der Staat verdaut riesige Massen an Geld. Für die Herausforderungen der absehbaren Zukunft gewappnet ist es dadurch aber gerade nicht. Deutschland steht wirtschaftlich noch gut da – zumindest im Vergleich zu den südeuropäischen Krisenländern. Doch wirtschaftlicher Erfolg ist nur in einer idealen, gewaltfreien, völlig befriedeten Welt ohne Konflikte jenseits ökonomischen Wettbewerbs mit Stärke gleichzusetzen. Diese Welt gibt es aber nicht.

Deutschland ist zweifellos ein wohlhabendes Land, aber kein starkes. Der deutsche Staat ist ausgesprochen zahlungsfähig und -bereit, aber zugleich ausgesprochen handlungsunwillig. Er kann und will versorgen, aber er kann oder will die Interessen und die Sicherheit seiner Bürger nicht befriedigend schützen. Diese Botschaft hat Merkel mit ihrer Politik vor allem seit 2015 selbst verbreitet – nach innen ebenso wie nach außen.

Merkels Name und die Ära ihrer Regierung wird vor allem mit diesem Jahr 2015 und ihrem fatalen Signal, Deutschland als zuwanderungsoffenes Land zu präsentieren, verbunden bleiben. Merkel hat durch das Versäumnis des Herbstes 2015 nicht nur unmittelbare demografische und finanzielle Folgen verursacht, sie hat auch den Staat geschwächt, an dessen Spitze sie steht.

Gegenüber den anderen EU-Staaten steht Deutschland seither bei allen Verhandlungen auf schwachen Füßen: Die im Alleingang praktizierte deutsche Willkommenspolitik und die jahrelange Akzeptanz des Durchwinkens der Migranten nach Deutschland haben dazu geführt, dass sich die EU-Partner nun jede Einwilligung in Veränderungen, also etwa zur Rücknahme von Zuwanderern, wozu sie nach dem Dublin-Abkommen eigentlich ohnehin verpflichtet sind, abkaufen lassen können. Etwa gegen Zugeständnisse bei der Euroreform. Merkel hat das im Juni 2018 beim Treffen in Meseberg mit dem französischen Präsidenten Emmanuel Macron schon erlebt.

Ein besonders fatales Schwächesignal sendete Merkel mit dem Türkei-Deal. Während sie einerseits fernsehöffentlich sagte, dass Deutschland seine Grenzen nicht sichern könne, überantwortet sie diese Aufgabe dem Regime des islamistischen Autokraten Erdogan. Nicht nur in Ankara dürfte man die Folgerung gezogen haben: Da ist jemand, der nicht wirklich handlungs-, aber zahlungswillig ist – also erpressbar. Dass Erdogan und seine Anhänger hierzulande wahrlich nicht mehr viel Respekt für Deutschland übrighaben, kann eigentlich niemanden wundern. Seit dem Deal jedenfalls scheint Erdogans Regime alle Hemmungen verloren zu haben, Deutschland zu brüskieren. Die Ausfälle Erdogans sind ebenso zahlreich wie absurd und unverschämt (»Nazi-Praktiken«, »Land, das dem Terrorismus hilft«). Mehrere deutsche Journalisten wurden unter fadenscheinigen Begründungen inhaftiert – und schließlich unter dubiosen Umständen wieder freigelassen.

»Ich könnte mir vorstellen«, sagte der Politologe Ralph Ghadban im Juli 2016, »dass Erdogan Bundeskanzlerin Merkel verachtet, auch weil sie in der Flüchtlingskrise zu seinen Füßen kriecht«.[44] Erdogan fühle sich Deutschland überlegen. »Erdogan«, so Ghadban, »betrachtet Deutschland vermutlich bereits als Kolonie.« Schließlich könne, wie Ghadban kritisiert, auch die türkische Religionsbehörde DITIB unbehelligt von deutschen Behörden hierzulande in Moscheen Propaganda für Erdogans Regime betreiben. In diesem Sinne muss man wohl auch die Fotos der deutschen Fußballnationalspieler Mesut Özil und Ilkay Gündogan mit »ihrem Präsidenten« Erdogan – pünktlich vor der Fußball-Weltmeisterschaft 2018 – betrachten. Als politische Botschaft der Stärke: Egal, welchen Pass sie haben mögen, die Türken in Deutschland gehören zu uns.

Auch gegenüber anderen starken Nationalstaaten, China, Russland und nicht zuletzt den USA, dürfte Merkels Politik seit 2015 das Bild eines handlungsschwachen Staates verfestigt haben. Die in jüngster Zeit bekannt gewordenen Meldungen über die mangelhafte Einsatzbereitschaft der Bundeswehr dürften zusätzlich dazu beitragen, dass Deutschland im internationalen Konzert als nicht gerade ehrfurchtgebietend wahrgenommen wird.

Noch bedenklicher aber ist die Schwächung, die Deutschland im Innern erfährt. Die Politik der unbegrenzten Einwanderung führt dabei einerseits zu einer Ausweitung der Staatsausgaben für Versorgungsleistungen und bedeutet andererseits die Vernachlässigung der ursprünglichen Staatsaufgaben: Ordnung bewahren, Bürger schützen. Der Staat wird fetter und schwächer.

Von den unmittelbaren Auswirkungen der Fluchtmigration auf die deutschen Staatsfinanzen war schon die Rede. Kaum zu bezweifeln ist, dass im Wesentlichen die stark gestiegene Zuwanderung von Schutzsuchenden, die zumindest zu Anfang ihres Lebens ins Deutschland, viele aber de facto wohl für den Rest ihres Lebens auf staatliche Transfers angewiesen sind, für den Wiederanstieg der Sozialleistungsquote auf rund 30 Prozent des BIP verantwortlich ist. Weitgehend ohne Echo in der Bundesregierung blieb der Hinweis des Hauptgeschäftsführers des Deutschen Städte- und Gemeindebundes, Gerd Landsberg, 2017, dass die Sozialausgaben »förmlich explodieren«.[45] Ein seit 2015 besonders stark gestiegener Posten ist zum Beispiel die Unterbringung minderjähriger, unbegleiteter Zuwanderer. Sie kostete im Jahr 2017 rund 4,8 Milliarden Euro, die in der Buchhaltung der Kämmerer der Gemeinden unter »Kinder- und Jugendhilfe« verbucht sind.[46]

Ich will mich hier nicht an der Diskussion über die genaue Höhe der Kosten der Versorgung und der Eingliederungsmaßnahmen in den Arbeitsmarkt beteiligen. Eine letztgültige Antwort ist schwer zu finden, da diese Kosten auf verschiedene Posten in den Bundes-, Landes- und Kommunalhaushalten aufgeteilt sind. »Wer bei der Berliner Regierung nach der Gesamtsumme der Flüchtlingskosten fragt, wird in ein Labyrinth von Statistiken und Zuständigkeiten geschickt«, schreibt der Publizist Wolfgang Bok in der *Neuen Zürcher Zeitung*.[47]

Wie der Bundestag auf eine Anfrage der *Welt* antwortete, haben die Bundesländer im Jahr 2016 insgesamt »rund 23 Milliarden Euro für Migranten und Flüchtlinge aufgewendet«.[48] Das betrifft allerdings nur die direkten Kosten für Aufnahme, Unterbringung, Versorgung und unmittelbare Integrationsleistungen. Wenn man andere Aufwendungen dazurechnet, zum Beispiel für zusätzliche Kindergarten- und Schulplätze oder die von Asylklagen überlasteten Gerichte, kann man zu sehr viel höheren Zahlen kommen: »Für eine Million Flüchtlinge geben Bund, Länder und Gemeinden 30 Milliarden Euro im Jahr aus«, sagte Entwicklungshilfeminister Gerd Müller in der Fernsehsendung *Maybrit Illner* im Juni 2017. Das Institut der Deutschen Wirtschaft (IW) kommt auf den Betrag von 50 Milliarden Euro, den auch der Sachverständigenrat für 2017 errechnet hat. Das Kieler Institut für Wirtschaftsforschung kalkuliert mit bis zu 55 Milliarden Euro pro Jahr.

»Legt man die Kalkulation von Minister Müller zugrunde«, so rechnet Bok vor, »kostet jeder Schutzsuchende in Deutschland 2500 Euro pro Monat. Das entspricht der Steuerlast von zwölf Durchschnittsverdienern (3000 Euro pro Monat, Steuerklasse III); oder der von fünf Singles (Steuerklasse I) in dieser mittleren Einkommensklasse. Für einen unbegleiteten jugendlichen Migranten werden sogar bis zu 5000 Euro im Monat veranschlagt.«[49]

Natürlich kann man diese Kosten, wie es Ökonomen zu tun pflegen, auch als Investitionen betrachten und auf Basis von Rechenmodellen unter Annahme bestimmter Bedingungen und künftiger Entwicklungen zum Ergebnis kommen, dass sich diese für die Volkswirtschaft insgesamt und für den Sozialstaat letztlich auszahlen. Zumindest kommen einige der Studien zu diesem Ergebnis.[50] Doch wie bei jeder Investition: Das Ergebnis ist nicht sicher und unterliegt vielen Unwägbarkeiten. Zumal: Die meisten Studien betrachten die sogenannte Fluchtmigration, die de facto eine Armutsmigration von nicht oder nur gering qualifizierten Menschen ist, nicht getrennt von der Arbeitsmigration aus EU- oder anderen Industriestaaten.

Der Ökonom Bernd Raffelhüschen kommt mit seiner Methode der »Generationenbilanz« zu einem ernüchternden Ergebnis: Ein Flüchtling, der nicht in sein Herkunftsland zurückkehrt, kostet den deutschen Staat per Saldo im Laufe seines Lebens 450 000 Euro pro Kopf. Eine Million Flüchtlinge kosten also rund 450 Milliarden Euro.[51] Dabei unterstellt er, dass sie im Schnitt nach sechs Jahren so in den Arbeitsmarkt integriert würden, wie es die bislang schon in Deutschland anwesenden Altmigranten (inklusive der EU-Bürger) sind. Auch Clemens Fuest, der Chef des Ifo-Instituts, kommt zu einem negativen Ergebnis: »Es ist damit zu rechnen, dass die Zuwanderer, die derzeit nach Deutschland kommen, insgesamt unterdurchschnittliche Einkommenschancen haben. Deshalb muss sich die deutsche Politik darauf vorbereiten, dass der Sozialstaat in den nächsten Jahren erheblich belastet wird. Die heimische Bevölkerung wird durch diese Zuwanderung wirtschaftlich nicht entlastet, sondern belastet.«[52]

Für noch mehr Verunsicherung als die finanziellen Kosten der Flüchtlingszuwanderung sorgt die Wahrnehmung einer wachsenden inneren Unsicherheit. In der Hochphase der

Kapitel 2

Willkommenskultur im September 2015 dominierte die Darstellung der Zuwanderer als hilfsbedürftige Schutzsuchende einerseits und künftige Fachkräfte andererseits im Großen und Ganzen die öffentliche Wahrnehmung der Deutschen. Doch diese Begeisterung über die eigene Hilfsbereitschaft und Weltoffenheit ist bei vielen allmählich erloschen und in Verunsicherung umgeschlagen. Zahlreiche Verbrechen und Morde durch Zuwanderer, die als Flüchtlinge kamen, haben eine große Diskrepanz zwischen dem humanitären Anspruch der merkelschen Willkommenspolitik und den schmerzhaften Nebenwirkungen deutlich gemacht.

Das erste böse Erwachen kam mit den massenhaften Belästigungen von Frauen durch arabischstämmige Zuwanderer in der Silvesternacht 2015/16. Einige Monate zuvor waren Deutschlands Bahnhöfe noch Schauplatz überschwänglicher Begrüßungseuphorie gewesen. Deutsche Frauen hatten einwandernde Männer mit Luftballons und bunten Plakaten begrüßt. Nun waren am Kölner Hauptbahnhof und vielen anderen öffentlichen Plätzen Hunderte Frauen von mehr oder weniger organisierten Gruppen junger Zuwanderer bedrängt, angegrabscht, ausgeraubt und teilweise verletzt worden. Nicht nur die Taten selbst und die Überforderung der Polizei in der Nacht, sondern auch die Versuche der Behörden, die Nachrichten zu vertuschen – was durch deren schnelle Verbreitung in den sozialen Medien misslang –, erhitzten in der Folge die Gemüter. Hier offenbarte sich für viele Beobachter ein wehrloser Staat, der verschleiern will, dass seine maximale Aufnahme- und Versorgungsbereitschaft bei gleichzeitig minimaler Sanktionsfähigkeit von einem Teil der Zugewanderten skrupellos ausgenutzt wird.

Dann der Anschlag auf den Berliner Weihnachtsmarkt am Breitscheidplatz im Dezember 2016 mit zwölf Toten, begangen von einem islamistischen Tunesier namens Anis Amri. Nicht nur der Anschlag selbst war erschütternd, sondern auch, was nach und nach über den Attentäter bekannt wurde: Er hatte unter 14 verschiedenen Namen in Deutschland Asyl beantragt, nachdem er zuvor in Italien abgelehnt und wegen verschiedener Taten dort verurteilt worden war. Wer sich die Geschichte dieses jungen Mannes vor Augen führt, kann an der deutschen Einwanderungswirklichkeit nur verzweifeln. Der deutsche Staat hat sich ganz ohne Zweifel auf der Nase herumtanzen lassen. Dank Amri ist nun allgemein bekannt, dass man sich in Deutschland beliebige Namen, Geburtsdaten und Nationalitäten zulegen kann (Amri gab sich unter anderem als Ägypter aus), um dadurch mehrfach Sozialhilfe zu kassieren. Je mehr man lügt, so konnte Amri feststellen, desto unwahrscheinlicher wird außerdem die Abschiebung. Auch wenn man mit Drogen handelt und Kontakte zu Islamisten pflegt, hat das keine oder nur geringe staatliche Sanktionen zur Folge.

Dazu kommt seither eine ganze Reihe von Vergewaltigungen und Morden durch Asylbewerber oder Flüchtlinge, wie beispielsweise der Fall von Ali B., der in seinem Asylantrag (auch er unter falschem Namen) behauptete, im Irak verfolgt zu sein, und dann nach dem Mord an der vierzehnjährigen Susanna F. eben dorthin zurück floh. Auch hier bleibt der Eindruck eines deutschen Staates, der sich ungestraft belügen und abkassieren lässt, aber seinen Bürgern keinen Schutz bietet.

Die Erfolgsmeldung des Bundeskriminalamtes über insgesamt rückläufige Kriminalität konnte angesichts solcher Nachrichten und der Alltagswahrnehmung die Verunsicherung in weiten Teilen der Bevölkerung kaum dämpfen. Tatsächlich ist die Einbruchs- und Diebstahlkriminalität 2017 zurückgegangen – vermutlich auch als Folge gesteigerter Sicherheitsvorkehrungen der Hausbesitzer. *FAZ*-Redakteur Michael Hanfeld kommt zum Fazit, »dass die Kriminalität in diesem Land in einem Zehnjahresraum von 2007 an ... stetig abgenommen, sich dies ab 2014 aber deutlich verändert hat«. Dies habe, so Hanfeld, »durchaus mit der Zuwanderung zu tun«.[53] Deutlich zugenommen haben Gewaltdelikte, vor allem Sexualstraftaten. Und gerade diese Delikte wurden deutlich überproportional von Zuwanderern begangen. Auffällig ist auch, dass die höchsten Kriminalitätsraten in Deutschland auf Zugewanderte aus solchen Herkunftsländern entfallen, aus denen in jüngerer Zeit besonders viele Menschen als Asylbewerber kommen. Staatsangehörige aus einigen afrikanischen Staaten haben durchschnittliche Kriminalitätsraten von über 40 Prozent. Von den knapp 20 000 Algeriern, die 2017 in Deutschland lebten (2011 waren es erst 13 000), sind demnach fast 8000 straffällig geworden. Zum Vergleich: Die Kriminalitätsrate von Deutschen beträgt 1,88 Prozent, von den hier lebenden Japanern sind nur 0,4 Prozent straffällig geworden.[54]

Nicht nur die Wahrnehmung von Unsicherheit und Gewalt durch Zuwanderung unterminiert das Vertrauen in den Staat. Die Bürokratie, mit der Deutschland die massenhafte Armutszuwanderung anhand des Individualrechts auf politisches Asyl abwickelt, erweist sich als System weitgehender Wurschtigkeit. Nicht zuletzt der ominöse Fall des Oberleutnants Franco A. ließ die deutsche Asylpraxis als eine Farce erscheinen: Selbst ein Deutscher, der sich als Syrer ausgab, ohne Arabisch zu sprechen, wurde vom Bundesamt für Migration und Flüchtlinge (Bamf) als Flüchtling akzeptiert. Der rechtsradikale Bundeswehroffizier, so glaubten die Behörden zunächst, habe einen Anschlag auf Spitzenpolitiker geplant, den er seiner erfundenen Identität als Syrer unterschieben wollte. Mittlerweile sind A. und andere Verdächtige wieder auf freiem Fuß, weil kein dringender Tatverdacht besteht. Die Bundesregierung nahm diese Affäre allerdings nicht zum Anlass, die laxe Asylpraxis grundsätzlich infrage zu stellen. Verteidigungsministerin Ursula von der Leyen startete stattdessen eine großangelegte Kampagne wegen eines angeblichen »Haltungsproblems« in der Bundeswehr. Statt aktuelle politische Probleme zu lösen, erwarb sich die Ministerin lieber antifaschistischen Tugendruhm, indem sie alte Stahlhelme und sogar Bilder von Helmut Schmidt in Wehrmachtsuniform aus Kasernen entfernen ließ.

Die völlige Überforderung des Bundesamts für Migration und Flüchtlinge (Bamf) wurde von der Bundesregierung 2015 ganz offensichtlich in Kauf genommen. Die Behörde – sozusagen das Zentralorgan des »Flüchtlingsmanagements« – war von ihrem damaligen Leiter Frank-Jürgen Weise mit Unterstützung der Managementberatung McKinsey angesichts des ungebremsten Zustroms von Antragstellern ab Herbst 2015 ganz auf Schnelligkeit getrimmt worden. Konnte es angesichts dessen irgendjemanden wundern, dass sie dadurch anfällig für Fehler wurde? Die bekannt gewordenen rund 2000 Fehlentscheidungen in der Außenstelle Bremen seien nur ein »Bruchteil«, sagt ein anonymer Entscheider des Bamf gegenüber der *WirtschaftsWoche*.[55]

Wenn Menschen ohne gültige Ausweispapiere einreisen können und meist allein auf der Basis mündlicher Aussagen oder eines Fragebogens über ihre Asylanträge entschieden wird, kann man kaum juristisch haltbare Entscheidungen erwarten. Jeder Entscheider soll laut Vorgaben zwei bis drei Entscheide täglich ausfertigen (und positive gehen schneller).[56] Nach menschlichem Ermessen ist unter diesen Umständen vor allem eines zu erwarten: taktische Lügen bei den Antragstellern – und Frust bei den Entscheidern im Bamf. »Meistens werden die Angaben einfach so akzeptiert und nicht geprüft«, sagt der Leiter einer Flüchtlingsunterkunft im Interview, und: »Beim Bamf geht sowieso niemand ans Telefon.«[57] Außerdem: Die Mehrzahl der abgelehnten Bewerber wird ohnehin nicht abgeschoben, wodurch Bamf-Entscheidungen letztlich bedeutungslos zu werden drohen. Die von Merkel 2016 angekündigte »nationale Kraftanstrengung zur Rückführung derer, die abgelehnt wurden«, hat nicht stattgefunden: 2017 wurden nur 23 966 Menschen in ihre Heimatländer abgeschoben, 5,6 Prozent weniger als im Vorjahr.[58] 2018 werden es wohl kaum mehr sein: Im ersten Quartal wurden 5548 abgelehnte Asylbewerber abgeschoben. 4752 Rückführungen mussten die Behörden im Vorfeld abbrechen, etwa weil die Abzuschiebenden nicht angetroffen wurden.[59]

Nicht dass im Bamf einzelne, korrumpierte oder überforderte Entscheider falsche Asylbescheide haben ergehen lassen, ist der eigentliche Skandal. Sondern dass die deutsche Regierung (ebenso wie andere in Europa) die Einwanderungsrealität immer noch nicht offen anerkennt: Das Recht auf Asyl für politisch Verfolgte und die Genfer Flüchtlingskonvention sind zu einem moralischen Vorwand geworden, unter dem die massenhafte Armutszuwanderung aus Afrika und dem Mittleren Osten bürokratisch abgewickelt wird. Die europäischen Regierungen, die deutsche vorneweg, halten die potemkinsche Fassade aufrecht: Hunderttausende Verfahren um angebliche politische Verfolgung werden geführt, obwohl jeder weiß, dass es der übergroßen Mehrheit der Antragsteller allein um die verständliche Sehnsucht nach einem materiell besseren Leben geht. Diese Hunderttausende Verfahren voller menschlich verständlicher Notlügen und juristischer Schattenboxereien haben eine fatale Nebenwirkung: Der Staat verliert Glaubwürdigkeit, Vertrauen und Respekt bei den deutschen Bürgern und bei den Migranten. Dieser Staat kann, so erfahren sie, aufnehmen, aber nicht abweisen. Er kann versorgen, aber nicht schützen. Er kann Geld einnehmen und noch besser Geld ausgeben, aber keine Ordnung durchsetzen.

Merkel ist – das muss betont sein – natürlich nicht die allein Verantwortliche dieser Entwicklung. Aber sie und die mit ihr Regierenden haben diese Schwächung des Staates bewusst hingenommen. Sie weigerten sich 2015, die Verantwortung für ein konsequentes politisches Handeln und die damit verbundenen Härten zu tragen. Sie haben weder an der Grenze Zuwanderer zurückweisen lassen, weil sie hässliche Bilder gewalttätiger Polizisten fürchteten, noch haben sie alles in ihrer Macht Stehende getan, um die Anziehungskraft Deutschlands zu senken. Das hätte Merkel einen schweren Konflikt mit dem aktuellen Koalitionspartner (SPD) und dem potenziellen (Grüne) eingebracht sowie Sympathien bei den humanitär und kosmopolitisch gesinnten Wählern gekostet, die sie für sich gewinnen wollte. Mit anderen Worten: Sie war schlicht feige. Nun tragen Merkel und ihre Mitregierenden, die die Verantwortung des Handelns auf sich zu nehmen sich nicht trauen, die Verantwortung für die Folgen ihres taktisch motivierten und pseudomoralisch gerechtfertigten Nichthandelns.

Deutschland ist seit 2015 dadurch ein anderes Land geworden. Nicht nur durch die Zunahme der demografischen *Buntheit* und ihre unmittelbaren Folgen für Staatsfinanzen, Volkswirtschaft und Kriminalstatistik. Das Land ist politischer geworden. Die Kanzlerin hat 2015 ihr zuvor in zehn

Jahren bewährtes taktisches Mittel des Machterhalts – Preisgabe traditioneller CDU-Positionen (vgl. folgendes Kapitel) – überreizt. Sie erzielte nur kurzfristig und oberflächlich die von ihr beabsichtigte Wirkung: parteienübergreifenden Konsens mit ihr selbst als Präsidialkanzlerin an der Spitze. 2011 mit dem Atomausstieg hatte das noch gut funktioniert. Aber Einwanderung mobilisiert sehr viel stärkere politische Leidenschaften als Energiepolitik und Klimaschutz. Die totale Offenheit für Einwanderung war ein zu radikaler Bruch mit Bisherigem, um nicht wachsenden Widerstand hervorzurufen. Er kommt von denen, die nicht als Weltbürger, sondern als Deutsche Angst haben: vor der ungebremsten Zuwanderung fremder Menschen, vor dem Verlust hergebrachter staatlicher und kultureller Ordnung, letztlich vor dem Verlust Deutschlands in seiner bisherigen Form.

Traditionell hatten bislang CDU und CSU solche Sorgen politisch bedient. Das hat Merkel 2015 endgültig aufgegeben. Ausgerechnet eine CDU-Kanzlerin hatte nun für diese Sorgen keinen Trost als »Wir schaffen das« und »Wir können die Grenzen nicht schließen« übrig, assistiert von einer zumindest zeitweilig fast einhelligen Unterstützung in den etablierten Medien. Die demonstrative Einstimmigkeit im Parlament und den etablierten Medien, die mit höchstem moralischen Anspruch einherging, machte Kritiker zu Außenseitern jenseits des respektablen Spektrums. Ausgerechnet über die wichtigste politische Frage der Gegenwart sollte es keinen Streit geben auf den Bühnen, die in Demokratien dafür vorgesehen sind.

Diese Ausgrenzung aus dem parlamentarischen Betrieb und Entfremdung der Kritiker von der CDU machte sie aber nicht stumm. Dafür war die Sache, um die es ging, zu wichtig. Einwanderung ist für sehr viele Menschen existenziell.

Sie verändert die Lebenswirklichkeit – für viele Einheimische nicht zum Positiven. Wenn existenzielle Sorgen verächtlich gemacht oder für moralisch unzulässig erklärt werden, erzeugt das Trotz, Wut, Zorn – also politische Leidenschaft. Diese fand im Internet und in einer neuen Gegenöffentlichkeit ein fruchtbares Feld.

Die Lücke in der politischen Repräsentation, die Merkel gerissen hatte, war zu groß, um dauerhaft unbesetzt zu bleiben. CDU-Wähler sind behäbig und relativ treu – solange nichts Aufsehenerregendes passiert. Aber das ist 2015 geschehen. Merkel hatte eine de facto totale Koalition aller im Bundestag vertretenen Parteien gegründet, indem sie auf eine hypermoralische Einwanderungspolitik einschwenkte, die zuvor nur von Linken und Grünen vertreten wurde.

Merkels Hinterlassenschaft: die AfD

Die Folge für die politische Landschaft in Deutschland war das, was man in der Wirtschaft Disruption nennt: Zunächst unterschätzt von den Platzhirschen tritt ein völlig neuer Konkurrent auf den Plan – und droht die alten zu »zerreißen« (englisch: to disrupt). Voraussetzung dafür ist immer die Arroganz der alten Anbieter und ihre Ignoranz gegenüber den Bedürfnissen des Marktes. Der politische Disruptor ist die AfD.

Die AfD kam nicht aus einem dunklen Orkus von »Hass« und »Hetze« gekrochen. Der Erfolg dieser Partei, die das hergebrachte Parteiensystem aus den Angeln zu heben droht, ist eine Reaktion auf politische Versäumnisse. Die AfD im Bundestag ist ein unmittelbares Resultat der Regierung Merkels und wird ihre Hinterlassenschaft sein. Die »Alternative für Deutschland« bezieht sich schon in ihrem Namen auf die von Merkel behauptete Alternativlosigkeit ihrer Entscheidungen und auf die Einmütigkeit der etablierten Parteien in den zentralen politischen Fragen der Gegenwart – vor allem Einwanderung und Europa. Merkels CDU und die anderen etablierten Parteien haben es versäumt, die Interessen eines großen Teils der deutschen Bürger zu vertreten. Wie groß müssen die Enttäuschung und der Zorn von rund sechs Millionen AfD-Wählern sein (mehr als eine Million davon wählten 2013 noch Merkels Partei), wenn sie sich auch von den zahlreichen Entgleisungen von AfD-Politikern und einer nahezu geschlossenen Ablehnung in den etablierten Medien nicht abhalten lassen, diese Partei zu wählen?

Übrigens hat Merkel vermutlich nicht nur in Deutschland disruptive Reaktionen – meist Populismus genannt – hervorgerufen. In Großbritannien bezweifelt kaum jemand, dass Merkels Willkommenspolitik und die Aussicht, über eine vertiefte EU-Integration an ihr teilhaben zu müssen, den Befürwortern des EU-Austritts großen Rückenwind verschafft haben. Belegen lässt sich das vermutlich nicht. Aber bezeichnenderweise muss man bei Google nur »Merkel caused ...« eingeben, um sofort als Erweiterungsvorschlag »Brexit« zu erhalten. Seltsamerweise wird Merkel dies in Deutschland nur selten zum Vorwurf gemacht: Sie setzte und setzt weiterhin enorme Kreditsummen und politische Energie für den Verbleib des kleinen Griechenland in der Eurozone ein, aber trug vermutlich gleichzeitig – wenn auch sicher nicht mit Absicht – zum Austritt des zweitgrößten Mitgliedslandes aus der Union bei.

Der Blick zurück auf ihre Bilanz als Kanzlerin zeigt nicht nur, dass Deutschland unter ihrer Regierung eher schwächer als stärker geworden ist. Merkel ist auch bei genauerem

Hinsehen nicht der Stabilitätsanker, den viele in ihr sehen möchten. Vor allem ihre Flüchtlingspolitik hat Deutschland und Europa verunsichert, aufgewühlt und politisch entzweit.

Merkel entspricht eben gerade nicht dem von ihren Anhängern verbreiteten Idealbild einer rational an die Folgen denkenden Naturwissenschaftlerin im Kanzleramt – zumindest sofern es um Folgen für das Land und nicht für sie selbst geht. Merkels Regierungshandeln entsprach nicht dem, was sie in den Jahren zuvor als Oppositionsführerin versprochen hatte – »Ich will Deutschland dienen«. Tatsächlich ließ sie fatale Entwicklungen einfach geschehen unter Vermeidung von Risiken für sich selbst bei Inkaufnahme von Risiken und Lasten für das Land. Die meisten ihrer prägenden großen Entscheidungen haben ihrem Amtseid, »Schaden vom deutschen Volk abzuwenden«, nicht entsprochen. Das folgende Kapitel wird deutlich machen, dass dahinter vielleicht kein großes politisches Ziel, aber eine taktische Methode steht.

KAPITEL 3

DIE UNPOLITISCHE POLITIKERIN – WARUM MERKEL IN DEUTSCHLAND (NOCH) REGIERT

Die Antifa verteidigt Merkel

Die mentale Verfassung Deutschlands nach mehr als zwölf Jahren Kanzlerschaft Angela Merkels wurde im Frühjahr 2018 in Hamburg deutlich. Aus der Einzelaktion einer Bürgerin, die sich einige Male mit einem Schild mit der Aufschrift »Merkel muss weg« auf den Jungfernstieg gestellt hatte, entwickelte sich eine Protestbewegung von einigen Hundert Menschen. In der Presse fühlte man sich an die Dresdner Pegida-Demonstrationen erinnert. »Pegida auf hanseatisch« schrieb zum Beispiel die *Frankfurter Rundschau*.[1]

Schnell formierten sich Gegendemonstranten, die meist deutlich zahlreicher waren als die Gruppe mit den »Merkel muss weg«-Schildern. Zumindest ein Teil dieser Gegendemonstranten gehörte offensichtlich zur Antifa, also zur Speerspitze des Linksradikalismus. Die Initiatorin der Merkel-muss-weg-Demonstration, Uta Ogilvie, zog sich bald zurück, nachdem sie von Angriffen auf ihr Haus berichtet hatte. So sei ein Glas mit Farbe durch das Fenster ins Zimmer ihrer Kinder geworfen worden und auch die Hauswand sei beschmiert worden. Solche Aktionen der Beschädigung von Eigentum missliebiger Personen sind durchaus nicht unüblich bei der Antifa. Es kam später auch zu mindestens einer Gewalttat gegen einen Demonstranten, der auf dem Heimweg in einer U-Bahn-Haltestelle »krankenhausreif« geprügelt wurde.[2]

Das Groteske dieser Konstellation ist nicht zu übersehen: Die linksextreme Antifa sieht nicht etwa die oberste Exponentin des in ihren Reihen verhassten deutschen Staates und die Parteivorsitzende der üblicherweise »bürgerlich« genannten CDU als ihren Feind an, sondern attackiert im Gegenteil deren schärfste Kritiker.

In meiner Kindheit und Jugend in den 1980er- und 1990er-Jahren wäre das undenkbar gewesen. Meine sich als links, rebellisch und *antifaschistisch* betrachtenden Schulfreunde hätten nie auch nur ein gutes Wort über den damaligen CDU-Bundeskanzler Helmut Kohl fallen lassen. Geschweige denn ihn gegen irgendjemanden lautstark bis handgreiflich verteidigt. Dass der Kanzler der deutschen Einheit bei einem Auftritt einmal mit Eiern beworfen wurde, fand man keiner Empörung wert.

Ebenso undenkbar wäre es in jener Zeit aber auch gewesen, dass ausgerechnet ein katholischer, konservativer Publizist sich auf zwei Bierkästen stellt und mit gleichgesinnten Zuhörern »Kohl muss weg!« skandiert. Der Ex-*Spiegel*-Redakteur und geschasste *Welt*-Autor Matthias Matussek hat sich durch seinen Auftritt auf der Merkel-muss-weg-Demo am 19. März in Hamburg und wohlwollende Berichte über vorangegangene Demonstrationen nicht nur die Abneigung der

Die unpolitische Politikerin

Antifa, sondern auch die des Großteils seines Berufsstandes zugezogen.³ Wer zu Kohls Zeiten gegen den CDU-Kanzler opponierte und ihn »weg« haben wollte, wurde in ebenjenen Medien in der Regel mit Wohlwollen bedacht.

Der Unterschied: Damals standen die schärfsten Gegner des CDU-Kanzlers in aller Regel jenen Parteien nahe, mit denen seine Nachfolgerin Merkel heute koaliert oder koalieren will. Die lautstarken Gegner Merkels dagegen sind zu einem sehr großen Teil frühere CDU-Wähler und vertreten Positionen, die noch vor wenigen Jahren sogar Merkel selbst noch vertrat. Zumindest behauptete sie das damals.

Eine Kostprobe von 2003: »Wenn wir die Auswirkungen der Zuwanderung nach Deutschland in den letzten fünfzig oder vierzig Jahren betrachten, dann fällt die Bilanz, wenn man die Sozialhilfe und alles hinzurechnet, negativ für Deutschland aus.«⁴ Im selben Interview forderte Merkel auch, die Bedrohung »durch Terrorismus, durch Fundamentalismus, durch sehr große kulturelle Unterschiede ... gegenüber der eigenen Bevölkerung viel realistischer und deutlicher darzustellen, anstatt sich einfach zurückzulehnen und darauf zu vertrauen, dass irgendwer schon helfen wird, wenn es nötig ist«.⁵ Mit diesen Merkel-Zitaten würde man heute vermutlich bei jeder Merkel-muss-weg-Demonstration Beifall bekommen.

Um nicht falsch verstanden zu werden: Natürlich hat Merkel die Antifa nicht zur Unterstützung gerufen. Die Parolen, unter denen sich die Antifa in Hamburg, aber auch bei vergleichbaren Aktionen in Kandel und anderswo gegen regierungskritische Demonstranten sammelt, sind keine Treueschwüre zur Bundeskanzlerin. Es sind vielmehr, wie es dem Antifa-Selbstverständnis entspricht, solche, die die politischen Gegner als Faschisten, Nazis, Rassisten oder zumindest »rechts« bezeichnen. Und die Parole »Merkel muss

Kapitel 3

weg« ist offensichtlich für Antifa-Aktivisten zu einem Indikator für diese Zuschreibungen geworden. Auf Antifa-Webseiten stehen Sätze wie »Am Samstag, 9. September, wollen extrem Rechte aller Couleur zum siebten Mal unter dem Motto ›Merkel muss Weg‹ durch Berlin marschieren«[6] zusammen mit Aufrufen, sich diesen entgegenzustellen. In vielen dieser Texte werden alle Teilnehmer pauschal als »Nazis« bezeichnet.

Im Hamburger Fall haben sich offenbar nach Angaben des Hamburger Verfassungsschutzes tatsächlich auch Rechtsextremisten und als verfassungsfeindlich bekannte sogenannte Reichsbürger unter die Anti-Merkel-Demonstranten gemischt: »Das Spektrum der Teilnehmer der bislang sechs Montags-Versammlungen reicht nach wie vor von mutmaßlich unzufriedenen Demonstranten aus der bürgerlichen Klientel bis zu Personen aus der rechten und rechtsextremistischen Szene, hier auch mit subkulturell-rechtsextremistischem Hintergrund«, heißt es beim Hamburger Verfassungsschutz.[7] Die ursprüngliche Initiatorin Uta Ogilvie und Matthias Matussek kann man jedenfalls nicht ernsthaft als Faschisten oder rechtsextrem bezeichnen, ohne diese Begriffe völlig zu entwerten.

Merkel hat sie nicht gerufen, aber sie hat sich auch nicht ausdrücklich und vernehmbar von gewaltbereiten Linksradikalen distanziert. Grund dazu gäbe es durchaus. Nicht nur erklärte Merkel-Kritiker wie die Ex-DDR-Bürgerrechtlerin Vera Lengsfeld interpretieren die Aktionen der Antifa gegen Anti-Merkel-Demonstranten nämlich als einen De-facto-Schulterschluss: »Die Antifa prügelt für Merkel.«[8] Auch Presseüberschriften wie »Merkel-Gegner und Antifa-Anhänger treffen aufeinander«[9] können diesen Eindruck vermitteln: Wer sich offen als Gegner Merkels positioniert, bekommt es mit der Antifa zu tun. Der Eifer, diesem Eindruck in aller Schärfe entgegenzutreten, scheint jedenfalls auf Seiten der Bundesregierung begrenzt.

Differenzen zwischen der Christdemokratin Merkel und Politikern von SPD und Grünen sind in dieser Hinsicht kaum zu erkennen. Auch an den Hamburger Gegendemonstrationen beteiligte Politiker der SPD, der Grünen und der Gewerkschaften haben sich nicht vernehmbar von der Antifa oder anderen linksextremen Gewalttätern distanziert, mit denen sie in Hamburg und andernorts gemeinsam auftraten. Obwohl der oben erwähnte Bericht des Hamburger Verfassungsschutzes feststellt: »Unter den regelmäßig auftretenden Gegendemonstranten – zuletzt etwa 1000 – befanden sich auch Linksextremisten, zum Beispiel aus dem Antifa-Milieu. Linksextremisten instrumentalisieren seit jeher das gesellschaftlich breit akzeptierte Engagement gegen Rechtsextremismus, um über dieses bedeutsame und weithin anerkannte Thema auch in demokratischen Organisationen und Initiativen Anschluss für ihre verfassungsfeindliche Ideologie zu finden.«

Auch im pfälzischen Städtchen Kandel, wo nach der Tötung eines Mädchens durch einen Flüchtling im Dezember 2017 eine ähnliche Konfrontation zwischen regelmäßig gegen die Politik der offenen Grenzen Demonstrierenden (»Kandel ist überall«) und Gegendemonstranten (»Wir sind Kandel«) stattgefunden hat, kam es zu Ausschreitungen. Auch hier war die Antifa gewalttätig. Die Polizei meldete acht verletzte Beamte und 14 Anzeigen – elf gegen Vertreter des linken und drei gegen Anhänger des rechten Spektrums.[10] Ein Abschnittsleiter sagte *Focus-Online*: »Wir waren am Einsatztag ein Stück weit überrascht von der Aggressivität, die von der Antifa ausgegangen ist.« Überrascht? Wirklich?

Die rheinland-pfälzische Ministerpräsidentin Malu Dreyer (SPD), die unter den Gegendemonstranten war, und andere prominente Teilnehmer hielten es offenbar nicht für notwendig, sich deutlich und eindeutig von den bekanntermaßen gewaltbereiten Antifa-Aktivisten abzugrenzen. Die Polizeigewerkschaft Rheinland-Pfalz gab auf ihrer Facebook-Seite am 25. März 2018 bekannt: »Nach den uns vorliegenden Informationen wurde die Antifa auf der Versammlung von ›Wir sind Kandel‹ am Beginn noch besonders begrüßt. Sie seien als wichtige Kämpfer gegen rechts bezeichnet worden.«[11] Im Nachhinein immerhin und offenbar als Reaktion auf Kritik verbreitete Dreyer eine Videoaufzeichnung über Twitter, in der sie auf die »Auseinandersetzungen« einging: »Ich verurteile Gewalt, egal aus welcher Richtung sie kommt.«

Allgemeine Verurteilungen von Gewalt gehen Politikern schnell und leicht über die Lippen. Sucht man allerdings nach einer expliziten Ansage gegen linksextremistisches Gedankengut, herrscht Schweigen. Auch im Bundespresseamt. Gibt man in der Suchmaske auf dessen Webseite »Antifa« ein, erhält man (Stand Ende April 2018), abgesehen von den Berichten des Bundesverfassungsschutzes, als jüngsten Treffer ein Interview der damaligen Familienministerin Kristina Schröder vom 30. April 2010 in der *FAZ*.[12] »Linksextreme Gewalt wurde zu lange verharmlost«, sagt Schröder da. Daran hat sich ganz offensichtlich in den vergangenen acht Jahren nichts geändert, ohne dass dies in der Bundesregierung jemanden nach Schröders Abgang 2013 sonderlich störte. Auch die beispiellosen Gewaltexzesse von Linksextremen beim G20-Gipfel 2017 in Hamburg haben nur kurzfristig Entsetzen, aber keine großangelegten Kampagnen ausgelöst, wie man sie vom »Kampf gegen rechts« kennt.

Die unpolitische Politikerin

Merkel selbst ist durchaus nicht grundsätzlich abgeneigt, wenn es um eindeutige Verurteilungen von politischem Aktivismus geht. Gegen die Pegida-Demonstrationen hatte Merkel persönlich schon in ihrer Neujahrsansprache 2015 unüberhörbar und eindeutig Position bezogen: »Zu oft sind Vorurteile, ist Kälte, ja, sogar Hass in deren Herzen.«[13] Über den Hass in den Herzen gewalttätiger Linksextremisten scheint sie sich weniger zu sorgen. Nie hat sie explizit so etwas gesagt wie: Demonstrieren Sie nicht gemeinsam mit Linksextremisten!

Wie ist das zu erklären? Sind Linksextreme mittlerweile staatstragender und weniger links geworden? Oder hat sich umgekehrt die unionsgeführte Regierung unter Angela Merkel auf deren Positionen zumindest implizit zubewegt?

Vermutlich trifft beides ein wenig zu. Jedenfalls haben sich ganz offensichtlich im Laufe der vergangenen Jahrzehnte die politischen Kraftfelder und Frontlinien grundlegend verschoben. Diese Verschiebung ist nicht allein Merkels Werk. Aber sie hängt eng mit ihrem Aufstieg und ihrer Regierungsweise zusammen. Sie zu analysieren, bringt uns deswegen einer Antwort auf die Frage nahe, die dieses Kapitel beantworten will: Warum hat sich ausgerechnet Merkel im Kampf um die Macht durchgesetzt, und warum konnte und kann sie so lange regieren? Anders gefragt: Was ist das Erfolgsgeheimnis dieser Frau?

Die Kanzlerin des Nichts

Zu den häufigsten Aussagen über Merkel gehört, dass man sie am Anfang ihrer Karriere allzu oft unterschätzt habe. Nach 13 Jahren ihrer Kanzlerschaft kommt es mir mittlerweile jedoch eher so vor, als ob man sie auch allzu oft überschätzt. Das gilt nicht zuletzt für ihre schärfsten Gegner, die sich unter der Parole »Merkel muss weg« sammeln. Keine ihrer großen Taten mit bleibender Wirkung – vor allem nicht die Energiewende oder die Willkommenspolitik von 2015 – sind durch Merkels unverrückbare Überzeugungen zu erklären. Allenfalls wurden sie einer deutschen Öffentlichkeit, die frühere Positionierungen vergessen hat, als solche erklärt.

Merkel machte, wie der frühere CDU-Umweltminister Klaus Töpfer einmal sagte, »eine politische Karriere aus dem Nichts heraus«.[14] Merkels geographische Heimat ist die Uckermark, aber eine politische Heimat hat sie nicht. Man findet weder in ihrer Biografie noch in ihren Aussagen und Taten einen roten Faden von unumstößlichen Überzeugungen oder Zielen. Eine wesentliche These dieses Buches lautet daher: Angela Merkel ist ein unpolitischer Mensch.

Der Journalist Hugo Müller-Vogg fragte Merkel in dem schon erwähnten Interview-Buch 2003, »was denn den Kern ihrer politischen Überzeugungen ausmache, was sie denn in diese CDU einbringe«. Und dann beschreibt er Merkels Reaktion: »Da zögerte sie einen Augenblick. Lächelte sie ihr typisches, unbedarft wirkendes ›Angie‹-Lächeln, in dem sich Selbstironie und ein wenig Mitleid für den Fragenden mischen. Und sagte dann fröhlich: Ich weiß, ich weiß, das ist die Frage, auf deren Antwort ganz Deutschland wartet.«[15]

Auch 15 Jahre später ist keine Antwort darauf erkennbar. Merkels Wahlkampfparole von 2013 – »Sie kennen mich« – erscheint nach einigen spektakulären Kehrtwenden, nach all ihrem berüchtigten Schweigen und ihren noch berüchtigteren aussagearmen Sätzen wie ein selbstironischer Witz.

»Was in ihrem Innersten vorgeht, weiß allenfalls eine winzige Gruppe langjähriger Vertrauter«, schreibt die Journalistin Judy Dempsey nach acht Jahren als Berlin-Korrespondentin und nachdem sie viele Kanzlerinnen-Reisen begleitet hat.[16] Dempsey bezweifelt, dass es möglich sei, Merkel zu verstehen.

Mein Verdacht: Vielleicht ist es auch gar nicht so interessant, was in ihrem Innersten vorgeht. Anders gesagt: Vermutlich verbirgt Merkel gar keine großen politischen Geheimnisse vor uns, weil da nicht viel zu verbergen ist. Je mehr ich über Merkel lese und vor allem je mehr ich Aussagen von Merkel selbst lese oder höre, desto weniger tiefgründig erscheint sie mir. Peter Sloterdijk nennt sie eine »Container-Persönlichkeit«, und in »Hohlraum-Figuren dieses Typs deponieren zahllose Menschen etwas von ihren Hoffnungen, ihren Ärgernissen, ihren Träumen, ihren Niederlagen, ihren Sorgen, ihren Müdigkeiten«.[17]

Hier jedenfalls soll es weniger um ein Persönlichkeitsbild der Kanzlerin gehen, sondern vielmehr um die Analyse der gesellschaftlichen und kulturellen Bedingungen in Deutschland und der CDU, die das Phänomen Merkel möglich machten. Wenn eines unstrittig ist, dann Merkels extrem hohe analytische Intelligenz und ihr taktisches Geschick. Die Physikerin Merkel hat es perfekt verstanden, diese Bedingungen zu durchschauen und für ihre persönlichen, vom Willen zur Macht bestimmten Zwecke auszunutzen.

Die schiefe Ebene des Parteiensystems

Zu diesen Bedingungen zählt nicht zuletzt auch der antifaschistische Konsens. Im gesamten Westen, aber natürlich im besonderen Maße in Deutschland ist die Entschlossenheit, ein Wiederaufkommen des Nationalsozialismus oder ähnlicher rassistischer Politik auf keinen Fall zuzulassen, Staatsräson. Diese Entschlossenheit wurde umso stärker betont, je schwächer im Verlaufe der Nachkriegsgeschichte andere Bindekräfte des gesellschaftlichen Zusammenhalts wurden. Sie wurde zur vielleicht letzten übrig gebliebenen Gewissheit inmitten eines allgemeinen kulturellen Relativismus.

Wer besonders sichtbar »antifaschistisch« ist, kann sich, obwohl der Begriff unmittelbar kommunistischen Ursprungs ist und in der DDR zum Propaganda-Kanon des SED-Regimes gehörte (»Antifaschistischer Schutzwall«), daher auf eine Grundsympathie auch jenseits des linken politischen Spektrums einstellen. Ein einfacher sprachlicher Trick: Da zwei Verneinungen sich aufheben, droht jedem, der entschieden gegen die selbst erklärten Antifaschisten Stellung bezieht, die Gefahr, selbst als »Faschist« dazustehen. Und das bedeutet den sozialen Tod, zumindest den Verlust der bürgerlichen Ehre.

So wurde der *Kampf gegen rechts* zu einem besonders einträglichen Feld für das, was Soziologen *virtue signalling* nennen. Man zeigt, dass man ein ganz besonders anständiger Mensch ist, ohne dafür nennenswerte reale Risiken auf sich nehmen zu müssen. Der Publizist Johannes Gross hat dies 1999 mit dem Satz entlarvt: »Je länger das Dritte Reich tot ist, umso stärker wird der Widerstand gegen Hitler und die Seinen.« In einer Gesellschaft, die von Feinden und Kämpfen nichts mehr wissen will, wird der Schaukampf gegen einen längst besiegten Feind der Vergangenheit umso emphatischer inszeniert.

Deswegen übersteigt, wie Douglas Murray schreibt, »die Nachfrage nach Faschisten ... bei weitem das aktuelle Angebot. ... Also hat es sich als politisch nützlich erwiesen, Leute, die keine Faschisten waren, als solche zu beschreiben, ebenso wie es sich als politisch nützlich erwiesen hat, Leute als Rassisten zu beschreiben, die keine waren. In beiden Fällen war es zulässig, den Begriff so weit auszudehnen wie nur möglich. Und in beiden Fällen musste jeder, der dieser Übel beschuldigt wurde, einen hohen politischen und sozialen Preis zahlen. Trotzdem mussten jene, die andere Leute unberechtigterweise beschuldigt hatten, keinerlei politischen oder sozialen Preis dafür bezahlen.«[18]

Unter diesen Bedingungen hat das herkömmliche politische Spektrum seine feste Basis verloren. Es ist zu einer schiefen, nach rechts abfallenden Ebene geworden. Sie gilt für Einzelpersonen ebenso wie für politische Parteien. Der allzu leicht zu erwerbende Distinktionsgewinn durch öffentlich demonstriertes Engagement *gegen rechts* lockt ebenso allzeit, wie bei Nichtmitmachen oder gar Widerspruch das Risiko droht, selbst als *rechts* dazustehen.

Für die Unionsparteien, vor allem die Kanzlerinnenpartei CDU hat diese schiefe Ebene besonders fatale Folgen. Auf den ersten Blick erscheint sie als schwerer Nachteil für eine Partei, die ihrem ursprünglichen Selbstverständnis nach durchaus auch eine *rechte*, nämlich konservative Partei war. Rein taktisch allerdings eröffnet die besondere und wachsende Sensibilität der Öffentlichkeit *gegen rechts* der CDU zumindest kurz- bis mittelfristig einen Vorteil. Der ist allerdings, wie sich zeigen wird, extrem teuer erkauft. Denn er befördert mittel- bis langfristig eine Tendenz zur inhaltlichen Entleerung, ja letztlich zum machtpolitischen Zynismus.

Worin besteht dieser taktische Vorteil? Solange sich nicht nur die Partei, sondern die gesamte Öffentlichkeit einig ist, dass rechts von ihr das akzeptable politische Spektrum endet, kann sie vor eventuell aufkommender Konkurrenz auf dieser Flanke sicher sein. Diese Idee, für die vor allem

CSU-Chef Franz Josef Strauß stand, bewährte sich schließlich auch beim Aufkommen der »Republikaner«, die von CSU-Abweichlern gegründet wurden.

Strauß und einige andere Unionspolitiker liefen allerdings schon in den 1970er- und 1980er-Jahren immer wieder Gefahr, selbst über den rechten Rand des Akzeptablen geschoben zu werden. Denn sie verstanden das Ziel, keine rechte Konkurrenz zuzulassen, auch als Auftrag, selbst eine gemäßigt rechte, also konservative Politik zu machen. Und damit waren sie natürlich von links angreifbar. Nicht nur in Teilen der SPD, sondern vor allem in der Presse und den nach 1968 neu aufkommenden sozialen Bewegungen wurde Strauß als mindestens grenzwertig, wenn nicht als heimlicher Nazi dargestellt. Nach seinem Tod und dem politischen Abschied der alten Unionskonservativen wie Alfred Dregger fanden sich kaum Nachfolger für deren riskante Rollen. Das war nicht zufällig die Zeit, als Angela Merkel ihre Karriere in der CDU begann.

Aus der Erfolgsgeschichte von Strauß' Konzept einerseits und der Beobachtung der dauernden Versuche, Strauß und Konsorten selbst als *rechts* zu delegitimieren, konnte man aus rein taktischer Perspektive also folgende Schlussfolgerung ziehen: Warum nicht einfach den rechten Flügel der Union aufgeben? Schließlich ließ er sich durch moralische Minenfelder gegen jegliche aufkommende Konkurrenz absichern.

Diese taktische Überlegung steht vermutlich hinter dem, was in der CDU seit den 1990er-Jahren *Modernisierung* genannt wurde: Solange dafür gesorgt ist, dass eher konservativ oder rechts gesinnte Wähler keine akzeptable Alternative zur Union vorfinden, hat man den Rücken frei, um ungestört in der Mitte oder gar links von ihr zu expandieren. Die schiefe

Links-Rechts-Ebene verschaffte also einer rein machttaktisch orientierten Führung der einstmals eher rechten Union zumindest kurz- bis mittelfristig eine schlagkräftige Waffe gegen inner- und außerparteiliche Konkurrenten: Wer in der Union als zu rechts gilt, dem droht gleich die Höchststrafe des Politikbetriebes: Ausgrenzung.

Der Journalist Volker Zastrow hat dies im Herbst 2014, also nach dem Aufkommen der AfD, aber noch vor der Zuspitzung des politischen Klimas durch die sogenannte Flüchtlingskrise, mit einem treffenden Bild beschrieben: Die Union liege »als letzte Volkspartei auf dem Festland des demokratischen Konsenses wie ein gewaltiger Gletscher. An seinem rechten Rand ragt er ins Eismeer der Irrelevanz. Dort stürzt er seinen Bruch hinab, manchmal mit kräftigem Getöse. In jener Gegend lebt es sich gefährlich. Deshalb findet man schon lange keinen Politiker mehr in der Union, der sich zu rechten Standpunkten bekennt – so erst konnte ›rechts‹ zum Schmähwort werden, denn dort beginnt die demokratische Todeszone. So geht es aber weiter: Mittlerweile findet man kaum noch Politiker, die sich konservativ nennen würden. Das erfordert Mut, sogar sinnlosen Mut, denn mit derartigen Bekenntnissen kann man nur verlieren«.[19]

Und wenn Merkel eines nicht will, dann verlieren. Merkel lernte schnell, dass in ihrer Partei überall dort, wo das Verdikt *rechts* auch nur ansatzweise erwägbar war, die mediale Verdammnis drohte (und sich diese tendenziell ausbreitete), während an den entgegengesetzten Grenzen des CDU-Reichs nicht nur das Lob der Medien, sondern auch potenzielle Koalitionspartner lockten. Das lernte sie natürlich nicht allein, sondern gemeinsam mit den meisten Parteifreunden, die wie sie selbst für ihre Karriere noch einiges vorhatten.

»So bröckelt der Unionsgletscher«, schreibt Zastrow weiter, »rechts ab und wandert gleichzeitig nach links.«

Machttaktisch eröffnete sich Merkel und ihren Mitstreitern eine traumhafte Lage: von links nicht kritisiert werden können und von rechts nicht kritisiert werden dürfen. Selbst nach der Gründung der AfD schien die Taktik der Linksverschiebung der CDU noch bis zum Herbst 2015 zu funktionieren. Aber die radikale Willkommenspolitik der Grenzöffnung für Hunderttausende Flüchtlinge und Zuwanderer riss die rechte Flanke der CDU so weit auf, dass das Minenfeld der Moral dem Druck der verzweifelten enttäuschten Unionsanhänger nicht standhielt. Die Wahlerfolge der AfD sind die Konsequenz.

Der Wille zur Macht

Man sollte nicht den Fehler begehen, diese Linksverschiebung der CDU allein der Parteivorsitzenden Merkel zuzuschreiben. Dieser Prozess war schon im Gange, als Angela Merkel mit der Wende in der DDR und der Wiedervereinigung die politische Bühne betrat, und nahm dann in den 1990er-Jahren und nach ihrer Übernahme des Parteivorsitzes und erst recht während ihrer Kanzlerschaft an Fahrt auf. Sowohl Analysen der jeweiligen Wahlprogramme als auch Umfragen belegen,[20] dass die CDU seit 2002 – vielleicht mit Ausnahme des Wahljahres 2005 – immer stärker nach links gerückt ist, sich der SPD und den Grünen deutlich angenähert hat. Einer Infratest-dimap-Umfrage vom November 2015 zufolge sah der Durchschnitt der Befragten die CDU auf einer Skala von 1 (sehr links) bis 11 (sehr rechts) nun erstmals unter 6, also auf der linken Hälfte des Spektrums. Im April 1998, also in der Endphase der Kanzlerschaft Kohls, sahen die Befragten die CDU noch deutlich rechts bei mehr als 7.[21]

Die CDU war stets ein erstaunlich effektiver Machtgewinnungs-, Machterhaltungs- und Machtverteilungsapparat. Und sie war in ihrer bald siebzigjährigen Geschichte nie eine Partei der Theoretiker. Das passte den meisten Nachkriegsdeutschen auch ganz gut, weil ihnen nach dem Albtraum der Nazi-Herrschaft und des Krieges die Lust auf politische Ideologien vergangen war. »Keine Experimente« war in den 1950er-Jahren keineswegs eine denkfaule Haltung, sondern Ausdruck historischer Erfahrung. Erst musste Deutschland wieder zu Kräften kommen. Aber geist- und orientierungslos war die CDU der ersten Jahre und Jahrzehnte durchaus nicht. Sie hatte immerhin ein paar praktische Denker und denkerische Praktiker in ihren Reihen. Alfred Müller-Armack zum Beispiel, der Soziologe und Schöpfer des Begriffs der »sozialen Marktwirtschaft«, der als Ludwig Erhards Staatssekretär die Wirtschaftspolitik der jungen Bundesrepublik prägte, oder der Carl-Schmitt-Schüler Rüdiger Altmann, der als Erhards Berater das Konzept der »formierten Gesellschaft« entwarf.

Die CDU-Granden, die die Macht gewannen, erhielten und verteilten, taten dies bis zur Kohl-Ära auf der Basis von konservativen bis christlichen Wertefundamenten und mit Gestaltungszwecken, die über den reinen Machterhalt hinausreichten. Das gilt selbstverständlich für die bis heute zu Recht verehrten CDU-Helden der frühen Bundesrepublik. Vor allem für den Machtmenschen Konrad Adenauer, der die Bundesrepublik im Westen verankerte, und erst recht für den sehr viel weniger machtbesessenen Ludwig Erhard, dessen Mission keineswegs nur »Wohlstand für alle« war, sondern vor allem die Sicherung einer Gesellschaft freier Bürger. Auch Helmut Kohl war zwar vor allem ein Machtmensch, aber nicht ausschließlich. Er wollte die Macht, aber er wollte sie auch, um seine beiden großen Ziele zu erreichen: die deutsche und die europäische Einheit.

Die Tendenz des allmählichen Verschwindens erkennbarer und von denen anderer Parteien unterscheidbarer politischer Ziele begann aber schon in Kohls CDU. Nicht nur erodierten damals die Milieus und mit ihnen die religiösen und anderen traditionellen Wertefundamente, auf denen die christlich-liberal-konservative Sammlungspartei CDU beruhte. Nach einer kurzen, von Kohl angestoßenen Phase der intellektuell höchst anspruchsvollen Programmdiskussion in den 1970er-Jahren ließ die Partei, sobald sie die Macht zurückerobert hatte, das Nachdenken über die großen Fragen vertrocknen. Man glaubte wie zu Adenauers Zeiten, auf Programmdiskurse und das, was im Grundgesetz »Willensbildung« heißt, verzichten zu können. Aber zu Adenauers Zeiten konnte sich die Union eben noch weitgehend auf konservativ-traditionelle Selbstverständlichkeiten stützen, die nicht erörtert werden mussten. Durch den *Wertewandel* und all das, was man unter der Chiffre *1968* zusammenfasst, war das nun nicht mehr selbstverständlich.

Geistig-moralische Wende? Abgesagt

Zunächst schien Kohl die Notwendigkeit, Antworten auf die Herausforderung durch 1968 zu geben, erkannt und als politische Aufgabe für seine Partei festgelegt zu haben. Er trat schließlich 1982 seine Kanzlerschaft mit dem hohen Wort *geistig-moralische Wende* als Losung an. Doch fehlte von Anfang an ein kraftvoller Impuls auf *geistig-moralischem* Feld. Kohl selbst glaubte zwar weiter und gegen die Mehrheit der veröffentlichten Meinung an die deutsche Einheit. Er boxte auch gegen Hunderttausende friedensbewegte Demonstranten den Nato-Doppelbeschluss durch. Aber Kohl machte darüber hinaus keine ernsthaften Anstrengungen, auf Geist und Moral seiner Partei oder gar der deutschen Gesellschaft prägend einzuwirken.

Dazu wäre eine enorme Kraftanstrengung nötig gewesen, nämlich die Auseinandersetzung dort aufzunehmen, wo die Politisierung und Willensbildung in der Gesellschaft stattfindet: im vorpolitischen Raum. Dazu hätte es etwa einer zielstrebigen Kultur- und Bildungspolitik bedurft. Auf diesen Feldern hat die CDU seit jeher einen extremen Mangel an Selbstbewusstsein gezeigt. Wäre es Kohl und der damaligen Parteiführung mit der *geistig-moralischen Wende* ernst gewesen, hätte man vor allem kluge Köpfe an die Partei binden müssen. Man hätte Habitate für nichtlinke Intellektuelle schaffen müssen. Die sind bis heute rar. Man hätte versuchen können, den Marsch der 68er durch die Institutionen – vor allem in Bildungseinrichtungen, Universitäten und in den Medien – aufzuhalten. Oder zumindest möglichst viele Gegengewichte zu installieren, die in der Öffentlichkeit dem Geist von 1968 argumentativ hätten Paroli bieten können.

Schon die Zeitgenossen waren sich nach kurzer Zeit und unabhängig von ihrer politischen Ausrichtung einig, dass die Wende nicht stattfand. Im Rückblick ist offenkundig: Nicht die CDU, sondern die 1983 in den Bundestag eingezogenen Grünen sollten in den kommenden Jahren die Gesellschaft nachhaltig geistig-moralisch prägen.

Die CDU dagegen war schon seit den 1980er-Jahren dabei, geistig-moralisch zu veröden. Schon damals brachte sie aus sich selbst heraus keine vitale politische Gestaltungskraft mehr auf, die über den Machterhalt hinausging. Seither vermittelten die vermeintlich *jungen Wilden* (in Wirklichkeit eher zahme Typen) in der Partei den Eindruck, dass die Kraft zur Erneuerung stets bei der links stehenden Konkurrenz zu finden und nicht mehr aus den eigenen Wurzeln zu ziehen sei. Die CDU blieb als Vehikel zur Macht wertvoll, aber das meiste, was den Gründervätern neben der Macht ideell wichtig war, christliche Tradition und die Nation zum Beispiel, wurde als eher peinlich und gestrig betrachtet.

Die Annäherung der programmatischen Standpunkte und damit die gestiegene Koalitionsbereitschaft der etablierten Parteien untereinander kann man als Tauschgeschäft beschreiben: SPD und Grüne gaben ihre Vorbehalte gegen die Marktwirtschaft weitestgehend auf und schwenkten spätestens unter Gerhard Schröder auf eine konsensfähige Linie von möglichst marktkonformer Demokratie und angebotsorientierter Wachstumspolitik ein. Die Minderheit der Linken inner- und außerhalb der SPD, die diesen Kurs nicht mitmachten, brandmarken dies meist als *Neoliberalismus*.

Die Unionsparteien und die FDP dagegen unterwarfen sich dem Primat der Werte der neuen Linken, der das Ergebnis der Revolte von 1968 ist. Die Mehrheit jener 68er hatte sich vom harten, revolutionären Marxismus im Laufe der 1970er-Jahre losgesagt, nachdem sie vor den Werktoren nur auf Desinteresse der Arbeiter gestoßen waren. Diese Ablehnung hat sich tief ins Unterbewusstsein der neuen Linken eingebrannt. Der Schluss daraus: Statt Klassenkampf für die kleinen Leute zu führen, nahm man sich daraufhin die leichter einnehmbaren Bastionen der Bildungs-, Wissenschafts-, Kultur- und Medienbetriebe vor. Die Revolution scheiterte, aber der Marsch durch die Institutionen war höchst erfolgreich. Die neuen Linken hörten allmählich auf, die ökonomischen Verhältnisse grundsätzlich infrage zu stellen, und eroberten stattdessen die kulturelle Lufthoheit. Entscheidend war dabei nicht zuletzt das massenmediale Durchsetzen eines neuen Wertekanons mithilfe eines Jargons wohlklingender Losungen wie etwa *Weltoffenheit, Chancengleichheit, Toleranz, Vielfalt*.[22]

Gemeinsam ist all diesen Werten ihre hundertprozentige Vereinbarkeit mit den Ansprüchen der postindustriellen Wachstumswirtschaft. Gemeinsam ist ihnen auch die Forderung nach Auflösung aller geschichtlich verwurzelten Bindungen und Begrenzungen. Es sind also radikal anti-konservative Losungen, die den Bruch mit allem einfordern, was den Fortschritt in eine immer neue, völlig losgelöste Zukunft des diskriminierungsfreien Wohlstands bremsen könnte.

Der Kompromiss der Parteien – Akzeptanz der Alternativlosigkeit der Privatwirtschaft gegen Akzeptanz neulinker Wertehoheit – entsprach also einer in der gesamten Gesellschaft über Jahrzehnte vollzogenen Annäherung von Ökonomismus und Moralismus. Der Philosoph Arnold Gehlen hat schon 1969 in seinem Buch *Moral und Hypermoral* festgestellt, dass »Masseneudämonismus«, also die Pflicht, den Wohlstand der Menschen zu heben, und »Humanitarismus oder die zur ethischen Pflicht gemachte unterschiedslose Menschenliebe« sich »heute aufs engste verbunden haben«.[23]

Durch den Aufstieg der neuen Linken im Gefolge von 1968 beschleunigte sich diese Tendenz. Gehlens Analyse hat sich in den Jahrzehnten nach Erscheinen des Buches immer deutlicher bewahrheitet. Wir leben heute zwar einerseits in einer durch und durch von den Ansprüchen der Wirtschaft auf ökonomische Effizienz und Rationalität bestimmten Gesellschaft, die immer neue soziale Ungleichheit hervorbringt. Dieselbe Gesellschaft ist aber zugleich *postmodern*, also durchdrungen von der Überzeugung der neuen Linken, dass jenseits der Konsequenzen der Marktprozesse alle anderen Verschiedenheiten gleich gültig zu sein hätten. Man feiert ununterbrochen die Verschiedenheit (*Diversität*), verneint aber zugleich, dass Unterschiede zwischen den Menschen einen unzugänglichen Grund (*Essenz*) haben.

Jegliche Behauptung der Höherwertigkeit oder auch nur Erhaltungswürdigkeit eigener kultureller Traditionen geriet unter der Lufthoheit der postmodernen Behauptung der universellen Gleich-Gültigkeit auf verlorenen Posten. Die CDU hat dieser Gleich-Gültigkeit zunächst allenfalls halbherzigen und schließlich überhaupt keinen Widerstand mehr geleistet.

Deutlich wurde das in der Anfangsphase von Merkels CDU-Vorsitz in der Debatte um die *Leitkultur*. Der syrischstämmige Islamwissenschaftler Bassam Tibi hatte ab 1998 von der Notwendigkeit einer solchen angesichts der Einwanderung gesprochen. Der damalige CDU-Fraktionsvorsitzende Friedrich Merz hatte die Forderung in einem Zeitungsbeitrag im Herbst 2000 aufgenommen – ergänzt um das Adjektiv *deutsche*. Der Gegenwind in der Medienöffentlichkeit war gewaltig.

Hier ist nicht der Ort, die Debatte nachzuerzählen. Es genügt die Feststellung, dass diejenigen, die eine positive Wertung und verpflichtende Festlegung auf die eigene – europäische oder deutsche – Kultur anmahnten, sich bekanntlich nicht durchsetzen konnten. Nicht einmal innerhalb der Unionsparteien war der Wille erkennbar, sich für die Leitkultur ernsthaft stark zu machen. Merkel sagte dazu salomonisch: »Ich habe mich mit dem Begriff Leitkultur schwer getan [sic], weil er missverständlich sein kann und Politik Missverständnisse tunlichst vermeiden sollte.«[24]

Spätestens mit dem Zustandekommen der Großen Koalition 2005 war die Leitkultur-Debatte erledigt. Als Bundestagspräsident Norbert Lammert sie mit einem Interview und einem Aufsatz noch einmal wiederbeleben wollte, war die Reaktion in seiner eigenen Partei fast null. Vermutlich, weil nach Merz' Entmachtung allen klar war, dass damit bei Merkel nichts zu erreichen wäre.

Die CDU hat seither keinen Versuch mehr gewagt, die linksliberale, postmoderne Diskurshoheit auch nur ansatzweise infrage zu stellen. Das jämmerliche Schicksal der Leitkultur-Debatte offenbarte bereits vor dem Regierungsantritt Merkels, dass sie nicht gewillt war, konfliktträchtige Positionen der Union konsequent zu vertreten. Als Kanzlerin sollte sie das noch mehrfach belegen: Sobald sich ein Konflikt andeutete, in dem es darum ginge, grundsätzliche Positionen aus dem Bestand der Union gegen Widerstand von links durchzukämpfen, schwenkte sie auf die Linie des neoliberal-postmodernen Konsenses ein. In ihrer Rede auf dem Parteitag von Karlsruhe im Dezember 2015 nutzte Merkel selbst den dazugehörigen Post-68-Jargon: »Offen, neugierig, tolerant und spannend« möge ihr Land in 25 Jahren sein.[25]

Indem die CDU der zeitgeistigen Verbindung von neoliberalem Ökonomismus und neulinkem Moralismus hinterherlief, hat sie zweifellos viel mehr politische Substanz aufgegeben als SPD und Grüne. Denn die Linksbewegung der CDU fand auf dem entscheidenden Feld der kulturellen Einstellungen und Wertvorstellungen statt, also da wo die Kategorien von Gut und Böse ausgehandelt werden, die letztlich auch die Tagespolitik bestimmen. Die CDU hat, wie ihr früherer Bundesvorsitzender Rainer Barzel feststellte, »die geistige Orientierung verloren«.[26] Man könnte es noch etwas pathetischer formulieren: Sie hat fürs Regieren ihre Seele verkauft.

Das bedeutet vor allem, dass die CDU längst jeglichen Anspruch auf eine positive Deutungshoheit über den Teil der eigenen Wurzeln aufgegeben hat, der weltanschaulich am weitesten von den neulinken Vorstellungen der Sozialdemokraten, Grünen und dem 68er-Mainstream entfernt ist. Dazu gehört nicht zuletzt der Kampf um die Begriffe, den die CDU erst gar nicht aufnahm. Meine Großmutter (1911–2001) sprach noch ganz selbstverständlich davon, dass sie *rechts* wähle. In ihrer Generation meinte man damit nicht etwa die NPD, sondern die CDU. In Frankreich ist auch heute noch *la droite* die übliche Bezeichnung für gaullistische, konservative, bürgerliche, katholische Parteien, die nicht auf den Gedanken kämen, diese Bezeichnung als Beleidigung zu empfinden. Der Front National von Marine Le Pen ist *l'extreme droite*.

Im heutigen Deutschland des parteienübergreifenden *Kampfs gegen rechts* ist das undenkbar. Schon *konservativ* hat als politische Zuordnung einen in weiten Teilen der Gesellschaft, inklusive der CDU, höchst unappetitlichen Beigeschmack, der die Bezeichneten leicht in Verruf bringt. *Rechts* gilt als gesellschaftliches Todesurteil, da die Grenze zu *rechtsradikal* oder *rechtsextrem* fast nicht mehr gezogen wird. Bezeichnenderweise gilt das umgekehrt nicht für die Zuordnung *links*.

Rein taktisch ist das, wie schon gesagt, ein Vorteil für die CDU, nicht für die SPD. Die Linkspartei lässt sich längst nicht so wirkungsvoll stigmatisieren wie einst die Republikaner und jetzt die AfD. Kaum ein Wirt wird den Linken einen Versammlungssaal verweigern aus Angst vor Gegendemonstranten. Die SPD-Führung kann auch interne Randfiguren sehr viel schlechter disziplinieren als die CDU. Wer von der SPD zur Linkspartei wechselt, hat längst nicht so scharfe gesellschaftliche Sanktionen zu befürchten, wie jemand, der von der CDU zur AfD überläuft.

Die Selbstentleerung der CDU

Niemand spricht von einer *Christdemokratisierung* der SPD oder der Grünen. Aber viele Kritiker dieser Entwicklung sprechen von einer *Sozialdemokratisierung* der Union. Und das lässt sich auch ganz konkret belegen. Zuletzt anhand des Koalitionsvertrages von 2018. Rund 70 Prozent der darin enthaltenen Vorhaben und Positionen gehen auf das Parteiprogramm der SPD zurück, nur 30 Prozent können der Union zugeordnet werden. Das war zumindest das Ergebnis einer Auswertung des Karlsruher Unternehmens Thingsthinking mithilfe künstlicher Intelligenz. »Wir können es drehen und wenden, wie wir wollen: Die Maschine findet im Schnitt zwei- bis dreimal so viele thematische Verbindungen des SPD-Parteiprogramms im Koalitionsvertrag als im CDU/CSU-Programm«, sagte Thingsthinking-Chef Sven Körner. Bezeichnend aber auch Körners Einschränkung: Bis zu einem Drittel beider Parteiprogramme sei sich ohnehin sehr ähnlich. Wer kritisiere, dass die beiden Parteien inhaltlich kaum zu unterscheiden sind, könne sich durch sein Computerprogramm bestätigt sehen.[27]

Die meisten Journalisten und Politologen bevorzugen zur Beschreibung der Entwicklung der Union den Begriff *Modernisierung*. Natürlich steckt darin in der Regel Zustimmung – und die implizite Annahme der Alternativlosigkeit dieser Tendenz. Leider gibt es keine Thingsthinking-Untersuchung über die Parteiprogramme von CDU und Grünen. Die Tendenz jedenfalls dürfte ähnlich sein. So kann schließlich

Bernd Ulrich, stellvertretender Chefredakteur der *Zeit*, Merkel als »erste Kanzlerin der Grünen« bezeichnen.[28] Von Ulrich, in jüngeren Jahren Büroleiter beim Fraktionsvorstand der Grünen im Bundestag, ist das sicher als Lob gedacht.

Ich halte *Selbstentleerung* für einen passenderen Begriff als Modernisierung. Denn was da geschieht, ist kein stärkender Aufbruch in neue, also moderne Regionen des politischen Denkens, sondern schlicht die Übernahme sozialdemokratischer und grüner Positionen. Da wird in den meisten Bereichen nichts erneuert, sondern der eigene Kernbestand an Überzeugungen aufgegeben zugunsten von Positionen, die in anderen Parteien entstanden sind.

Diese CDU benimmt sich wie ein Schüler, der bei seinem Banknachbarn abkupfert, statt die gestellten Aufgaben aus eigener Kraft zu lösen. Weil das so einfach ist, gewöhnt er sich das ernsthafte Lernen und Nachdenken ab. Schülern, denen es nur um gute Noten, also oberflächlichen, kurzfristig vorzeigbaren Erfolg, geht, sagt man: Non scholae, sed vitae discimus – nicht für die Schule, sondern fürs Leben lernen wir.

Eine ähnliche Ermahnung hätte auch die CDU nach 17 Jahren unter Merkel nötig. Denn eine ehrliche Antwort auf die Sinnfrage – wozu betreibt ihr eigentlich Politik? – wäre in der Modernisierer-CDU: Na, um Wahlen zu gewinnen, Regierungen zu bilden, Macht zu haben, Posten zu verteilen. Die Folge ist eine CDU, die heute dasteht wie ein großer alter Baum: Nach außen noch groß und imposant, aber innen ist er schon morsch oder gar hohl.

Möglicherweise ist dieser Prozess der Linksverschiebung bei manch einem Unionspolitiker auch von tiefen Überzeugungen angetrieben. Man fragt sich allerdings, warum diese Unionspolitiker dann nicht gleich der anderen Partei beitreten, deren Positionen sie für *moderner* als die hergebrachten der CDU halten. Vielleicht weil die CDU seit Adenauers Zeiten die Partei mit den längsten Regierungsphasen ist und somit offenbar eher den Weg zu den Fleischtöpfen des Politikbetriebes freimachen kann?

Ich befürchte, dass die genannten taktischen Vorteile der programmatischen Selbstaufgabe ausschlaggebend sind. Dies wäre jedenfalls auch eine Erklärung dafür, dass die Basis der CDU, also jene Masse der Mitglieder, die keine Karriere im Politikbetrieb anstreben, sich selbst deutlich weiter rechts sieht als die offizielle Parteilinie. Auf einer Skala von 1 (links) bis 11 (rechts) ordneten sich bei einer Umfrage der CDU-nahen Konrad-Adenauer-Stiftung 2015 die CDU-Mitglieder im Schnitt bei etwas mehr als 7 ein, ihre Partei sahen sie bei knapp 6,5.[29]

In dem Maße wie rein machttaktische Erwägungen und letztlich Karriereziele der Berufspolitiker die programmatische Selbstentleerung der Partei bedingen, dürften mit dieser vorgeblichen Modernisierung letztlich auch politischer Nihilismus und Zynismus bei denjenigen einhergehen, die dafür verantwortlich sind. So wird das soziale Kapital in der Partei aufgezehrt.

Soziales Kapital ist das, was Gesellschaften und Gemeinschaften zusammenhält. Das heißt, der auf gemeinsamen Werten und Normen beruhende Zusammenhalt geht verloren, weil diese aufgegeben oder unglaubwürdig gemacht werden. Die Bereitschaft einzelner Mitglieder, für die Gemeinschaft, also in diesem Fall die CDU, Opfer zu bringen, nimmt so ab. Wer wird noch Wahlplakate kleben für eine Partei, deren letzter Sinn nur in der Beförderung von Karrieren führender Mitglieder besteht? Und wer tritt überhaupt noch solch einer Partei bei? Vermutlich zunehmend Menschen, die dabei genauso egoistisch und taktisch motiviert sind wie die sogenannten Modernisierer.

Zynismus und Nihilismus sind außerdem Eigenschaften, die Hemmungen beseitigen. Hemmungen etwa, das absurde Spiel der Stigmatisierung derjenigen mitzuspielen, die bei der taktischen Linksverschiebung nicht mitmachen wollen und dadurch in der von Zastrow beschriebenen »Todeszone« rechts der Abbruchkante des CDU-Gletschers gelandet sind. Hemmungen auch, im Zweifelsfall gegen diese neuen Gegner zumindest stillschweigend die Hilfe der gewaltbereiten Antifa zu akzeptieren.

Merkel – die unpolitische Politikerin

In einer solchen Partei, die zunehmend bereit war, sich aus machttaktischen Gründen ihre eigenen Wurzeln zu ziehen, fand die zur Politikerin umgesattelte Physikerin Angela Merkel die perfekten Bedingungen für ihre atemberaubende Karriere und ihre lange Kanzlerschaft. Merkel und die mit ihr aufgestiegene Berufspolitikerkaste der CDU sind Profiteure der Selbstentleerung. Ihre Erfolgsmethode der »asymmetrischen Demobilisierung« ist nichts anderes als: Abschöpfen des programmatischen Kapitals der Partei für kurzfristige eigene Zwecke. Salopp formuliert: Man verhökert das CDU-Tafelsilber, um sich kurzfristig taktische Vorteile im Machtkampf zu kaufen.

Dass Merkel mit ihrer DDR-Vergangenheit nicht den geringsten Bezug zur alten westdeutschen CDU und deren historischen Wurzeln hatte, war dabei für sie kein Nachteil, sondern im Gegenteil sogar ein taktisch-psychologischer Vorteil. Die zur Selbstentleerung bereite Partei bot beste Vo-

Die unpolitische Politikerin

raussetzungen für »eine Karriere aus dem Nichts«.[30] Merkel war, wie ihre Biografin Jacqueline Boysen schreibt, schon am Anfang ihrer politischen Karriere so, wie sie auch als Bundeskanzlerin bleiben würde: »völlig undogmatisch – und in ihrer Nüchternheit jenen überlegen, die von Idealismus getrieben wurden«.[31]

Bis heute bleibt hinter dieser Karriere die Frage, zu deren Beantwortung Merkel selbst so gut wie nichts beiträgt. Warum ging sie überhaupt in die Politik? In aller Regel werden ihr bei den seltenen Gelegenheiten, wo sie sich zu Interviews oder neuerdings auch im Bundestag einer direkten Befragung stellt, grundsätzliche Fragen nach ihren Überzeugungen und Zielen gar nicht gestellt. Seit Hugo Müller-Vogg 2003 auf die erwähnte Frage nach dem »Kern ihrer politischen Überzeugungen« keine Antwort bekam, weiß man, dass das müßig ist.

Die Tatsache, dass man ihr diese Frage weitgehend erspart, und von ihr weder auf diese noch auf irgendeine andere wirklich wichtige politische Frage eindeutige Antworten einforderte, ist bereits Teil der Erklärung des Phänomens Merkel. Denn nicht nur Merkel selbst und die CDU, sondern auch die gesamte deutsche Gesellschaft der Merkel-Jahre war durch den Wunsch nach Politiklosigkeit und den dadurch bedingten bewussten Verzicht auf die politischen Fragen gekennzeichnet.

Ihrem wohlwollenden Biografen Wolfgang Stock hat Merkel 2000 relativ ausführlich über ihre parteipolitischen Anfänge im November oder Dezember 1989 berichtet. Sie machte keinen Hehl daraus, dass sie zunächst zu einer Veranstaltung der neu gegründeten »Sozialdemokratischen Partei in der DDR« (SDP) ging. Stock zitiert Merkels Begründung dafür, dass sie schließlich dem »Demokratischen Aufbruch«

(DA) beitrat: »Es war chaotisch, und ich hatte das Gefühl, ich werde gebraucht. Vor allem aber gefiel mir die politische Richtung, die auch noch nicht total festgelegt war.«[32] Ihrem Biografen Gerd Langguth sagte sie 2005 über den DA: »Ich habe gespürt, hier kannst du noch was bewirken.«[33]

Die beiden weniger wohlwollenden Biografen ihres »ersten Lebens« in der DDR, Ralf Georg Reuth und Günther Lachmann, glauben, dass Merkel schon vor dem Mauerfall zum Demokratischen Aufbruch gehörte. Sie verschleiere dies, weil der DA damals noch für einen »demokratischen Sozialismus« und eine eigenständige DDR eingetreten sei.

Eine der wenigen späteren Gelegenheiten, bei denen Merkel über ihre Motivation berichtete, Politikerin zu werden, habe ich selbst erlebt. Sie trat am 9. November 2009 auf der »Falling Walls«-Konferenz vor Naturwissenschaftlern auf. Hier – es waren vermutlich kaum Politikjournalisten anwesend und auch keine Fernsehkameras – erzählte sie freimütig über die ersten Wochen beim Demokratischen Aufbruch, dass man dort einen Pressesprecher gesucht habe und das sei doch »eine schöne Karrieremöglichkeit« gewesen. Stock zufolge war sie allerdings aus einer spontanen Notlage heraus vom DA-Vorsitzenden Wolfgang Schnur zur Pressesprecherin ernannt worden.

Merkels Eintritt ins Politikerdasein beginnt jedenfalls weder als Folge einer tiefen Prägung in der Kindheit und Jugend noch mit einem Erweckungs- oder Berufungserlebnis. Es beginnt mit einer Karrieremöglichkeit, die sich in der außergewöhnlichen Übergangsphase der Wende in der DDR bot. Die Angela Merkel von 1989 war jedenfalls offensichtlich nicht so sehr von brennender Leidenschaft für ein bestimmtes politisches Ziel – etwa demokratischer Sozialismus oder deutsche Einheit – erfüllt, wie das bei Bürgerrechtlern und anderen Vorkämpfern der Wende der Fall war. Sondern vom Willen, unbedingt Karriere zu machen. Und dies schien eben bis zu einem gewissen Stadium der Wende in der DDR eher auf dem Ticket des demokratischen Sozialismus möglich und dann bald nicht mehr.

Ich glaube, dass schon damals Merkel nicht wirklich die politische Entwicklung als solche am Herzen lag, sondern vor allem die Möglichkeiten, die sich daraus für sie selbst ergaben. Daran hat sich bis heute, nach 28 Jahren als Berufspolitikerin, davon 13 Jahren als Bundeskanzlerin, eigentlich nichts geändert. Deutschland wird von einer sehr klugen Analytikerin und Taktikerin, aber im Wesentlichen unpolitischen Frau regiert.

Das wird deutlich werden, wenn wir zunächst klären: Was heißt »politisch«? Was ist Politik? Es gibt zahlreiche, sich zum Teil widersprechende Definitionen von Politik. Und es gibt solche, die das *Politische* von der *Politik* unterscheiden. Zu Letzteren gehört die durch ihren Verfasser Carl Schmitt in Verruf geratene Schrift: *Der Begriff des Politischen* von 1932. Das Wesen des Politischen ist Schmitt zufolge die Unterscheidung von Freund und Feind, von *wir* und *sie*. Als »Kronjurist des Dritten Reichs« hat Schmitt seine Person und damit in den Augen vieler Nachgeborener auch seine These diskreditiert. Ihre Faszination hat sie dadurch für viele politische Denker aber nicht verloren.

Die eher links einzuordnende Politologin Chantal Mouffe hat in ihrem sehr breit wahrgenommenen Buch *Über das Politische* 2005 eine Rehabilitierung der Schmitt-These in demokratisierter Variante vorgeschlagen: Gerade demokratische Politik komme nicht ohne die grundlegende Unterscheidung von *wir* und *sie* aus. Allerdings unterscheide den *Gegner* im demokratischen Verständnis vom Schmitt'schen

Feind, dass man sich mit ihm im Rahmen demokratischer Regeln und Institutionen arrangieren könne und müsse.

Die von den meisten heutigen politischen Philosophen wie Jürgen Habermas vertretene und den Zeitgeist dominierende Vorstellung von der Demokratie als Methode zur Überwindung der Wir-sie-Unterscheidung durch Dialog und Suche nach Konsens lehnt Mouffe ab. Auf ihre Kritik am Zeitgeist der *Postpolitik* und der *kosmopolitischen Illusion* werden wir gleich noch zurückkommen.

Viele Politikdefinitionen stellen die *Macht* und den Kampf um sie ins Zentrum. Die berühmtesten sind wohl diejenigen von Niccolò Machiavelli – »Politik ist die Kunst des Machterwerbs und der Machtbehauptung« – und von Max Weber – »Politik ist das Streben nach Machtanteil oder nach Beeinflussung der Machtverteilung«. Natürlich ist Angela Merkel in diesem Sinne eine außergewöhnlich gute, erfolgreiche Politikerin. Zumindest sofern es um ihre persönliche Macht geht.

Aber eine Politikbetrachtung, die ausschließlich die Machtkämpfe und Taktiken einzelner Akteure beleuchtet, ist letztlich banal. Um Macht geht es fast immer und überall. Es gibt jenseits der fatalen Illusionswelten linksradikaler Fanatiker unter Menschen keine »machtsterilen Verhältnisse«, wie der Soziologe Heinrich Popitz feststellte. Überall, wo Menschen zusammenleben, üben die einen mehr oder weniger Macht über andere aus. Insofern ist Politik in diesem banalen Sinne allgegenwärtig, auch jenseits des Politikbetriebes.

Deswegen hat sich kaum ein großer politischer Denker damit begnügt, Macht als Selbstzweck der Politik zu sehen – vor allem nicht die Macht des einzelnen Politikers. Für Max Weber bedeutet Politik »ein starkes langsames Bohren von harten Brettern mit Leidenschaft und Augenmaß zugleich«.

Die unpolitische Politikerin

Ein Politiker, der Macht erstrebt »um ihrer selbst willen: um das Prestigegefühl, das sie gibt, zu genießen«, ist ihm in seinem berühmten Aufsatz »Politik als Beruf« kaum der Rede wert – außer in diesem einen definierenden Satz.[34]

Weber unterscheidet dabei von Gesinnungsethik getriebene und verantwortungsethisch handelnde Politiker, um letztlich eine Mischung aus beiden zu befürworten. Die drei von Weber eingeforderten Tugenden des Politikers – Leidenschaft, Verantwortungsgefühl und Augenmaß – sind stets an eine »Sache« gebunden. Politiker, die das Bohren harter Bretter einfach sein lassen und stattdessen lieber weiche oder gar keine bohren, interessierten Weber nicht. Zur Zeit seines Vortrages, im Revolutionsjahr 1919, konnte man sich vermutlich kaum vorstellen, dass Deutschland dereinst nach dieser Methode regiert würde.

Auch Machiavelli, der zu Unrecht als Zyniker gilt, war ganz und gar nicht der Ansicht, dass Macht ein Selbstzweck der Politik sei. Der »Fürst« in Machiavellis gleichnamigem Buch hat eben nicht nur um seiner selbst willen »die Kunst des Machterwerbs und der Machtbehauptung« zu meistern. Die Ratschläge, die er dem Fürsten gibt, laufen schließlich im letzten, selten zitierten Kapitel auf das Ziel allen Machterwerbs und Machterhalts zu: Italien von den »Barbaren« (er meinte die Franzosen, Spanier und Deutschen) zu befreien, zu vereinen und durch die Schaffung eines starken Volksheeres zu schützen.[35]

Ein zentraler Begriff in vielen theoretischen Erörterungen über die Aufgabe von Politik, beginnend bei den ersten großen politischen Denkern der Antike, bei Platon und Aristoteles, ist: Ordnung. Der Philosoph Ernst Troeltsch definierte dementsprechend kurz nach dem Ersten Weltkrieg Politik als »die Kunst, nach innen eine Gemeinschaft zur dauernden Ordnung zu organisieren und nach außen die so organisierte Gesellschaft zu behaupten und zu erweitern«.[36]

Das »Erweitern« wird man natürlich heute, nach zwei Weltkriegen, gerade in Deutschland nicht mehr bejahen wollen. Doch das »Organisieren« einer »Ordnung« und das »Behaupten« der »Gesellschaft« sind als Zwecke von Politik wohl zeitlos aktuell. Diese Definition von Troeltsch (ein Liberaler wohlgemerkt!) weist jedenfalls wie andere vergleichbare darauf hin, dass politisches Interesse und Handeln das Vorhandensein eines Zieles zur Voraussetzung haben. Und dieses sollte sinnvollerweise im Zusammenhang mit der Menschengruppe stehen, die man repräsentiert und für die man daher Verantwortung trägt.

In aller Regel haben auch selbst die tyrannischsten Despoten der Geschichte versucht, ihren Untertanen und möglicherweise der Nachwelt eine Rechtfertigung für ihre Macht zu liefern. Die Religion spielte dabei bis vor einiger Zeit meist eine Hauptrolle und tut es in weiten, nämlich den islamisch geprägten Teilen der Welt auch heute noch. Für Napoleon war es das heute weitgehend unbegreiflich gewordene Motiv des Ruhms, der seine Herrschaft und seine Eroberungskriege vor den Franzosen rechtfertigte.

Nach den Verheerungen der Weltkriege und angesichts der Jahrhundertverbrechen der Nazis und anderer totalitärer Herrschaftssysteme haben einige Politikwissenschaftler in der zweiten Hälfte des 20. Jahrhunderts den Politikbegriff unmittelbar an Normen geknüpft: »Der Gegenstand und das Ziel der Politik ist der Friede. Das Politische müssen und wollen wir zu begreifen versuchen als den Bereich der Bestrebungen, Frieden herzustellen, Frieden zu bewahren, zu gewährleisten, zu schützen und freilich auch zu verteidigen«, sagte Dolf Sternberger, eine der großen Gestalten der deutschen Nachkriegspolitikwissenschaft, in seiner berühmten Heidelberger Antrittsvorlesung. Immer muss es also einer Politik, die den Namen verdient, darum zu tun sein, etwas *Politisches* zu erreichen oder auch zu verhindern für das eigene Gemeinwesen. Das ist es, was Weber die *Sache* des Politikers nennt.

Letztlich war spätestens seit dem 19. Jahrhundert politische Macht kaum noch anders zu rechtfertigen als durch das, was die Bundeskanzlerin nun schon zum vierten Mal nach ihrer Wahl im Bundestag zu »mehren« geschworen hat: »das Wohl des (deutschen) Volkes«. Im Amtseid der Bundeskanzlerin ist also der Zweck der Politik schon enthalten. Die Frage, was denn dieses Wohl ist, ist daher die denkbar politischste aller Fragen.

Wenn ich also von einer *unpolitischen* Politik spreche, dann ist damit ein Handeln von Mächtigen und nach Macht Strebenden gemeint, das nicht an der Vertretung kollektiver Interessen oder dem Verfolgen von Zielen für die gesamte Gesellschaft orientiert ist. Das also keinen höheren Sinn als den unmittelbaren Eigennutz verfolgt, keine Idee, die über die Gegenwart und die eigene Person hinausweist. Deswegen halte ich Merkel nach all den oben genannten Maßstäben für eine *unpolitische* Politikerin.

Es ist fast egal, welchen Politikbereich man betrachtet: Konstante und damit glaubwürdige Antworten auf diese Frage nach dem »Wohl des deutschen Volkes« sind bei Merkel kaum zu finden. Ich habe bereits einige Beispiele für Positionen genannt, die sie vor ihrem Wahlsieg von 2005 vertrat, um schließlich als Bundeskanzlerin nichts dergleichen zu tun. Auf einigen Politikfeldern tat sie sogar genau das, was sie vorher als Oppositionsführerin scharf kritisierte.

2003 schilderte Merkel ihren »Deutschland-Alptraum« folgendermaßen: »Jeder besitzt eine Windmühle und glaubt sogar noch, er tue etwas für die Umwelt, vergisst aber die hohen Subventionen.«[37] Das sagte die Kanzlerin, die acht Jahre später in einer Hauruckentscheidung die sogenannte Energiewende ausrief, durch die ihr damaliger Deutschland-Alptraum mittlerweile zur Deutschland-Wirklichkeit geworden ist: ein Land, dessen wenige noch unverbaute Landschaften mit riesigen Windkraftanlagen gespickt sind, die durch ein gigantisches Subventionsregime finanziert werden.

Aber nicht nur vom »Wohl«, sondern auch vom »Volk«, also der Gruppe von Menschen, denen sie verantwortlich ist, hat Merkel offenbar keinen konsistenten Begriff. Während sie als Oppositionsführerin durchaus noch das Wort Deutsche, ja sogar »Vaterland« und »Nation« in den Mund nahm,[38] spricht sie, wie viele andere Politiker allerdings auch, in jüngeren Jahren meist nur von »den Menschen« oder etwa in einem ihrer seltenen Fernsehinterviews mit Anne Will 2016 von denjenigen, »die schon länger hier leben«, und denen, »die neu dazugekommen sind«. Im Februar 2017 behauptete sie auf dem Landesparteitag der CDU in Mecklenburg-Vorpommern: »Das Volk ist jeder, der in diesem Lande lebt.«[39] Sie verwischt also die für jede Politik im Rechtsstaat essentielle Unterscheidung zwischen Staatsbürgern und Nicht-Bürgern.

Diese Feststellung ist keine Spitzfindigkeit. Und sie hat auch nichts mit nationalistischem Dünkel oder Diskriminierung von Nicht-Deutschen zu tun. Es geht um ein fundamentales Prinzip der Demokratie: das Prinzip der Repräsentation, also des politischen Handelns einer oder mehrerer Personen im Namen und Interesse eines Kollektivs. Repräsentation ist, wie die Politologen Danny Michelsen und Franz Walter schreiben, »der legitime Antriebsstoff für jene interinstitutionellen Dynamiken, die den politischen Prozess

Die unpolitische Politikerin

täglich bestimmen«.⁴⁰ Das ist ein extrem weites Feld in der politischen Theorie. Uns kommt es hier vor allem auf eine unmissverständliche Feststellung an: Demokratische Repräsentation setzt voraus, dass die vertretene Menschengruppe genau umrissen ist. Nur dann, wenn sowohl den Repräsentanten als auch den Repräsentierten klar ist, wer sie sind, wer zu ihnen gehört und wer nicht, kann deren gemeinsames Interesse deutlich werden. Anders gesagt: Nur der kann wirklich *verantwortlich* handeln, der weiß, wem er *Antworten* schuldig ist – und wem nicht.

Das ist der Grund dafür, dass die Unterscheidung von Staatsbürgern, die das Staatsvolk bilden, und Nicht-Bürgern innerhalb und außerhalb des Staates politisch von zentraler Bedeutung ist. Vor Gericht und aus der Perspektive privater, zwischenmenschlicher Ethik gibt es diesen Unterschied nicht oder allenfalls nur sehr bedingt. Aber politisch ist diese Unterscheidung fundamental: Nur Bürger werden repräsentiert. Wenn ausgerechnet die oberste Repräsentantin der Deutschen das für die Demokratie grundlegende Prinzip der Repräsentation verkennt, so zeigt auch das ein fehlendes Verständnis – ob mit Absicht oder unbewusst – des Politischen.

Die Mehrheit der Funktionsträger in Merkels Partei, die Mehrheit der Meinungsmacher in den Leitmedien und ein zwar schmelzender, aber immer noch großer Teil der Wählerschaft nehmen daran aber ganz offensichtlich keinen Anstoß. Keine konsistenten politischen Antworten zu geben, keine politischen Ziele zu haben, die Grenzen zwischen öffentlicher und privater Moral zu verwischen, nicht zu wissen, wessen Interesse man verpflichtet ist, also anders gesagt: unpolitisch Politik zu treiben, scheint in Merkels Deutschland kein Makel zu sein, sondern Grundlage erfolgreicher Machtkonsolidierung. Das hat Merkel aus eigener Erfahrung gelernt.

Blicken wir noch einmal zurück ins Jahr 2003: Damals erschien, wie erwähnt, das Interview-Buch *Angela Merkel. Mein Weg*. Ihr Interviewer, Hugo Müller-Vogg, ist heute einer der schärfsten Merkel-Kritiker. Aber im Vorwort damals war er ihr sichtlich gewogen. Denn Merkel hatte in jenem Jahr 2003 – scheinbar – eindeutige Positionen bezogen. Und zwar eindeutig konfrontativ gegen die damals regierende rot-grüne Koalition. Als Ministerin unter Kohl in den 1990er-Jahren und auch bei Übernahme des Parteivorsitzes galt sie – zu Recht, wie wir heute sagen können – als eher links oder eben weitgehend positionslos, »nicht an christdemokratische Traditionslinien gebunden«, wie ihre Biografin Jacqueline Boysen schreibt.[41]

Doch dann, auf einem Parteitag in Leipzig, setzte Merkel Beschlüsse durch, die extrem reformorientiert oder marktradikal (je nach Blickrichtung) zu nennen waren. Sie hat sich damit, wie der damalige hessische Ministerpräsident Roland Koch es formulierte, »brutalstmöglich« positioniert. Dachte man damals zumindest.

Sie legte sich in jener Zeit, als Deutschlands Wirtschaft schwächelte und wöchentlich in der Talkshow *Sabine Christiansen* die wirtschaftspolitischen Reformvorschläge diskutiert wurden, ausgerechnet auf das strengste Konzept zur Reform der Sozialsysteme fest, das zur Auswahl stand: nämlich dasjenige der von ihr selbst eingesetzten Herzog-Kommission. Dazu kam außerdem – noch radikaler und kontroverser – das Steuerkonzept des Juristen Paul Kirchhof mit nur noch drei Einkommensteuerstufen von 12, 24 und 36 Prozent. Keine Reform im System, sondern eine Reform des gesamten Systems, wie Friedrich Merz verkündete.

Dass sich Merkel auf ein stramm marktwirtschaftliches Programm festlegte, schien vielen damaligen Beobachtern glaubwürdig zu sein. Wenn es überhaupt etwas gab, von dem sie seit Beginn ihrer politischen Karriere einigermaßen überzeugt zu sein schien, dann war es die Marktwirtschaft. Zumindest war Merkel in ihrer Blitzkarriere seit der Wende noch nicht als Anhängerin des Arbeitnehmerflügels der Union aufgefallen. Nun schien sie also den Kern ihrer Vorstellungen endlich offenbart zu haben: Merkel die marktbejahende Ordnungspolitikerin!

Aus heutiger Perspektive erscheint das abwegig. Nach zwei Koalitionen mit den Sozialdemokraten und angesichts ihrer stark planwirtschaftlich organisierten und von Subventionen geprägten »Energiewende«, kann niemand mehr ernsthaft behaupten, dass Merkel sonderlich an marktliberaler Ordnungspolitik gelegen sei.

Offensichtlich dachte Merkel zu Anfang ihres Parteivorsitzes noch, dass es notwendig (taktisch geboten?) sei, der Partei das Rückgrat mit eigener Programmatik zu stärken. Sie glaubte offenbar noch, *politisch* sein und eine *Sache* im Weber'schen Sinne leidenschaftlich vertreten zu müssen. Dem damaligen Bundeskanzler Gerhard Schröder warf sie dementsprechend Beliebigkeit vor: »Gefährlich wird es allerdings, wenn es keinerlei Fixpunkte mehr gibt, nichts Verlässliches, das dauerhaft Orientierung schafft.« Und weiter: »Ihm fehlt jegliche Vorstellung über das Ziel aller Bemühungen. Deshalb kann auch keinerlei Berechenbarkeit und Verlässlichkeit entstehen. Das führt zu Chaos, Durcheinander und großer Enttäuschung. Da ist kein Kompass, keine innere Richtung, keine Überzeugung. Da regiert das Nichts. Alles wird so gemacht, wie es gerade passt. Und das ist ein echtes Problem für Deutschland.«[42] Schon bald bekam Merkel bekanntlich Gelegenheit, ihre eigenen »Fixpunkte«, ihre eigene »innere Richtung« und »Überzeugung« umzusetzen.

Schröder dagegen, dem sie jegliche Überzeugung absprach, verlor die vorgezogene Bundestagswahl, weil er gegen alle Widerstände in der eigenen Partei seine *Agenda 2010* durchgesetzt hatte.

Von dem in Leipzig mit großem Eifer Beschlossenen, setzte die spätere Bundeskanzlerin schließlich so gut wie nichts durch. Der Leipziger Parteitag von 2003 ist heute in der Union das große Tabu. Die Beschlüsse sind in 13 Jahren des Regierens nie wieder auf die politische Agenda gehoben worden, sondern ruhen in den Tiefen des Internets, wo sie allenfalls noch bei Parteihistorikern Interesse finden. Merkel und ihre Getreuen haben damit abgeschlossen. Zumal außer Merkel selbst alle wichtigen Akteure von Leipzig tot oder entmachtet sind: Roman Herzog, Friedrich Merz, Laurenz Meyer.

Angela Merkel hatte bei den vorgezogenen Bundestagswahlen 2005 feststellen müssen, dass ihre eindeutige marktradikale Position und vor allem der durch Schröder als »Professor aus Heidelberg« diffamierte Kirchhof sie erstens angreifbar gemacht hatten und zweitens ihren Bewegungsspielraum für die Regierungsbildung mit der SPD einzuschränken drohten. Sie hatte es versucht mit eindeutiger Positionierung und politischen Zielen. Doch die hatten sich als hinderlich erwiesen auf dem Weg zur Macht. Also ließ Merkel sang- und klanglos von allen Leipziger Vorhaben ab, leitete stattdessen in der Wirtschaftspolitik einen Kurs der allmählichen Sozialdemokratisierung ein. Für eine *Sache* zu kämpfen, war auch schon vorher (zum Beispiel in der Leitkulturdebatte) ihre Sache nicht. Nun lernte sie, dass man im Deutschland des frühen 21. Jahrhunderts durch die Preisgabe von schwierigen Standpunkten leichter an die Macht kommen konnte, als wenn man ihnen treu blieb. Diese Erkenntnis dürfte mit dem in ihrem ersten Leben in der DDR eingeübten »intelligenten Opportunismus« (Norbert Bolz) perfekt korrespondiert haben.[43]

Der Höhepunkt ihrer Methode des unpolitischen Regierens war im Spätsommer und Herbst 2015 erreicht, als Hunderttausende Einwanderer, vor allem aus Syrien und anderen Regionen Westasiens und Nordafrikas, als Flüchtlinge nach Deutschland kamen. Es ist absehbar, dass dies die Ordnung der deutschen Gesellschaft fundamental und auf unabsehbare Zeit verändern wird. Keine Frage: ein historischer Moment, in dem Deutschland im Zentrum steht. Die Geschichte ist unübersehbar zurück und sie verlangt nach politischen Entscheidungen.

Was tut Merkel?

Sie ist bekanntlich keine Meisterin der großen Rede. Dennoch oder vielleicht gerade deswegen werden einige ihrer Aussagen jener Monate im Gedächtnis bleiben. Neben ihrer Parole »Wir schaffen das« ist es nicht zuletzt dieser Satz aus einer Pressekonferenz im September 2015, mit dem sie auf einen Hinweis auf die Kritik an ihrer Politik der Grenzöffnung reagiert: »Ich muss ganz ehrlich sagen, wenn wir jetzt anfangen, uns noch entschuldigen zu müssen dafür, dass wir in Notsituationen ein freundliches Gesicht zeigen, dann ist das nicht mein Land.« Durch ihre fast gleichzeitig um die Welt gegangenen Selfie-Bilder mit Flüchtlingen in einer Berliner Unterkunft hat sie diese Worte zusätzlich untermalt.

Im Nachhinein kann man das »freundliche Gesicht« als den Höhe- und vielleicht Wendepunkt der Ära Merkel erkennen. Hier zeigt sich ihre Methode in reinster Form: Auf die wohl größte politische Herausforderung ihrer Regierungszeit reagiert sie mit unpolitischen Worten und Gesten aus dem Reservoir der privaten Moral.

Ob echte Gefühle oder Kalkül – jedenfalls war es ein unpolitisches Manöver, das hochpolitische Auswirkungen hatte. Denn neben ihrer Entscheidung, an jenem ersten September-Wochenende die aus Ungarn über Österreich kommenden Flüchtlinge einreisen zu lassen und die Grenze anschließend nicht wieder zu schließen, dürften die Selfies der Kanzlerin als massenmediale Ikonen zu den Pull-Faktoren für das Anschwellen des Zuzugs ab September gehören.[44] Außerdem erfreute Merkel dadurch zwar einerseits die Exponenten der Willkommenskultur, erzürnte aber mindestens ebenso stark ihre außerparlamentarischen Kritiker und heizte damit die immer kontroversere, also im Schmitt'schen Sinne *politische* Stimmung in der deutschen Gesellschaft auf. Der Siegeszug der AfD bei den kommenden Landtagswahlen begann. Dass Merkel mit ihren Worten diese politisierende Wirkung beabsichtigte, ist unwahrscheinlich.

Über die wahren Motive Merkels in jenem Herbst 2015 kann man rätseln und spekulieren. Auf die naheliegenden politischen Fragen – Was will sie mit ihrer sogenannten Flüchtlingspolitik? Was ist dieses »das«, das »wir« angeblich »schaffen«? – hat sie nie schlüssig geantwortet. Sie vermied das wie in anderen Schlüsselmomenten ihrer Regierungszeit konsequent. Die Öffentlichkeit, aber auch ihre Partei versuchte sie mit einer Mischung aus Fatalismus und Humanitarismus abzuspeisen.

Allerdings wurde sie mit diesen Fragen auch kaum jemals offen konfrontiert. Bei den seltenen Gelegenheiten, die sich einigen privilegierten Journalisten bei Interviews geboten hätten, blieben sie aus. Vielleicht, weil man einerseits mit der Linie der Kanzlerin einverstanden war, sie für alternativlos geboten hielt, und sich vor allem nicht mit den scharfen Kritikern von AfD, Pegida und der Gegenöffentlichkeit gemein machen wollte. Was deren wachsenden Zorn jedoch nicht minderte.

So blieb der Kanzlerin viel Raum für die moralische Selbstdarstellung. Im Zusammenspiel mit ihrer verquasten Ausdrucksweise kam dann zum Beispiel in einem Radiointerview des Deutschlandfunks diese Aussage heraus: »Ich gehöre nur zu denen, die sagen: Wenn so eine Aufgabe sich stellt und wenn es jetzt unsere Aufgabe ist – ich halte es mal mit Kardinal Marx, der gesagt hat: ›Der Herrgott hat uns diese Aufgabe jetzt auf den Tisch gelegt‹ –, dann hat es keinen Sinn zu hadern, sondern dann muss ich anpacken und muss natürlich versuchen, auch faire Verteilung in Europa zu haben und Fluchtursachen zu bekämpfen. Aber mich jetzt wegzuducken und damit zu hadern, das ist nicht mein Angang.«[45]

Auch vor dem Parlament musste sich Merkel nicht offen rechtfertigen, weil keine der im Bundestag vertretenen Fraktionen die Flüchtlingspolitik grundlegend kritisierte. Weder die Abgeordneten des Bundestages noch die Leitmedien zwangen Merkel in dieser dramatischen Zeit zu so etwas wie einer großen Rede mit politisch nachvollziehbaren Begründungen für ihr Handeln als Kanzlerin. So wie sie in aller Regel auch auf Erklärungen für all die aufgegebenen Positionen in 18 Jahren als CDU-Vorsitzende und Kehrtwenden in 13 Jahren als Kanzlerin verzichteten. Diese wurden »von einer unpolitisch gewordenen liberalen Öffentlichkeit wohlgefällig als individueller Bildungsroman rezipiert«, wie Wolfgang Streeck schreibt.[46]

Merkel kam auch später ohne Rechtfertigungen aus, als sie – zumindest in Worten – ihre Willkommensbotschaften einschränkte. Sie erklärte nie, warum zwar im Herbst 2015 einerseits alle ihre Entscheidungen richtig, weil humanitär geboten gewesen seien, sich aber andererseits solch eine Situation keinesfalls wiederholen dürfe, wie sie später immer wieder betonte. Sie forderte einerseits mehrfach eine »nationale Kraftanstrengung«, um abgelehnte Asylbewerber abzuschieben.[47] Sie ließ aber andererseits danach keinen wirklichen Willen erkennen, dies umzusetzen, etwa indem die Klagemöglichkeiten der Abgelehnten gesetzlich beschränkt würden.

Unpolitisch war in der sogenannten Flüchtlingskrise nicht nur die mediale Außendarstellung, sondern auch das Handeln des deutschen Politikbetriebs nach innen – in Regierung und Opposition gleichermaßen. Man weigerte sich in kollektiver Einmütigkeit, politische Fragen (etwa: Wollen wir das grundsätzlich? Wenn ja, wie viele und nach welchen Kriterien wollen wir aufnehmen?) überhaupt zu diskutieren. Der postpolitische Konsens aus Humanitarismus und Ökonomismus ließ schließlich nur einen engen Interpretationsspielraum zu: Die Aufnahme der Flüchtlinge war erstens als eine moralische Pflicht zu akzeptieren; und zweitens war ihre Integration in den Arbeitsmarkt als eine ökonomische Investition anzusehen, die eine volkswirtschaftliche Rendite versprach.

Dazu gab sich Merkel als Ersatz für politische Rechtfertigungen oder Zielvorgaben einem Fatalismus hin, der jegliche Alternative als undenkbar erscheinen ließ. Von Finanzminister Wolfgang Schäuble übernahm Merkel zum Beispiel gegenüber Abgeordneten der eigenen Fraktion die Formulierung vom »Rendezvous mit der Globalisierung – ob uns diese Begegnung nun gefällt oder nicht«.[48]

So wurde die Flüchtlingskrise parteiübergreifend nicht als politische, sondern als Managementaufgabe für die Verwaltung interpretiert. Die Aufgabe lag laut Merkel »auf dem Tisch«, also »nicht hadern«, sondern »anpacken«. Nicht das Parlament als Repräsentant des Volkes und Gesetzgeber sollte demnach die Hauptrolle spielen, sondern Kanzleramtsminister Peter Altmaier, den Merkel zum Koordinator – man könnte auch sagen Manager – der Flüchtlingspolitik machte. Altmaier gilt als Treuester der Treuen unter Merkels Mitarbeitern. Er ist das Fleisch gewordene Regierungsmanagement. Seine Auftritte in diversen Fernseh-Talkshows sind berühmt für das Fehlen jeglicher, auch nur angedeuteter Abweichung von seiner Chefin. So wie ein Manager nicht »Warum?« zu fragen hat, wenn der Markt und die Aktionäre nach Effizienzsteigerung verlangen, so sollte auch der deutsche Politmanager frisch und unreflektiert zu Werke gehen. Für Altmaier ging es dann tatsächlich vor allem um Managementfragen, nämlich die möglichst reibungslose Verteilung, Versorgung und Unterbringung der Flüchtlinge.

Im Nachhinein ist die merkelsche Rechtfertigung nicht glaubwürdig: weder der Fatalismus, mit dem die Unmöglichkeit der Grenzschließung behauptet wurde, noch das vermeintlich moralisch-humanitäre Motiv. Dass Merkel und die Mitglieder ihrer Regierung im Herbst 2015 durchaus nicht allein aus moralischer Überzeugung handelten, belegt darüber hinaus die herausragende Recherche des *Welt*-Redakteurs Robin Alexander. Er weist nach, dass Merkels Kabinett eigentlich die Grenzen nach wenigen Tagen wieder schließen und weitere Zuwanderer von Bundespolizisten zurückweisen lassen wollte. Die Einsatzpläne lagen unterschriftsreif vor, die Polizisten standen bereit. Aus Furcht vor juristischen Scherereien und vor allem vor hässlichen Bildern von gewalttätig durchgreifenden deutschen Polizisten, blieben Merkel und ihre Minister schließlich tatenlos.[49] *Die*

Getriebenen nennt Alexander daher sein Buch.[50] Sich treiben zu lassen, also keinen unbedingten Willen zu haben – das ist das genaue Gegenteil dessen, was man als *politisch* versteht.

Beispiele für Merkels Methode des Verwischens von politischen Kategorien mit privaten sind aber auch nach der heißen Phase der sogenannten Flüchtlingskrise feststellbar. Zum Beispiel bei ihrem Auftritt auf dem Weltwirtschaftsforum (WEF) von Davos im Januar 2018. Interessanter als ihre Rede war dabei das Interview im Anschluss mit WEF-Präsident Klaus Schwab. Als der sie nach dem Populismus fragte, sagte sie nach einem Verweis auf den Diskurs über die Probleme der Währungsunion: »Sie müssen jeden Menschen einzeln sehen. Das ist mühselig. Solange Sie die Individualität jeder Person nicht in den Mittelpunkt stellen und schon Ihr Vorurteil haben, wenn jemand vor Ihnen steht, ohne dass Sie noch ein Wort mit ihm gesprochen haben, ist das Einfallstor für den Rechtspopulismus da.«

Eine Regierungschefin, die im Duktus einer Sozialpädagogin doziert, wie man anderen Menschen vorurteilsfrei gegenüber zu treten habe, das ist eigentlich höchst komisch und unpassend. Doch offenbar nimmt es niemand übel, wenn die Kanzlerin die kategorischen Unterschiede zwischen Politik und privater Alltagsmoral einerseits und Politik und Management andererseits entweder absichtsvoll verwischt oder überhaupt nicht kennt.

In diesen wenigen Sätzen zeigt sich Merkel als idealtypische Exponentin zweier paralleler Entwicklungen in den Wohlfahrtsstaaten der westlichen Welt. Einerseits: Die Dominanz eines radikal universalistischen und geschichtslosen Menschenbilds, das nur noch individuelle Menschen ohne traditionelle kulturelle Prägungen kennen will, die sich auf dem Weltmarkt möglichst unmittelbar begegnen. Ich werde darauf gleich näher eingehen. Es ist nicht nur das Menschenbild der neuen Linken seit 1968, sondern auch der modernen Wirtschaftswissenschaften, die ihre Theorien völlig kultur- und geschichtssteril verfassen – und darum immer wieder an der Wirklichkeit scheitern. Es ist das Menschenbild derer, die die Fehlkonstruktion einer europäischen Währungsunion durchsetzten, weil sie nicht wahrhaben wollten, dass es zwischen Finnland und Portugal Unterschiede der Wirtschaftskulturen gibt. Unterschiede, die in den mannigfaltigen Nationalgeschichten der europäischen Länder begründet sind und die deren Reichtum und Reiz ausmachen. Unterschiede, die aber auch in der mehr oder minder stark ausgeprägten Haushaltsdisziplin von nationalen Regierungen immer wieder durchschlagen.

Andererseits tönt in Merkels Insistieren auf einem individuellen Zugang zu »jedem einzelnen« Menschen ein paternalistisches Politikverständnis durch, das sich generell in der politischen Klasse der westlichen Wohlfahrtsstaaten ausgebreitet hat. Man kümmert sich um jeden einzelnen Bedürftigen – oder verspricht es zumindest. Der Sozialstaat und seine Regierenden nehmen damit eine Rolle ein, die schon vordemokratische Monarchen mit Vorliebe spielten. Auch sie behaupteten schließlich, für jeden einzelnen Untertanen wie ein fürsorglicher Vater zu sein.

In einem demokratischen Rechtsstaat dagegen hat die Regierenden die Individualität der Bürger eigentlich gar nicht zu interessieren. Die Grenze zwischen Politik und Privatem ist nämlich genau das, was die Freiheit einer Gesellschaft von Bürgern und eines demokratischen Staatswesens ausmacht. Das Private zu politisieren, war das Ziel aller totalitären, antifreiheitlichen und antibürgerlichen Politik im 20. Jahrhundert. Im Zeitalter von Angela Merkel zeigt sich das gegenteilige Extrem: eine Politik, die nach den moralischen Maßstäben des Privaten betrieben wird.

Die Illusion vom Ende der Geschichte

Wie ist die Vorliebe der deutschen Gesellschaft des frühen 21. Jahrhunderts für die unpolitische Politik nach Merkels Methode zu erklären? Warum ist, wie der Soziologe Wolfgang Streeck in seinem »Rückblick« auf Merkel feststellt, die Demokratie in Deutschland »substanzentleert und deshalb sentimentalisierungsbedürftig«?[51] Einer Antwort kommt man im Rückblick auf die jüngere Vergangenheit näher.

Angela Merkels Karriere als unpolitische Politikerin nahm ihren Anfang, als die Geschichte am Ende schien. Zu begreifen und zu erklären ist ihr rasanter Aufstieg und ihre lange Regierungszeit nicht allein aus einer spezifischen Begabung heraus. Merkel war und ist gerade kein politisches Naturtalent – eher im Gegenteil. Sie erfüllt kaum eine der Bedingungen, die Max Weber in seinem berühmten Aufsatz »Politik als Beruf« vorgibt. Sie hat kein *Charisma* und kann nicht gut reden. Sie hat keine *sachliche Leidenschaft* und kein *Verantwortungsgefühl*. Allenfalls könnte man ihr *Augenmaß* attestieren – nach dem September 2015 muss man aber auch daran sehr zweifeln. Was sie allerdings in höchstem Maße besitzt, ist eine Gabe zur Analyse der Bedingungen für den Machterwerb und Machterhalt.

Ihr Erfolg ist vor allem durch die besonderen Umstände ihrer Zeit erklärbar. Nicht obwohl, sondern weil sie unpolitisch ist, war Merkel die passende Kanzlerin für eine Gesellschaft, die sich am *Ende der Geschichte* wähnte. Für eine Gesellschaft, die das *Politische*, also das Entscheiden grundlegender Fragen – anders gesagt: das Geschichte-Machen –, für obsolet hielt.

Geschichtsbewusstsein war für die meisten Politiker früherer Zeiten eine bestimmende und motivierende Kraftquelle. Helmut Kohls Ziele und Überzeugungen etwa sind aus der Geschichte Deutschlands und seiner kurpfälzischen Heimat heraus zu verstehen. Er lebte in Ludwigshafen und hatte in Heidelberg Geschichte studiert. Er lud immer wieder in- und ausländische Politiker in seine Heimat ein, zeigte ihnen dann historisch bedeutsame Orte wie den Speyerer Dom, wo deutsche Kaiser des Mittelalters begraben liegen. Der Anblick der Ruine des Heidelberger Schlosses, zerstört von den Truppen Ludwigs XIV. unter ihrem General Ezéchiel Graf von Mélac, war ihm Motivation, die deutsch-französische Freundschaft zu stärken.

Kohl wurde zu Recht vorgeworfen, dass er Krisen und Kritik nicht offen anging, sondern durch *Aussitzen* einfach verstreichen ließ. Aber angesichts der beiden wichtigsten politischen Fragen, die sich ihm in seiner langen Regierungszeit stellten, nämlich der deutschen und europäischen Einigung, dachte und handelte er im Bewusstsein der deutschen und europäischen Geschichte. Die Deutschen waren für ihn sicherlich nicht einfach nur Menschen, die schon länger hier leben.

Merkel dagegen kommt von sich aus in Reden und Interviews kaum jemals auf Historisches zu sprechen. Zumindest nicht jenseits der Erinnerung an die Verantwortung Deutschlands für die Gräuel der Nazi-Herrschaft. Wenn sie es doch tut, kommen mitunter seltsam verquere Behauptungen dabei heraus. Als bei einem Wahlkampfauftritt 2017 in Essen ein Zuhörer ihre Politik der offenen Grenzen für Einwanderer kritisierte, antwortete sie, dass die Chinesische Mauer nichts Gutes für China bedeutet habe und es dem Römischen Reich nicht durch »Abschottung« gut gegangen sei, sondern weil es »Ausgleich mit Nachbarn suchte«.[52]

Diese abwegige Aussage spricht nicht gerade für eine profunde Kenntnis der römischen oder chinesischen Geschichte. Doch im Essener Publikum schien das niemanden zu stören. Der Kritiker erntete Buhrufe, die Kanzlerin Applaus.

Ein Denken in historischen Dimensionen ist Voraussetzung für politisches Bewusstsein: Es weiß um die grundsätzliche Verletzlichkeit der Ordnungen. Dieses Bewusstsein ist der Mehrheit der deutschen Gesellschaft in der Epoche nach der Wiedervereinigung abhandengekommen – vor allem im Medien- und Politikbetrieb. Man glaubte nicht an die radikale Veränderbarkeit oder Verletzlichkeit der bestehenden Verhältnisse. Oder zumindest will man diese beängstigende Möglichkeit nicht wahrhaben.

Die Erfahrung eines radikalen Umbruchs ist das, was Ostdeutsche und Osteuropäer von Westdeutschen und Westeuropäern unterscheidet. Den Zusammenbruch des kommunistischen Herrschaftssystems erlebten die Betroffenen zwar einerseits als Befreiung. Aber eben auch als Beleg dafür, dass eine politische Ordnung, die ihnen noch gestern als für alle Zukunft gesichertes Ergebnis der Geschichte verkauft wurde, in wenigen Wochen kollabieren kann. Im freien Westen dagegen erschienen die Ereignisse von 1989/90 den meisten Beobachtern als eindeutige und endgültige Bestätigung der Überlegenheit des eigenen Modells. Und diese Deutung dominierte – in Deutschland und in Europa.

Unmittelbar unter dem Eindruck des Zusammenbruchs des Ostblocks und des Endes des Ost-West-Konflikts veröffentlichte der amerikanische Politikwissenschaftler Francis Fukuyama einen Aufsatz mit dem Titel *The End of History*. Er schreibt darin: »Wir erleben nicht nur das Ende des Kalten Krieges oder das Ende einer bestimmten Epoche der Nachkriegsgeschichte, sondern das *Ende der Geschichte* an sich: Das heißt, den Endpunkt der ideologischen Evolution der Menschheit und die weltweite Verbreitung der westlichen liberalen Demokratie als endgültige Form menschlicher Regierung.«[53] Das Aufsehen war gewaltig. So gewaltig, dass Fukuyama aus dem Aufsatz schnell ein Buch mit demselben Titel machte. Es wurde ein Riesenerfolg, auch in Deutschland. Fukuyama hatte einen Nerv getroffen. Offenbar entsprach seine Behauptung dem Empfinden eines Großteils der politischen Klasse, vielleicht auch eines Großteils der Menschen im gesamten Westen und vor allem in Deutschland.

Dieses Ende, so Fukuyama, bedeute zwar nicht, dass dann »keine großen Ereignisse mehr stattfinden, aber dass es keinen weiteren Fortschritt in der Entwicklung grundlegender Prinzipien und Institutionen mehr geben würde, da alle wirklich großen Fragen endgültig geklärt wären«.[54] Die bisherige Geschichte versteht Fukuyama nach dem Vorbild des preußischen Staatsphilosophen Georg Wilhelm Friedrich Hegel als einen dialektischen Prozess, in dem stets aus einer These und ihrer Gegenthese schließlich eine Synthese als allgemeiner Fortschritt entsteht. Dieser Prozess sei nun vorbei. Zu liberaler Demokratie und Kapitalismus als letzter und endgültiger Synthese sei keine neue Antithese mehr ernsthaft zu erwägen.

Und wo die Geschichte an einem Ende angelangt ist, da ist auch keine Politik mehr notwendig. Zumindest nicht in dem Sinne von: grundlegende Fragen beantworten und diese Antworten dann umsetzen wollen. Denn die sind ja angeblich nun abschließend geklärt und damit gibt es nichts mehr zu wollen. Nun gehe es folglich nur noch darum, die siegreichen Prinzipien und Institutionen der liberalen Demokratie und des Kapitalismus fortzuführen und weltweit zu verbreiten.

Da, wo beides schon etabliert ist, bleibt als Aufgabe lediglich, nach den Prinzipien des Marktes rational und effizient zu arbeiten, also den Wohlstand weiter zu mehren, und sich im Rahmen der Demokratie gegenseitig anzuerkennen. Für den Politiker bleiben nach dem *Ende der Geschichte* also nur noch Fragen der Effizienzsteigerung und Vervollständigung zu lösen. Unnötig wird das, was Max Weber das »Bohren dicker Bretter« oder *Leidenschaft für eine Sache* nennt: Das Durchsetzen von alternativen Prinzipien und Schaffen grundlegend neuer Einrichtungen entfällt.

Das Brisante an Fukuyamas These war, dass er letztlich ein ähnliches Geschichtsbild vertrat wie der gerade in Osteuropa untergegangene Marxismus. Auch der real existierende Sozialismus sowjetischer Prägung hatte schließlich einem vermeintlichen *Ende der Geschichte* entgegengestrebt. Auch Marx war bekanntlich überzeugt, dass nach der Weltrevolution ein endgültiger, absoluter Fortschritt erreicht werden würde: nämlich die klassenlose Gesellschaft.

Solange dieses Ziel nicht erreicht war, war der real existierende, sowjetische Sozialismus der alten, proletarischen Vor-68er-Linken in der Praxis noch ein durch und durch *politisches* Phänomen. Nämlich eines, das von der Unterscheidung *wir* (die Kommunisten) gegen *sie* (die Kapitalisten) bestimmt war. Es beruhte auf der Idee des (Klassen-)Kampfes gegen den (Klassen-)Feind. Der Sozialismus bediente sich dabei der Staatsmacht und disziplinierter, militärischer Organisation, er war von enthusiastischen Massen getragen, predigte überindividuelle Ziele, also Gemeinsinn. Er verlangte Opfer für eine *Sache*.

Bekanntlich haben nicht nur die Unfreiheit und die ökonomische Ineffizienz im direkten Systemvergleich mit dem demokratischen, kapitalistischen Westen zum Zusammenbruch des sowjetischen Sozialismus geführt. Das Offenbarwerden des verbrecherischen Charakters der kommunistischen Gewaltherrschaften hat das gesamte Unternehmen auch moralisch restlos jeglicher Glaubwürdigkeit beraubt. So schien mit dem Zusammenbruch des Kommunismus auch das *Politische* als solches diskreditiert und obsolet.

Daher verstand der deutsche Historiker Rolf Peter Sieferle diesen Zusammenbruch als »die post-politische Revolution« oder auch »systemische Revolution«. Bestimmend waren in ihr die Sogwirkungen des Marktes und der Privatinteressen: »Die Waren machten sich selbst auf die Beine und schwemmten den politischen Willen fort.« Unpolitisch sei diese Revolution, denn: »Sie erstrebte lediglich die Wonnen der Gewöhnlichkeit. Von programmatischen Geschichtsvisionen wollte man ebenso verschont bleiben wie von den Kämpfen, die mit der Verwirklichung von dergleichen Visionen gewöhnlich verbunden sind. Die Wünsche richteten sich auf durchaus diesseitige Gegenstände, auf das Maß an Wohlstand, Demokratie und Glück, das mit der Normalität der westlichen Gesellschaft verbunden zu sein schien.«[55]

Damals, so Sieferle, herrschte der Anschein vor, »als verschwänden die Möglichkeiten zu ... fundamentalen Feindseligkeiten überhaupt aus der Welt, die nun den Charakter einer von Normalität durchtränkten Eindeutigkeit gewinnen sollte«. Im Gegensatz zu Fukuyama hielt Sieferle dieses Ende allerdings nicht für endgültig. Er sah nur »eine kurze Windstille, in der sich bereits die neuen agonalen Kräfte formierten, welche die scheinbare Eindimensionalität einer post-politischen Welt auf neue Weise auflösen und polemisch strukturieren werden«.[56] Sieferle war einer der Ersten, der den heute allerorten diagnostizierten Gegensatz zwischen Universalismus und Partikularismus in seiner ganzen Bedeutung als Konfliktlinie des 21. Jahrhunderts erkannte. Damals jedoch – 1994 – wurde Sieferle jenseits kleiner Gelehrtenkreise kaum öffentlich wahrgenommen.

Sehr viel stärker wahrgenommen wurde ein anderer Widerspruch gegen Fukuyama. Samuel P. Huntingtons Aufsatz »The Clash of Civilizations«, dem kurz darauf ebenfalls ein gleichnamiges Buch folgte (auf Deutsch: *Kampf der Kulturen*[57]), wurde schnell ebenso sprichwörtlich wie das *Ende der Geschichte*. Für Huntington endet die Weltgeschichte keineswegs in einer universellen kapitalistisch-demokratischen Erfüllung. Im Gegenteil. An die Stelle der ideologischen Konfrontation der beiden Supermächte im Kalten Krieg trete die Auseinandersetzung zwischen Kulturkreisen. Und diese würden, so seine Vorhersage, anders, und zwar besonders intensiv und brutal geführt. Huntington unterscheidet einen westlichen Kulturkreis, einen islamischen, einen chinesisch-konfuzianischen und einen hinduistischen, einen nicht eindeutigen lateinamerikanischen und möglicherweise künftig auch einen afrikanischen. Der liberale Westen werde von den anderen Kulturkreisen, vor allem dem islamischen, in die Defensive gedrängt.

Huntington wurde für dieses Buch stark kritisiert. Und zwar weniger sachlich als vielmehr moralisch. Vor allem in Deutschland. Ein Religionssoziologe behauptete, Huntington habe ein »in seiner Simplizität und Tendenz gefährliches außen- und sicherheitspolitisches Handbuch für amerikanische Präsidenten« verfasst.[58] Er rückte ihn in die Nähe fundamentalistischer Ideologie und warf ihm vor, ungerechtfertigterweise einen »unveränderlichen, überhistorischen, übergesellschaftlichen Kern« von Kulturkreisen anzunehmen.[59]

Dieser Vorwurf – Essenzialismus genannt – ist die argumentative Allzweckwaffe der neuen, universalistischen, postpolitischen Linken. In ihm steckt das Dogma: Nichts Trennendes existiert unter Menschen, kein *wir* gegen *sie*, das nicht durch Dialog und einen dadurch erzielten rationalen Konsens aus der Welt zu schaffen wäre. Kulturelle Traditionen sind zum Verschwinden bestimmt. Zugehörigkeiten der Menschen zu Gemeinschaften sind fließend. Keine kollektive Identität und generell: Kein Unterschied zwischen Menschen hat einen unknackbaren Kern. Alle Grenzen und damit jegliche Gegner- oder Feindschaft sind rational auflösbar – und dies weltweit. Chantal Mouffe nennt diesen Glauben die *kosmopolitische Illusion*.

Vor allem in Deutschland war es in den tonangebenden Kreisen nie fraglich, welche der beiden Thesen – Fukuyama oder Huntington – man für zutreffend und richtungsweisend zu halten habe. Nämlich das *Ende der Geschichte* von Fukuyama. Huntingtons *Kampf der Kulturen* wurde dagegen bald zum negativen Schlagwort. Von einer durch Feindschaften geprägten Welt und dem Bevorstehen von Kämpfen wollte man nichts wissen.

Noch mehr als für alle anderen westlichen Gesellschaften ist für die Deutschen die *kosmopolitische Illusion* der universalistischen, traditionsverneinenden, also geschichtslosen Ideale attraktiv. Sie verspricht Katharsis, oder wie es Norbert Elias nennt: »Reinigung von dem belastenden Fluch der nationalen Vergangenheit«.[60]

Prädestiniert für den Glauben ans *Ende der Geschichte* waren die Deutschen auch dadurch, dass sie in den Nachkriegsjahrzehnten außenpolitisch nur teilsouverän waren.

Existenzielle Fragen (Krieg und Frieden, wir und sie) stellten sich nicht, weil der große Verbündete Amerika sie beantwortete. Von belastender politischer Verantwortung befreit, aber unter dem gewaltigen Druck der Scham angesichts der im deutschen Namen begangenen Verbrechen gedieh, was Arnold Gehlen »Hypermoral« nennt: Das unpolitische, private Ethos der Familie – die Nächstenliebe – erklärt man zur universellen, alle Grenzen überschreitenden Pflicht des Staates gegenüber allen Menschen. Es soll keine Feinde mehr geben, keinen Gegensatz von *wir* und *sie*, von These und Antithese, wie er die Geschichte antreibt.

Für die Deutschen waren aufgrund ihrer geschichtlichen Schuld das *Ende der Geschichte* und der Verzicht auf das Politische zugunsten des konsequenten Humanitarismus also eine besonders attraktive Aussicht. Es eröffnete die Möglichkeit, zum »Weltmeister im Guten« (Norbert Bolz) zu werden.

Die Gewissheit im Glauben an das *Ende der Geschichte* ist heute nur noch eine wehmütige Erinnerung. Angesichts der ganz und gar nicht in Richtung Demokratie zielenden Entwicklungen der islamischen Welt einschließlich der Türkei, angesichts des Aufstiegs des kommunistisch beherrschten Chinas und angesichts extremer ökonomischer Turbulenzen in weiten Teilen Europas, vor allem aber angesichts einer anschwellenden Wanderungsbewegung aus Afrika und Westasien in die westliche Wohlstandszone werden für deren Bewohner fundamentale Bedrohungen sichtbar. Auch Gegensätze, ja Feindschaften, die nicht durch Dialog auflösbar sind. Und damit schwinden die Voraussetzungen für die Methode Merkel. Das Ende des Glaubens an das *Ende der Geschichte* ist auch das Ende Merkels und all dessen, wofür sie steht. Ich werde darauf im vierten Kapitel noch intensiv zu sprechen kommen.

Die unpolitische Politikerin

In den 1990er-Jahren, als Angela Merkel und jene, die heute mit ihr regieren, ihren Aufstieg im Politikbetrieb schafften, war das aber noch anders. Es herrschte die heimelige Windstille nach der postpolitischen Revolution. Diese Flaute der Geschichte bot perfekte Bedingungen für eine Kapitänin, die aus dem Nichts kam und das Schiff nirgendwo hinsegeln wollte. Kapitänin zu sein, war und ist ihr genug.

Der Erfolg Merkels und ihrer unpolitischen Methode ist nur durch die *kosmopolitische Illusion* am vermeintlichen *Ende der Geschichte* zu erklären: Solange der Traum von einer als alternativlos und endgültig empfundenen Ordnung den Deutschen als Wirklichkeit erscheint; solange also die Frage nach ihrem Wohl ihnen eine verwaltungstechnische Frage des Managements und des Vermittelns guter Gefühle zu sein scheint; solange der Traum von einer Welt ohne Gegnerschaft und fundamentale Bedrohungen realisierbar wirkt und daher nicht mehr *wir* und *sie*, sondern *gut* und *böse* als entscheidende Kategorien der Politik erscheinen, so lange hält man das Politische für verzichtbar und den Merkelismus für den passenden Politikersatz.

Aber umgekehrt: Indem immer spürbarer der Wind der Geschichte wieder weht, sogar der ein oder andere Sturm heraufzieht, indem sich also das *Ende der Geschichte* und die Verzichtbarkeit des Politischen als Illusion erweisen, wird immer deutlicher: Die Erfolgsmethode der unpolitischen Kanzlerin kommt an ihre Grenze. Wenn die Geschichte sich zurückmeldet und mit ihr die Nachfrage nach dem Politischen, also nach Politikern, die auch gegen starken Widerstand die fundamentalen Interessen derer vertreten, die sie repräsentieren, hat Merkel nicht viel zu bieten.

Dass Merkel und das Machtsystem, zu dem die CDU unter ihr geworden ist, nicht willens und vielleicht auch gar nicht mehr in der Lage sind, nationale Interessen durchzusetzen oder zu verteidigen, die über den eigenen Machterhalt hinausgehen, hat sich in den vergangenen Jahren erwiesen. Dazu gehören nämlich Standhaftigkeit und Opferbereitschaft um einer Sache willen. Und die sind im System Merkel nicht vorgesehen.

Um Missverständnissen vorzubeugen: Selbstverständlich setzen sich Merkel und die mit ihr Regierenden für bestimmte, vordergründige Interessen ein, zum Beispiel von deutschen Unternehmen. Natürlich machte sich Merkel schon als Umweltministerin in den 1990er-Jahren und erst recht als Kanzlerin bei Klimaschutzverhandlungen auch für die Interessen der deutschen Automobilkonzerne stark. Das ist im machtpolitischen Alltag ein übliches Geschäft auf Gegenseitigkeit.

Die politischen Interessen, um die es nach der Rückkehr der Geschichte geht, sind von weitaus fundamentalerer Natur als die kurzfristigen Profitinteressen bestimmter Unternehmen oder die moralischen Ambitionen derer, die gerne Weltmeister des Guten sein wollen. Diese zu bedienen und zur Konsolidierung der eigenen Machtposition gegeneinander abzuwägen, fällt Merkel und ihren Mitstreitern nicht schwer. Sie haben diese postpolitische Methode verinnerlicht und in den vergangenen Jahrzehnten perfektioniert.

In dem Deutschland, in dem Europa und in der Welt, die vor uns liegen, geht es aber um mehr. Nämlich um all das, was in den oben genannten Definitionen der Politik oder des Politischen vorkommt: »eine Gemeinschaft zur dauernden Ordnung zu organisieren und nach außen die so organisierte Gesellschaft zu behaupten« (Troeltsch), »Frieden herzustellen, Frieden zu bewahren, zu gewährleisten, zu schützen und freilich auch zu verteidigen« (Sternberger). Die Rückkehr der Politik nach dem Platzen der Illusion vom *Ende der Geschichte* bedeutet vor allem die Rückkehr dessen, was Chantal Mouffe »leidenschaftliche Parteilichkeit« nennt.

Was man in dieser Perspektive von Merkel und den mit ihr Regierenden erwarten kann, lassen ihre Taten der Vergangenheit erahnen.

KAPITEL 4

WARUM MERKEL NICHT MEHR IN UNSERE ZEIT PASST

Als in den USA Donald Trump entgegen fast allen Prognosen die Präsidentschaftswahl 2016 gewann, herrschte unter den meisten Journalisten Endzeitstimmung. Man war nicht nur niedergeschlagen, weil Trumps politische Agenda nicht gefiel. Man war auch ratlos. Einer meiner Kollegen, der zuvor jahrelang als Korrespondent in Washington gewesen war, musste zugeben, dass er niemanden dort kenne, der auch nur die geringste Verbindung zu Trump oder seinem Umfeld habe. So ging es vielen, wenn nicht allen Deutschen, die bis dahin den transatlantischen Draht gepflegt hatten.

Denn Trumps Präsidentschaft bedeutet einen Bruch in der Geschichte Amerikas und des gesamten Westens. Der milliardenschwere Parvenü mit den Manieren eines Rüpels war sicher der allerletzte, den die *american gentry,* die vor allem an der Ostküste konzentrierte politisch-ökonomische Führungsschicht der USA, im Weißen Haus sehen wollte. Auch die Hoffnung, dass er sich im Amt zivilisieren lasse und auf einen gemäßigten Kurs einschwenken werde, hat Trump längst durch seine Worte und Taten zerstört. Trump, der auf G7 und Nato pfeift und erst recht auf die Vereinten Nationen, der »America first« zum Leitspruch seiner Regierung machte und die EU zu einem »Feind« erklärte, ist das deutlichste von vielen Indizien dafür, dass wir uns in einem tiefgreifenden Epochenwechsel befinden. Trump ist wohl, wie Henry Kissinger sagt, »eine dieser Figuren in der Geschichte, die von Zeit zu Zeit erscheinen, um das Ende einer Ära zu markieren und sie zu zwingen, ihre alten Täuschungen aufzugeben«.[1]

Trump ist ein unberechenbarer Provokateur, ein rücksichtsloser, rabiater Zerstörer. Aber die Probleme, auf die er hinweist, sind keine Erfindungen, sondern für die Amerikaner, die ihn gewählt haben, ebenso Wirklichkeit wie für die wachsende Anhängerschaft populistischer Bewegungen in Europa: die Nachteile vor allem, die ihnen aus der Globalisierung durch Fortfall nationaler Privilegien entstehen. Trump und andere Populisten verteidigen die Vorteile, die schwächere Marktteilnehmer in entwickelten Volkswirtschaften bislang im Vergleich zu den sehr viel billigeren Arbeitskräften der unterentwickelten Länder genossen. Ihr Schutz bestand darin, dass sie als Staatsbürger innerhalb ihres Staates Rechte genossen, die Ausländern bislang nicht zukamen: unter anderem den Zugang zu einem begrenzten Arbeitsmarkt, auf dem vergleichsweise komfortable Bedingungen auch für gering Qualifizierte herrschten. Wo die Regierenden nicht mehr zwischen Bürgern und Ausländern unterscheiden, sondern wie Angela Merkel von Menschen sprechen, die »schon länger hier leben«, und solchen, die »neu zu uns gekommen sind«, löst sich die Grundlage dieser exklusiven Bürgerrechte auf. In Europa mehr als in den USA gehört dazu auch das Recht auf sozialstaatliche Solidarität, von dem die ökonomisch schwächsten Bürger profitieren. Dass völlige Offenheit der Grenzen für Einwanderer bei gleichzeitigem Zugang zu sozialstaatlichen Leistungen, die höher sind als die meisten Löhne in den Herkunftsländern, den Sozialstaat bald überfordern muss, liegt auf der Hand. Ebenso klar ist, dass alle heimischen Empfänger von Solidarleistungen und alle, die es werden könnten, diese Überforderung des Sozialstaats fürchten müssen.

Das Empfinden einer fundamentalen Bedrohung bestehender Besitzstände – Sieferle nennt dies die »Bürgerschaftsrente« – durch fortgesetzte Masseneinwanderung und den ungezügelten Weltmarkt ist nicht eingebildet und daher auch nicht allein durch pädagogische Maßnahmen (im Politikerjargon: »die Menschen mitnehmen«) zu kurieren. Immer mehr Menschen in der nordamerikanischen und europäischen Wohlstandszone sind von realen Verlusten bedroht: ökonomischen, aber auch anderen, nicht zuletzt kulturellen Verlusten, die nicht weniger schmerzhaft sind. Dass sich ihre Straße, ihr Dorf, ihr Stadtviertel durch neue Bewohner mit völlig fremden Sitten grundlegend verändert, empfinden viele Eingesessene nicht als »bunte« Bereicherung, sondern als Verlust von Vertrautheit und Heimat. Auch diese Erfahrung ist eine politische Wirklichkeit. Vor der Zumutung, ihr Leben an die Ansprüche fremder Kulturen und Religionen anpassen zu müssen, wollen viele Einheimische der Wohlstandszonen geschützt werden, die sich nicht selbst schützen zu können fürchten. Die Aussicht, etwas zu verlieren, verleitet eine wachsende Zahl von Europäern und Amerikanern dazu, neue politische Bewegungen zu wählen, die ihnen Schutz vor Verlusten versprechen. Die etablierten Parteien und gesellschaftlichen Eliten erscheinen ihnen dagegen als Schönredner oder gar Beschleuniger bedrohlicher Veränderungen.

Letztlich handelt es sich bei den von Kissinger genannten »Täuschungen« um die nach 1989 im Westen herbeigeträumte Illusion vom *Ende der Geschichte*: die Erwartung, dass fundamentale Gegensätze und damit das Politische aus der Welt verschwinden würden; dass ein Zeitalter grenzenloser globaler Kooperation auf Basis eines allgemein akzeptierten humanitären und konsumistischen Konsenses anstehe – stabilisiert von den Verlockungen ewig neuer wirtschaftlicher Win-win-Situationen dank technischer Innovation und schrankenlosem Welthandel.

Zum Glauben an diese Illusion gehörte, unaufhebbare Widersprüche zu ignorieren, ja, sie zu tabuisieren. Konkret bedeutete das für Deutschland vor allem: die Unvereinbarkeit von Grenzenlosigkeit und sozialstaatlicher Solidarität zu verstecken. Das ist die entscheidende Schwachstelle der etablierten Parteien von Merkels Großer Koalition bis zu ihrem grünen Reservekoalitionspartner gegenüber den Populisten: Sie ignorieren, dass die von ihnen betriebene Auflösung des deutschen Nationalstaats durch europäische Integration und Offenheit für Armutszuwanderung unvermeidlich eine Überforderung des deutschen Sozialstaates bedeuten muss. Der kann schließlich nur unter der Bedingung nachhaltig organisiert werden, dass die Gruppe der potenziellen Empfänger im Großen und Ganzen mit derjenigen der Beitragszahler identisch ist. Solidarität funktioniert nur innerhalb begrenzter Gruppen. Die neue, nationalstaatsfeindliche Post-68er-Linke hat aus der Ignoranz dieser simplen Bedingtheit ein neues Dogma gemacht. Zu seiner Rechtfertigung verfügt sie nur über hybride Phrasen (»internationale Solidarität«) und moralische Keulen (»Nationalismus«, »Abschottung«). Mit dem asymmetrisch demobilisierenden Merkelismus wurde dieses Dogma der Ignoranz quasi zur Staatsreligion.

Doch je konkreter die neue Grenzenlosigkeit von den Bürgern erfahren wird, desto weniger kann man die Überforderung der Sozialsysteme, den Verlust innerer Sicherheit, die kulturellen Konflikte und andere Auswirkungen einfach ignorieren oder tabuisieren, und desto deutlicher wird ein unauflösbarer Widerspruch. Auf der einen Seite hat sich ein informelles Interessenbündnis gebildet: der hypermoralische Anspruch des grenzenlosen Humanitarismus, der Wunsch von Migranten nach einem besseren Leben in den Wohlstandszonen und die ökonomischen Profitziele globalisierter Marktakteure. Diesem Bündnis entgegen steht das wachsende Bedürfnis nationalstaatlich organisierter Wohlstandsgesellschaften nach Schutz ihrer kulturellen und sozialen Besitzstände. Dieser Gegensatz ist nicht, wie Merkel und andere Politiker uns weismachen wollen, durch Konsens und Kooperation aufzuheben. Nein, wir stehen hier vor unvermeidbaren Interessenkonflikten. Hier wird es also unvermeidbar politisch.

Deutschland ist nicht nur immer noch eine letzte Hochburg der Träumer vom *Ende der Geschichte,* sondern brachte mit Angela Merkel auch eine außergewöhnlich geschickte Profiteurin dieser kollektiven Illusion hervor. Doch nach dem Rausch des posthistorischen Hochfests von 2015 herrscht längst auch hierzulande Katerstimmung. Immer mehr Menschen ahnen und spüren: Das *Ende der Geschichte* ist abgesagt und die Zeit der Verzichtbarkeit des Politischen ist vorbei. Die Glaubwürdigkeit der unpolitischen Kanzlerin und der sie tragenden Kräfte hat seit 2015 einen irreparablen Schaden genommen. Eine Kanzlerin, die ihre damaligen Entscheidungen einerseits als moralisch geboten und alternativlos behauptet, andererseits verspricht, dass sich das nie wiederholen dürfe, erwartet offensichtlich von ihren Anhängern das Opfer des eigenen Intellekts.

Währenddessen werden die Folgen des freiwilligen Kontrollverlustes und der moralisch verbrämten Feigheit vor der

Verantwortung immer spürbarer. Angesichts der zahllosen Gewalttaten, Vergewaltigungen und Tötungsdelikte durch vermeintlich »Schutzsuchende«, angesichts der Ereignisse in Chemnitz und Merkels Reaktion darauf, klingt ihr Versprechen in der Regierungserklärung vom 22. März 2018 fast schon wie Hohn: »Ich möchte, dass am Ende dieser Legislaturperiode diese Bilanz gezogen wird: Unsere Gesellschaft ist menschlicher geworden, Spaltungen und Polarisierungen konnten verringert, vielleicht sogar überwunden werden, und Zusammenhalt ist neu gewachsen.«[2] Weiß sie denn nicht, dass sie selbst und ihre von fatalen Versäumnissen und Fehlern verkorkste Kanzlerschaft diese Spaltung mit hervorgerufen haben?

Die Zeit läuft nicht nur für die Person Merkel als Bundeskanzlerin ab. Ohnehin wird sie sich vermutlich nicht noch einmal einer Bundestagswahl stellen. Nicht nur Merkel selbst, sondern der Merkelismus, also die von ihr perfektionierte Methode der unpolitischen Politik, ist am Ende seiner Möglichkeiten. Nach Merkel wird man nicht mehr mit der merkelistischen Methode erfolgreich sein können. Denn Bedingung für deren Erfolg sind Täuschungen, zu deren Aufgabe nicht nur Trump, sondern die Wirklichkeit in Deutschland, Europa und der Welt zwingt.

Diese Methode besteht, wie die vorangegangenen Kapitel zeigten, in der Preisgabe politischer Positionen der eigenen Partei und nationaler Interessen Deutschlands zugunsten der persönlichen Macht. Merkel gab seit 2005 so gut wie alle zentralen Positionen auf, für die die CDU und sie selbst früher einmal standen – in der Verteidigungs-, Wirtschafts-, Energie-, Familien- und vor allem Einwanderungspolitik. Sie vertrat, nachdem sie Kanzlerin geworden war, nach innen und außen keine Ziele mehr, die den Nutzen der deutschen

Bürger mehren und Schaden von ihnen abwenden sollten. Denn solche Ziele sind politisch, das heißt streitbar und konfliktträchtig. Stattdessen setzte sie gesinnungsethische Themen auf die Agenda, die parteiübergreifende und sogar internationale Zustimmung erzeugen sollten. Ähnlich wie auch die andere ehemalige Volkspartei SPD macht Merkels CDU nicht mehr Politik für ihre Wähler, sondern für buchstäblich die ganze Welt. Entscheidungen wurden nicht durch Interessen, sondern durch eine universelle Moral gerechtfertigt. Wer Widerspruch erhebt, steht dadurch in einer moralisch geprägten Öffentlichkeit leicht als unmoralischer Menschenfeind da.

Das Erfolgsrezept des Merkelismus besteht in der Vermeidung von Konflikten durch moralisch legitimiertes Beschweigen der wichtigsten *politischen*, also konfliktträchtigsten Fragen. Zum Beispiel ignorierte Merkel im Herbst 2015 die alles entscheidende Frage nach der Belastungsgrenze Deutschlands durch Armutszuwanderung. Sie zu stellen, erschien schon als unmoralisch. So erkaufte sich Merkel einen allgemeinen Konsens der etablierten Kräfte. Das ermöglichte ihr zeitweilig ein präsidiales, wie über den Parteien schwebendes Regieren ohne Opposition, da Kritik an die Ränder der Gesellschaft und des Parteiensystems verbannt wurde. Es ist also eine Taktik, die die Macht der regierenden Politiker stärkt – auf Kosten der politischen demokratischen Kultur, die immer nur von offenem, aber zivilisiertem Dissens und Streit lebt.

Der Merkelismus zehrt also vom Eingemachten, vom politischen Kapital der eigenen Partei, der Gesellschaft und des Staates. Er ist nicht nachhaltig, sondern höhlt die politischen Institutionen aus. Sein Erfolg setzt voraus, dass es keine schweren Bedrohungen und Konflikte gibt – oder dass diese zumindest entweder nicht wahrgenommen oder verdrängt werden. Denn nur wer sich und seine Interessen nicht als bedroht empfindet und alle grundsätzlichen Fragen für erledigt hält, kann auf das Politische verzichten. Deswegen ist Merkels Art und Weise zu regieren nicht auf Dauer angelegt. Eine Gesellschaft muss sich den Merkelismus leisten können. Das können auch die Deutschen nicht mehr.

Die Agonie des Systems Merkel mag sich noch eine Weile hinziehen. Doch sein nahendes Ende ist vorbestimmt, weil ihm längst die wichtigste Voraussetzung jeder zukunftsfähigen Politik abhandengekommen ist: die Vereinbarkeit mit der Wirklichkeit.

Retterin des Westens?

Nach Trumps Wahlsieg glaubten viele Journalisten zu wissen, was dies für Deutschlands Kanzlerin bedeutete: Sie sollte, da nun Amerikas Präsident ausfalle, in die Führungsposition des Westens aufrücken. Die *New York Times* hatte Merkel zur »letzten Verteidigerin des liberalen Westens« erklärt.[3] Und viele Kommentatoren, vor allem deutsche, waren ähnlicher Ansicht. Merkel müsse nun den Westen führen – womit unter den obwaltenden Umständen natürlich gemeint ist: ihn retten.

Natürlich hat Merkel nie offen erklärt, dass sie den Job als Anführerin annehme. Die *Zeit* zitierte damals jemanden »aus ihrem Umfeld«, der das, »was da gerade mit Macht auf sie einströmt, als ›nicht mal schmeichelhaft‹ abwehrt, weil es einfach eine kolossale Überforderung bedeutet«.[4] Das muss man eigentlich niemandem erklären.

Aber letztlich war Merkel dann wohl irgendwie doch beeindruckt. Bernd Ulrich, Vizechefredakteur und oberster

Merkel-Versteher der *Zeit,* erklärte im Nachhinein, Merkel habe im Herbst 2016 »eigentlich« nicht mehr erneut als Kanzlerkandidatin der Union antreten wollen, »aber dann, nach einigem Nachdenken und ein paar sehr ernsten Gesprächen, wusste sie, dass es noch nicht ging, zu viel Le Pen, zu viel Trump und Brexit stand vor den Toren, als dass sie als letzte stabile Führerin des Westens hätte gehen können. Sie wollte nicht mehr, aber sie musste, und weil sie musste, wollte sie dann auch. Wahrscheinlich sind Protestanten so.«[5] Welch Lobgesang! So will sicherlich jeder Mächtige gern gesehen werden: Nicht von der Macht verführt, sondern von der Pflicht gerufen. Kanzlerschaft als Opfer für das Wohl des Westens.

Ben Rhodes, ein früherer Berater von Barack Obama, berichtet in einem aktuellen Buch über dessen letztes Treffen mit Merkel. Sie habe Obama damals mitgeteilt, dass sie sich nun angesichts des Trump-Sieges verpflichtet fühle, für eine weitere Amtszeit zu kandidieren, um die liberale internationale Ordnung zu verteidigen. Merkel habe beim Abschied Tränen in den Augen gehabt. Bemerkenswerter ist aber, was Obama unmittelbar nach dem Treffen zu Rhodes sagte: »Sie ist nun ganz allein.«[6] Diese Worte Obamas waren scharfsinniger und treffender als der Anführerin-des-Westens-Tenor der deutschen Presse. Obama, der sich angesichts von Trumps Wahlsieg mit Selbstvorwürfen quälte, wusste, dass Merkel eben nicht die Spitzenposition im Westen erklimmen kann, von der aus sich andere führen lassen. Nein, sie ist »ganz allein«, hinter ihr steht außerhalb Deutschlands niemand.

Merkel erscheint im Jahr 2018 immer mehr wie ein Relikt aus einer vergehenden, wenn nicht schon vergangenen Zeit. Selbst Merkels Lobsänger Bernd Ulrich dichtete im Sommer 2018, ihre Amtszeit gehe zu Ende, zumindest »metaphysisch, emotional« (was immer er damit meint), und schlägt vor, wir sollten schon einmal anfangen, »uns nach ihr zurückzusehnen«. Den konkreten Abgang »dieser starken Frau, dieser unvergleichlichen Politikerin und großen Kanzlerin« will Ulrich aber offenbar so lange wie möglich hinausgezögert sehen. Denn: »Es gibt keine liberale Alternative zur Methode Merkel.«[7]

Dieses Bernd-Ulrich-Deutschland der gesellschaftlich Tonangebenden, in dem Merkel und ihr System noch immer ausreichenden Rückhalt haben, wirkt einmal mehr wie ein historischer Nachzügler. Es ist vielleicht typisch deutsch, dass man in weiten Teilen der politischen und medialen Elite hierzulande auf eine neue Wirklichkeit in der Welt nicht mit Anpassung reagiert, sondern mit trotzigem Bekenntnis zu den eigenen Illusionen. Deutschland war in seiner Nationalgeschichte bekanntlich meist spät dran verglichen mit anderen westeuropäischen Nationen. Die großen Entwicklungen der Moderne – von der Industrialisierung bis zur nationalstaatlichen Einigung – vollzogen sich hier verspätet, aber dann umso schneller und gewaltiger. In Deutschland scheint es eine gewisse Tradition der langen Leitung zu geben. Man liebt die Illusionen besonders innig. Aber die Wirklichkeit frisst sich durch, wie Kurt Biedenkopf zu sagen pflegt. Und die Wirklichkeit und Merkel sind immer weniger miteinander in Einklang zu bringen.

Einst glaubten deutsche Eliten, »gegen eine Welt von Feinden« als kriegerischer Machtstaat bestehen zu können[8] – gegen jede Evidenz der realen Stärkenverhältnisse. Heute glauben offenbar viele Deutsche und die Kanzlerin selbst, dass ausgerechnet Deutschland, notfalls auch ohne die USA und einen Großteil der EU – von den Machtstaaten Russland, China, Türkei, Iran usw. ganz zu schweigen –, berufen ist, das *Ende der Geschichte* zu verteidigen: als selbstloser Anti-Nationalstaat ein höheres europäisches oder gar Weltinteresse zu vertreten. Und man glaubt, alleine eine Gemeinsamkeit bewahren zu müssen und zu können, die es in dem Maße, wie man es in Brüssel und Berlin wünscht, gar nicht gibt.

In diesem Anspruch, den Merkel personifiziert, steckt das, was die meisten mächtigen Menschen schließlich zu Fall bringt: Hybris. Nach 13 Jahren an der Macht ist vermutlich kein Mensch gegen Hochmut, Selbstüberschätzung und Realitätsverlust gefeit. Auch Merkel nicht, die durch ihre Uneitelkeit sympathisch wirkt und sich zumindest in der Frühzeit ihrer politischen Karriere auch durch angenehme Nüchternheit und klugen Realitätssinn auszeichnete. Merkel war weder in ihrem ersten Leben als Wissenschaftlerin in der DDR noch während ihres Blitzaufstiegs in der Politik dadurch aufgefallen, dass sie Unmögliches schaffen zu können glaubte. Eigentlich war ihr nüchterner Sinn für die eigenen Möglichkeiten stets eine ihrer Stärken.

Doch spätestens seit 2015 zeigt Merkel immer deutlichere Symptome der Hybris – nicht zuletzt eben in der Europa- und Außenpolitik. Im ARD-Sommerinterview im August 2018 antwortete sie auf die Frage, was denn einmal das Vermächtnis ihrer Kanzlerschaft sein solle: »Was mir sehr am Herzen liegt, das ist Europa, die europäische Gemeinsamkeit.« Sie ergänzte, »wir« (wen genau außer sich selbst sie damit meint, ist bei Merkels Verwendung der ersten Person Plural stets unklar) hätten die große Aufgabe und Pflicht, »dieses Europa zu einem starken Faktor in der Welt zu machen«. Das sagt die Kanzlerin, die sich nicht im Geringsten darum bemühte, den Briten den Verbleib in der EU attraktiv zu machen, sondern sie mit ihrer grenzenlosen Willkommenskultur für Einwanderung verschreckte. Die die ostmitteleuropäischen Staaten durch ihre Forderung nach Aufnahmequoten für Flüchtlinge gegen Deutschland aufbrachte und es innerhalb der EU isolierte. Und die immer noch in Aussicht stellt, was sie niemals wirklich durchsetzen können wird: eine europäische Lösung für ein Flüchtlingsproblem, das ihre Regierung selbst im nationalen Alleingang verschärft hat.

Merkel hat sich im Laufe ihrer Kanzlerschaft auf eine Rolle versteift, in der sie niemals als Siegerin dastehen können wird: als Ikone europäischer Gemeinsamkeit, des Multilateralismus und der liberalen Weltordnung. Merkel kann in dieser Rolle nur scheitern. So wie jeder andere deutsche oder europäische Regierungschef in ihr ebenso scheitern würde. Denn ob es in der EU und in der Welt weniger nationalistisch und mehr multilateral zugeht, kann Deutschland mit seinen beschränkten finanziellen und nicht vorhandenen militärischen Druckmitteln wohl kaum beeinflussen. Noch weniger, als es mit seiner ineffektiven Energiewende den globalen Klimawandel aufhalten oder mit ein paar Investitionsprojekten in Afrika die vermeintlichen Fluchtursachen bekämpfen kann.

Merkel hat sich selbst zur Inkarnation eines seltsamen, postdeutschen Größenwahns stilisiert. Ihr Blick ist einerseits stets auf die Probleme Europas und der ganzen Welt gerichtet und will Deutschland hinter sich lassen. Andererseits überschätzt sie in verantwortungsloser Weise die Möglichkeiten des eigenen Landes, das sich zugleich in Europa und der Welt auflösen und Europa und die Welt retten soll. Natürlich kann außerhalb Deutschlands mit seiner fatalen romantischen Träumer-Tradition niemand solch einer absurden Kombination von Selbsterhöhung und Selbsterniedrigung folgen. Vielleicht kommt Henry Kissinger deswegen zu seinem vernichtenden Urteil über Merkel: »Angela Merkel is very local. I like her personally and I respect her, but she's not a *transcendent figure*.«[9] Ins Undiplomatische übersetzt heißt das: Als Weltpolitikerin ist sie völlig unbrauchbar.

Die Symptome der fortschreitenden Globalisierung sind es, die die politische Wirklichkeit am Ende der 2010er-Jahre prägen: zunehmende weltweite Verschränkung der Wirtschaftsprozesse, Zerstörung der natürlichen Lebensgrundlagen und nicht zuletzt das Näherrücken der Menschen verschiedener kultureller Herkunft durch weltweit verfügbare Kommunikations- und Migrationsmöglichkeiten. Man kann das, wie bislang üblich, als Fortschritt, als Befreiung von Grenzen aller Art und Verpflichtung zu gemeinsamer universeller Verantwortung interpretieren. Als Realisierung von »Alle Menschen werden Brüder«. Man kann es aber auch, was zunehmend geschieht, als bedrückend und gefahrenverheißend empfinden. Globalisierung heißt schließlich auch: Es wird enger auf der Welt. Und überall, wo es eng wird, steigt der Druck. Die partikularen, nationalen Gegenkräfte der Globalisierung sind politische Folgen dieses Drucks, der auseinandertreibt, was zu schnell und zu stark zusammengezwungen wird.

In den letzten Jahren ist jedenfalls allen ökonomischen Globalisierungstendenzen zum Trotz kein Fortschreiten auf dem Weg zur Weltgesellschaft oder gar zum Weltstaat zu erkennen, den politische Visionäre des 20. Jahrhunderts wie Bertrand Russell und Aldous Huxley prophezeiten. Die Ablösung der Nationalstaaten durch eine postnationale Weltinnenpolitik mit gemeinsamem Bewusstsein für globale Aufgaben wie den Klimawandel lässt auf sich warten. Die Vereinten Nationen sind machtloser als zu Zeiten des Kalten Krieges. Stattdessen erleben wir in den ersten beiden Jahrzehnten des 21. Jahrhunderts das Erstarken von souveränen, ambitionierten Nationalstaaten wie China, Russland, Iran, Türkei. Diese Staaten führen ohne den Segen der Vereinten Nationen Kriege in Syrien und der Ostukraine. Vor allem China, die kommende Weltmacht, sichert sich außerdem ökonomischen Einfluss durch strategische Investitionen und Unternehmenskäufe in Afrika und Europa. Hinter diesen Ambitionen stehen nicht mehr humanitäre, universalistische Ideale als Rechtfertigung wie bei der alten Weltmacht USA im Zeitalter vor Trump. Es geht um nationale Macht und ökonomische Interessen. Konkurrenz und Wettbewerb, nicht Konsens und Gemeinsamkeit bestimmen das Verhältnis zwischen den großen Staaten der Gegenwart.

Multilateralistin im Alleingang

Was für ein Widerspruch zwischen Anspruch und Wirklichkeit: Die Frau, die die liberale internationale Ordnung verteidigen will und die in den letzten Jahren oft vor Alleingängen warnt und kaum ein Wort so oft gebraucht wie »multilateral« (multi = viele, latera = Seiten), steht »ganz allein« da! Das passt ganz offensichtlich nicht zusammen. Ob es nun eigener Anspruch oder von außen kommende Erwartung ist: Merkel ist als Bewahrerin des Multilateralismus irrelevant.

Erst recht aber ist sie als Verteidigerin des Westens nicht erfolgversprechend. Aus mehreren Gründen. Zunächst kann man im Rückblick auf ihre Politikkarriere ganz nüchtern feststellen: Merkel hat in 28 Jahren als Politikerin, als Ministerin, CDU-Chefin und schließlich Kanzlerin kaum jemals irgendein Prinzip oder politisches Ziel, das sie zunächst behauptete, konsequent und unter Hinnahme persönlichen Risikos verteidigt. Sie hat sie alle aufgegeben. Und jetzt soll ausgerechnet sie zur *last woman standing* des Westens werden? Mag sein, dass es ihr mit den Idealen des freien Westens, der liberalen Weltordnung und dem Multilateralismus heute ernst ist. Ernster zumindest als seinerzeit mit ihrer Aussage »Multikulti ist gescheitert«, den 2003 geforderten ordoliberalen Reformen und dem Eintreten für die »Brückentechnologie« Kernkraft. Dennoch ist es seltsam, ausgerechnet die Meisterin der asymmetrischen Demobilisierung, die ihre Macht erwarb und sichert, indem sie die eigenen Positionen aufgab und die des Gegners übernahm, nun zur obersten Siegelbewahrerin der gefährdeten Werte des Westens zu erklären.

Auch was den Multilateralismus angeht, kann man aus Merkels Taten andere Schlüsse ziehen als aus ihren Worten. An zwei entscheidenden Wegscheiden ihrer Kanzlerschaft hat Merkel schließlich im nationalen Alleingang gehandelt, den sie angeblich doch grundsätzlich ablehnt. Weder der vorzeitige Atomenergieausstieg von 2011 noch die Flüchtlingspolitik von 2015 wurden im Einvernehmen mit den europäischen Partnern beschlossen. Vor allem Letztere hat in Europa zu tiefer, bis heute anhaltender Spaltung geführt und sogar zum geplanten Austritt Großbritanniens aus der EU beigetragen. Merkel hat damit den Staatenbund EU – Inbegriff des Multilateralismus – also eher geschwächt als gestärkt. Dass beides in den dominierenden Milieus Deutschlands nicht als Alleingang wahrgenommen wurde, liegt an der moralischen Aufladung der Entscheidungen. »Nationaler Alleingang« klingt für historisch sensible deutsche Ohren nach Nationalismus. Und den kann man bei Merkel wahrlich nicht erkennen. Aber: Auch Alleingänge, die nicht nationalistisch motiviert sind, sondern im Interesse einer höheren Moral, des Weltklimas, der Humanität oder ganz einfach der persönlichen Machtsicherung einer Kanzlerin, bleiben Alleingänge, wenn die Nachbarn nicht mitziehen wollen. Wer wie die Bundesrepublik in der Flüchtlingskrise eine humanitär und universalistisch gesinnte Politik alleine durchzieht, handelt eben tatsächlich nicht multilateral, sondern unilateral. In der gesinnungsethisch geprägten deutschen Öffentlichkeit ging das aber unter: Merkels Deutschland sah sich als Avantgarde, als Vorreiter auf dem Weg in den Weltstaat. Doch die Welt kam nicht nach.

Merkels Rolle als »letzte Verteidigerin des liberalen Westens« und des Multilateralismus ist aber vor allem deshalb eine Absurdität, weil es ja nicht so sehr gegen einen äußeren Feind (wie im Kalten Krieg) geht, sondern gegen die eigenen inneren Fliehkräfte der europäischen und westlichen Staatenordnung. Wie soll schließlich ein einzelner Staat das Prinzip der Gemeinsamkeit verteidigen, wenn die anderen Staaten, die die entsprechende Gemeinschaft bilden sollen, dies womöglich nicht ebenso wollen? Die Regeln, auf denen die liberale Weltordnung beruht (vielleicht muss man bald sagen: beruhte), sind im Gegensatz zu zivilrechtlichen Verträgen vor keiner Instanz effektiv einklagbar. Sie sind immer nur so viel wert wie die Bereitschaft der Staaten, vor allem der großen, sich an sie zu halten. Multilateralismus funktioniert – eigentlich banal – nur so weit, wie die betreffenden Staaten auch gemeinsam handeln wollen. Das tun sie üblicherweise, wenn sie sich davon die Erfüllung von Interessen versprechen. Die Alternative ist Zwang – doch internationale Ordnungen oder Gemeinschaften, die auf Zwang beruhen, sind nicht liberal, sondern imperial, wie der Warschauer Pakt es war.

In der EU wird der wachsende Widerspruch zwischen multilateralem Prinzip der europäischen Integration und nationalen Interessen besonders deutlich. Ausgeglichen wird dieser Widerspruch in erster Linie mit zwei Methoden, die vor allem an Deutschland hängen – und immer deutlicher an ihre Grenzen kommen:

- Einerseits »Solidarität«, also Transferleistungen. Die ökonomisch schwächeren Staaten in Europa, also die Netto-Empfänger, können dadurch nationale finanzielle Interessen gut mit der EU- und Euro-Mitgliedschaft vereinbaren. Die EU ist für sie ein guter Deal. Deutschland ist hierbei der Hauptgeber, weil es sowohl ökonomisch am zahlungsfähigsten als auch vor allem politisch am zahlungswilligsten ist. Die Ausweitung der Transfers und der gemeinsamen Haftung im Rahmen der Währungsunion (Stichwort Target2-Salden) droht aber ein Maß zu erreichen, das auch Deutschlands Zahlungsfähigkeit oder -willen in absehbarer Zeit erschöpfen dürfte. Zumal die Konjunktur vermutlich bald deutlich schwächer und die Belastung der deutschen Sozialsysteme durch Alterung und Armutszuwanderung im kommenden Jahrzehnt deutlich größer wird.
- Andererseits »europäische Lösungen«, also Verträge und Institutionen, die Gemeinsamkeiten schaffen. Allerdings entpuppen sie sich im Ernstfall als nicht belastbar. Sofern die EU-Kommission nur Gurkengrößen und Kriterien für Badeverbote bestimmt, folgen die Mitgliedstaaten den Richtlinien. Aber wenn es ans Eingemachte geht, um existenzielle nationale Interessen, machen sie einfach nicht mit. Das fataleste Beispiel hierfür ist die Währungsunion mit ihren Maastricht-Kriterien. Von Anfang an haben

mehrere Mitgliedstaaten – auch Deutschland – die Defizitgrenzen verletzt. Die Brüsseler Kommission entpuppte sich als machtlos, dies zu verhindern. Sie hatte kein Druckmittel. Sollte sie etwa Geldstrafen verhängen gegen Länder, denen es an Geld mangelte, und damit deren Defizite noch vergrößern? Auch innerhalb der Europäischen Union gilt also, was für alle internationalen Verträge gilt: Regelungen werden im Ernstfall bedeutungslos, sofern sie den zentralen Interessen einzelner Staaten nicht mehr entsprechen und Übertretungen nicht von einer durchsetzungsfähigen höheren Instanz geahndet werden. Das dauernde Unterlaufen der Maastricht-Kriterien der Währungsunion belegt das. Ein weiteres Beispiel ist das Scheitern der Verteilung von Flüchtlingen, die Merkel durchsetzen wollte. Es gab ein Abkommen, aber da kein Land ein besonders Interesse daran hat, findet die Verteilung in Wirklichkeit kaum statt.

Das Scheitern beider Methoden und damit das Scheitern merkelscher Europapolitik ist längst offenkundig. Es wird nur noch nicht zugegeben. Die Wirkungen dieser Maßnahmen sind, auch das ist ein offenes Geheimnis, allein aufschiebender Natur. Sie schaffen immer wieder Zeit, die man aber nicht für grundsätzliche Korrekturen nutzt, da an den grundsätzlichen Richtungsentscheidungen – zum Beispiel der Währungsunion – nicht gerüttelt werden darf. Verschleppung und Verschleierung sind die zentralen Elemente merkelscher Europapolitik.

Ähnlich wie in der Flüchtlingspolitik setzt Merkel darauf, dass die Deutschen aus Idealismus und ökonomischem Unverständnis eine ihren Interessen schadende Politik mittragen. Das wird aber immer weniger der Fall sein, je spürbarer die Lasten und Verluste für sie werden. Egal, ob es in den nächsten Jahren zu einer erneuten dramatischen Verschärfung der Eurokrise kommt – etwa durch hemmungslose Ausgabenfreude der neuen italienischen Regierung – oder ob die Haftungsunion stillschweigend immer weiter zu Ungunsten Deutschlands ausgeweitet wird: Die Botschaft, dass die Deutschen generell von der EU und dem Euro profitieren, wird immer weniger glaubhaft werden, je deutlicher die Rechnung für die merkelsche Verschleppungs- und Verschleierungspolitik präsentiert wird. Daniel Stelter schätzt, dass der Euro die Deutschen, egal ob seine Krise durch Schuldenrestrukturierung, Inflationierung oder den ungeordneten Zerfall der Währungsunion endet, schließlich mindestens 1000 Milliarden Euro kosten wird (in Worten: eine Billion).[10] Für die Deutschen ist dies eine der schmerzhaftesten Kissinger'schen »Täuschungen«: Sie sind keineswegs die großen Profiteure der EU und des Euro, zumindest nicht materiell. Wenn diese Illusion zerstört sein wird, wird die Legitimation Merkels und derer, die ihre Politik mitgetragen haben, schwersten Schaden erlitten haben.

Die Konsequenz aus dem Scheitern merkelscher Europa- und Außenpolitik und dem Platzen der Illusionen ist eine Erkenntnis, die den Deutschen ganz besonders schwerfällt: Deutschland ist gezwungen, seine Interessen zu vertreten. Zunächst heißt das: politisch zu debattieren, was seine nationalen Interessen überhaupt sind – und diese nicht wie bislang unter Merkel üblich, mit den Interessen Europas oder der Menschheit verwechseln, um politischen Streit zu meiden. Natürlich kann die Vertretung deutscher Interessen nur im Rahmen der EU und im Rahmen der Nato gelingen, weil deren Fortexistenz selbst ein existenzielles deutsches Interesse bedeutet. Und natürlich, wenn immer es geht, im Verein mit weiteren Staaten, die dieselben Werte und ähnliche Interessen haben. Dennoch: Deutschland hat auch innerhalb Europas nationale Interessen, die denen anderer EU-Staaten entgegenstehen und im Übrigen nicht immer mit denen der Dax-Konzerne identisch sind.

Der bevorstehende Anpassungsschock an europäische Rechnungen und eine Welt voller Bedrohungen wird die durch sieben Jahrzehnte Wohlstand und Frieden sedierten Deutschen bald hart treffen. Die Bevölkerung wird angesichts der Zumutungen, die die neue Wirklichkeit mit sich bringt, von künftigen Regierenden weniger europäischen und globalen Idealismus einfordern, sondern konsequente Vertretung ihrer Interessen – auch und vor allem innerhalb der EU. Merkel und die derzeitigen politischen Eliten Deutschlands sind für diese Aufgabe denkbar schlecht gerüstet. Ihr Erfolgsrezept ist schließlich die Taktik des kampflosen Rückzugs und die vernebelte Preisgabe materieller und anderer Werte der Bürger zur Minimierung der eigenen Risiken und zur Maximierung des eigenen Tugendruhms. Der Staat, an dessen Spitze Merkel seit 2005 steht, ist in einer entsprechenden Verfassung. An Verteidigungs- oder sagen wir lieber weniger martialisch: Schutz- und Bewahrungsfähigkeit in jeglicher Hinsicht mangelt es ihm in einem historisch wohl für einen Staat dieser Größe und Bedeutung einzigartigen Maße.

Wie der Merkelismus seine eigenen Grundlagen zerstört

Merkels asymmetrische Demobilisierung, die natürlich eigentlich nur die Anhänger der anderen Parteien erfassen sollte, schlägt längst auch auf die eigenen Reihen zurück.

Aus einer asymmetrischen ist eine symmetrische Demobilisierung geworden. Nicht nur viele einstige SPD-Anhänger wissen nicht mehr, warum sie ihre frühere Partei noch wählen sollen, sondern denen der Union geht es genauso. Man muss sich klarmachen: Die lange Regierungszeit Merkels ist nicht auf absolute Wahlerfolge zurückzuführen, sondern allein darauf, dass die Union noch die größere von zwei schrumpfenden Ex-Volksparteien ist. Das Bundestagswahlergebnis der Unionsparteien von 2017 (32,9 Prozent) ist das schwächste seit 1949. Selbst bei Helmut Kohls als desaströs empfundener Wahlniederlage von 1998 hatten die Unionsparteien mehr erreicht (35,1 Prozent). Insofern ist die oft gehörte Behauptung, die merkelsche Modernisierung habe der Union neue Wählerschichten erschlossen, sehr fragwürdig.

2005 vertrat die Große Koalition fast 70 Prozent der Wähler, 2017 noch 53 Prozent. Die jüngeren Umfragen – Stand September 2018 – sehen die Unionsparteien gemeinsam bundesweit teilweise bei unter 30 Prozent, die SPD bei konstant unter 20 Prozent, die AfD nahezu gleichauf. Die Große Koalition verdient also kaum noch den Namen und kann im Falle von Neuwahlen allenfalls eine hauchdünne Mehrheit erwarten.

Ein Vorspiel für das, was nach den nächsten Bundestagswahlen (spätestens 2021) anstehen könnte, wird wohl die Landtagswahl in Sachsen am 1. September 2019 werden. Hier bahnt sich eine Parteienkonstellation an, die mit Sicherheit auf die Bundespolitik und damit auch auf Merkels Lage ausstrahlen wird – sollte sie dann überhaupt noch Kanzlerin sein.

In einer Insa-Umfrage für die *Bild*-Zeitung vom 31. August 2018 entschieden sich in Sachsen nur 28 Prozent für die CDU, 25 Prozent für die AfD, 18 Prozent für die Linke, 11 Prozent für die SPD und je 7 Prozent für FDP und Grüne. Und das, obwohl der neue sächsische CDU-Chef und

Kapitel 4

Ministerpräsident Michael Kretschmer relativ beliebt, jung und unverbraucht ist und obwohl die AfD nach Frauke Petrys Abgang keine prominente Führungsfigur im Land hat. Erneute Gewaltverbrechen von Zuwanderern oder andere AfD-mobilisierende Tendenzen und Ereignisse könnten die Lage aus CDU-Perspektive auch noch deutlich verschlimmern. Bei der Bundestagswahl 2017 wurde die AfD in Sachsen sogar mit 27 Prozent stärkste Kraft, vor der CDU mit nur 26,9 Prozent! Nur mal so zur Einordnung: Bei den Landtagswahlen von 2014 erhielt die CDU noch 39,4 Prozent der Stimmen. 1999 unter Kurt Biedenkopf erreichte sie sagenhafte 56,9 Prozent.

Kretschmer, der 2017 seinen Bundestagswahlkreis gegen einen völlig unbekannten AfD-Kandidaten verlor, dürfte bald zu einer entscheidenden Person für die Neujustierung der deutschen Parteienlandschaft am Ende der Ära Merkel werden. Es wird für ihn und seine CDU aller Voraussicht nach im künftigen sächsischen Landtag nicht für die Große Koalition und erst recht nicht für Schwarz-Gelb oder Schwarz-Grün reichen. Auch eine Jamaika-Koalition mit Grünen und FDP oder eine Kenia-Koalition mit SPD und Grünen wird wohl keine Mehrheit haben. Kretschmers CDU wird also eine Vierer-Koalition mit SPD, FDP und Grünen eingehen müssen. Wie schwierig eine solche, noch nie gewagte Koalitionsbildung wäre, zeigen die gescheiterten Verhandlungen zur Jamaika-Koalition im Herbst 2017. Oder gar eine Koalition der CDU mit der Linken? Schleswig-Holsteins Ministerpräsident Daniel Günther hält das für möglich.[11]

Eine stabile Regierung jedenfalls dürfte in beiden Konstellationen nicht zu erwarten sein. Wie auch immer es kommt, der große Gewinner wird in jedem Fall die AfD sein. Sie würde durch eine Koalition, deren einziger Kitt die Ablehnung der AfD ist, extrem aufgewertet. Eine solche Anti-AfD-Regierung böte ihr die Möglichkeit, sich als die einzig wahre Opposition gegen die Front der von ihr sogenannten Altparteien zu inszenieren.

Kretschmer könnte angesichts dessen in Versuchung geraten, die Flucht nach vorne zu wagen und das Unsagbare zu tun: statt einer Koalition gegen die AfD eine Koalition mit der AfD. Der Dresdner Parteienforscher Werner Patzelt rät ihm dazu, »um sich nicht von den Parteien links von der CDU erpressbar zu machen«. Die AfD müsse sich dann aber, so Patzelt, »von einer systemablehnenden Protestpartei zu einer mitregierungswilligen Gestaltungspartei entwickeln«.[12] In anderen europäischen Ländern sind vergleichbare Koalitionen übrigens längst auf nationaler Ebene Realität: Nicht nur in Österreich, sondern auch in Norwegen und Finnland regieren klassische konservative Mitte-Rechts-Parteien gemeinsam mit Populisten.

Natürlich wäre das ein Affront gegen die Bundeskanzlerin, die die AfD von Anfang an und konsequent zu einer Unpartei der Unberührbaren erklärt hat. Allein schon das Erwägen einer Koalition der CDU mit der AfD würde nun signalisieren: Die Wirklichkeit in Sachsen und vielleicht auch bald in ganz Deutschland ist mit einer Fortführung merkelschen Regierens schlicht nicht mehr vereinbar. Darum redet man in den Führungszirkeln der CDU auch bislang nicht darüber – zumindest nicht offen, sondern allenfalls verklausuliert. Eine Regierungsbeteiligung der AfD anzustreben, wäre gleichbedeutend mit dem Versuch, Merkel zu stürzen und die CDU grundlegend neu auszurichten. Vielleicht kann im September 2019 sogar eine politische Situation herrschen, in der für Kretschmer diese Aussicht weniger abschreckend als verlockend erscheint.

Kapitel 4

Vielleicht ist es auch kein Zufall, dass ausgerechnet Ex-Ministerpräsident Kurt Biedenkopf, Kretschmers politischer Ziehvater, erstaunlich milde Töne gegenüber den von der CDU und allen anderen Parteien sonst konsequent geschmähten Populisten anschlug. Er nannte Frauke Petry seinerzeit ein »politisches Talent«, verglich den Aufstieg der AfD mit der Geschichte der Grünen und betonte mehrfach, dass von der AfD keine Gefahr für die Demokratie ausgehe.[13] Sie belebe den »politischen Diskurs«.[14] Während er der SPD keine große Zukunft mehr gibt, stellte er in Aussicht, dass die AfD »brauchbar« werden könne, wenn sie »politisch brachliegendes Gelände in gewissem Umfang aufnimmt und Provokationen zurückstellt«.[15]

Der halsstarrige Moralismus der Merkel-CDU und weiter Teile der gesellschaftlichen Eliten gegenüber einer neuen politischen Gegenkraft, die sie letztlich durch eigenes Versagen selbst hervorgerufen haben, ist unwirksam. Man kann auf die Dauer eine Partei von über 15 Prozent, in Sachsen vielleicht bald 30 Prozent nicht als Gottseibeiuns behandeln, wenn man nicht wenigstens gleichzeitig ihren Wählern ein ernstgemeintes Angebot macht. Sonst steuert das Land mittelfristig auf die Unregierbarkeit zu. Man muss hoffen, dass diese Erkenntnis sich in einer CDU nach Merkel und Altmaier durchsetzt.

Merkels Ära als demobilisierende Parteichefin und entpolitisierende Regierungschefin ist nicht zufällig auch die Ära des Niedergangs der Volksparteien und des Aufstiegs der AfD. Aus gutem Grund hört man auch in der AfD selbst oft den Satz: »Die eigentliche Gründerin der AfD ist Angela Merkel.« Denn sie hat genau das bewirkt, was sie eigentlich verhindern wollte: Ihre auf politische Einschläferung zielende Demobilisierungstaktik hat mit einer gewissen zeitlichen Verzögerung umso heftigere politische Leidenschaften wachgerufen. Und die richten sich nun direkt gegen Merkel selbst und das System der Macht, das sie etabliert hat. Einen besonders starken Rückstoßeffekt bewirkte Merkels Flüchtlingspolitik. Durch ihre Totalabkehr von der traditionell restriktiven CDU-Position und Realisierung der neulinken Forderung »No borders, no nations« erreichte sie zunächst scheinbar Immunität gegen jede Kritik. Doch der Rückstoß kam, nach einer kurzen Phase der Sprachlosigkeit, bald umso härter: aus der eigenen Partei, aus der Schwesterpartei CSU und von Bürgern, die bis dahin zu einem großen Teil Anhänger der Union oder Nichtwähler waren, nun aber die AfD wählen. Ent-täuschung ist eine besonders ergiebige Quelle für Leidenschaft. Die Menge der Ent-täuschten, die Merkel nach 13 Jahren Kanzlerschaft hinterlässt, ist zu einer politischen Kraft geworden.

Vergleichbare Prozesse fanden in den meisten westlichen Ländern statt und sind dort meist schon deutlich weiter fortgeschritten. Die mehr oder weniger bewusste Entpolitisierung der etablierten Parteien, ihr Unwille oder Unvermögen, neue politische Leidenschaften aufzugreifen und zu zivilisieren, ist auf sie zurückgefallen, hat viele von ihnen sogar völlig vernichtet, wie die Christdemokratische Partei in Italien. Die von den etablierten Parteien nicht bedienten politischen Leidenschaften machen sich die sogenannten Populisten zu eigen, die den freigewordenen Raum füllen.

Die Populismus-Hysterie in den Medien

Die etablierten politischen und medialen Eliten nehmen diese neue politische Kraft des Populismus mit zunehmender Panik wahr. Der *Spiegel* reagierte auf Trumps Wahlsieg mit einem

Kapitel 4

Titelbild, das Trumps Kopf als Kometen zeigt, der zerstörerisch auf den Erdball zufliegt. Man interpretiert den Populismus als ein schreckliches Unglück sozusagen außerirdischer Herkunft, das aus heiterem Himmel hereinbricht. Natürlich ist der Zerstörungsfeldzug Trumps gegen die transatlantischen Institutionen des Westens und das Prinzip der multilateralen Zusammenarbeit tatsächlich entsetzlich. Aber sowohl der Vergleich mit einer Naturkatastrophe als auch die moralisch befeuerte Empörung über Trump und andere sogenannte Populisten vernebeln nur den Blick auf die tieferen Gründe für deren Wahlerfolge. Die sind bei den etablierten Parteien selbst zu finden: Sie haben allzu viele Bürger enttäuscht.

Nichts ist gewonnen – weder glaubwürdige Erkenntnis noch nachhaltige Gegenmittel –, wenn Donald Trump oder Alexander Gauland oder andere europäische Populisten zu obskuren Kräften des Bösen, gar zu monströsen Wiedergängern des Faschismus der 1930er-Jahre dämonisiert werden. Diese Vergleiche dienen, wie im vorangegangenen Kapitel erläutert, eher der Eigendarstellung derer, die sie verwenden. Der theatralische Auftritt von Martin Schulz in der Bundestagsdebatte vom 12. September 2018, als er Gauland vorwarf, in seiner Rede »Mittel des Faschismus« anzuwenden, demaskierte nicht die AfD. Denn dass Gauland sich einer »ähnlichen Diktion« bedient habe wie die Nationalsozialisten, ist für jeden, der Reden von Goebbels oder Hitler kennt, natürlich als barer Unsinn erkenntlich. Es offenbarte vielmehr die tiefe Verunsicherung einer Partei, die zu Recht auf den Widerstand ihrer Altvorderen gegen den Nationalsozialismus stolz ist, aber zum wichtigsten Thema der Gegenwart offensichtlich keine sachlichen Argumente anzubieten hat.

Nein, weder erinnern die amerikanischen und europäischen Gesellschaften der Gegenwart, ihre Probleme und

Konflikte auch nur im Entferntesten an die Lage in der ersten Hälfte des 20. Jahrhunderts noch gleichen die neuen politischen Bewegungen den faschistischen Parteien der Vergangenheit. Vor allem geht ihnen glücklicherweise alles Martialische oder gar Militaristische ab. Keiner der erfolgreichen westeuropäischen Populisten hat eine uniformierte Schlägertruppe gegründet. Wie der amerikanische Journalist James Kirchick feststellte: »Donald Trump is not a fascist, he's a golfer.«[16] Analog könnte man sagen: Alexander Gauland ist kein Nationalsozialist, sondern Träger von Hundekrawatten. Weder die maßlose Zuspitzung, noch ihre Verharmlosung verhilft zu einer angemessenen Einschätzung des Populismus.

Um den Epochenwechsel der Gegenwart zu verstehen und dann zu verkraften, ist die Frage nach den Motiven der Wähler wichtiger als die nach der Immoralität der Gewählten. Selbst wenn es seinen politischen Gegnern und seinen scharfen Kritikern in den Medien gelänge, die Wähler von Trumps Verfehlungen und seiner mangelhaften Eignung für das Präsidentenamt zu überzeugen, so werden dadurch die Gründe für das Phänomen Trump nicht aus der Welt geschafft. Dann wird sich ein anderer als Trump finden, der diese Bedürfnisse zu bedienen verspricht. Ebenso wenig wird das Entlarven von AfD-Politikern als tatsächliche oder vermeintliche Radikale die Gründe beseitigen, warum rund ein Sechstel der Deutschen diese Partei trotzdem wählt.

Die Rückkehr des Politischen

Im gesamten Westen, mit etwas Verspätung nun auch in Deutschland, vollzieht sich ein grundlegender Wandel, den man in knapper Form die *Rückkehr des Politischen* nennen

Kapitel 4

könnte. Oder, um Chantal Mouffes Übersetzung des Politischen zu verwenden: die *Rückkehr leidenschaftlicher Parteilichkeit.* Jeder Mensch in Deutschland spürt, wie kontrovers vor allem seit 2015 wieder über politische Grundsatzfragen debattiert wird. Die Gesellschaft ist politisiert und wird aller Voraussicht nach in absehbarer Zukunft noch stärker politisiert werden.

Das kann angesichts der grundlegenden Fragen, die sich unausweichlich stellen, gar nicht anders sein: Wollen wir weitere Einwanderung? Wenn ja, wie viel und welche Einwanderer wollen wir? Ist der Islam ein Teil von Deutschland? Soll die Europäische Währungsunion unbedingt und um jeden Preis aufrechterhalten werden? Müssen deutsche Steuerzahler darum noch mehr Haftung für europäische Banken- und Sozialsysteme übernehmen? Ist der Ausbau der Windenergie notwendig oder zerstört er auf unerträgliche Weise die Landschaften? Diese und noch viele andere Fragen stellen sich immer drängender – und die Antworten darauf sind immer weniger von Konsens geprägt. Allein die Unvereinbarkeit von Sozialstaat und unbegrenzter Einwanderung – das große Tabu des gegenwärtigen Politikbetriebes – wird bald zu scharfen Konflikten führen, die die bisherige unpolitische Konsensorientierung unmöglich machen werden. Die heute regierenden Parteien haben auf diese Fragen entweder keine befriedigenden Antworten oder ein »alternativlos« mit allenfalls unterschiedlichen Nuancen anzubieten. Im Merkelismus ist leidenschaftliche Parteilichkeit nicht vorgesehen – allenfalls Leidenschaft gegen alle, die seine Alternativlosigkeit infrage stellen.

Die meisten dieser Fragen lassen sich, das zeigt sich immer deutlicher, auf die politische Gretchen-Frage dieses Epochenwandels zurückführen: Wie hältst du es mit Partikularismus und Universalismus? Siehst du dich eher als Bürger deines Landes oder ist die ganze Welt dein Zuhause? Willst du, dass deine Politiker sich in erster Linie um das »Eigene« kümmern oder dass sie der gesamten Menschheit und der Welt (alternativ: Europa) verpflichtet sind? Diese Fragen sind heute der Weckruf politischer Leidenschaft.

Der Universalismus ist im Westen spätestens seit 1945 die ethische Grundlage politischen Handelns. Er beruht auf dem selbstgesetzten Ziel, einerseits die Menschenrechte als humanitäres Prinzip weltweit durchzusetzen und andererseits den Weg frei zu machen für den Wachstumsdrang einer sich unweigerlich globalisierenden und alle kulturellen Unterschiede schleifenden Wirtschaft. In letzter Konsequenz ist das Ziel: eine von alten überkommenen Bindungen befreite, wohlhabende Welt, bevölkert von postnationalen Individuen, die nur noch Menschen und Wirtschaftssubjekte sein sollten. Ein radikaler Widerspruch im Namen des Partikularen, also der eigenen Nation, war nach 1945 durch Faschismus und Nationalsozialismus diskreditiert.

In der konkreten Politik blieb der Partikularismus der Nationalstaaten dennoch eine Realität, die in einem mehr oder weniger deutlichen Widerspruch zum propagierten Universalismus steht. Das Spannungsverhältnis zwischen partikularen, nationalen Interessen und universellem Ideal ist heute, da die Globalisierung von der Ökonomie angetrieben rasant voranschreitet, schärfer als je zuvor. Denn das Wohlstandsgefälle zwischen dem früh entwickelten globalen Norden und dem globalen Süden ist nicht etwa verschwunden, wie man gehofft hatte. Im Gegenteil, trotz Entwicklungshilfe ist es zwischen europäischen Wohlfahrtsgesellschaften einerseits und den islamischen Ländern und Afrika andererseits eher größer als kleiner geworden. Auch innerhalb Euro-

Kapitel 4

pas, das als Avantgarde-Projekt des Universalismus gesehen werden kann, hat die gemeinsame Währung dazu geführt, dass nationale Unterschiede nicht verschwanden, sondern umso deutlicher hervortraten.

Hinter dem Konflikt zwischen dem ideologisch dominanten Universalismus und dem als Gegenkraft wiedererstarkten nationalen Behauptungswillen stehen nicht nur gegensätzliche Welt- und Menschenbilder, sondern auch soziale Interessen: Viele Gewinner der Globalisierung, also Menschen mit speziellen am Weltmarkt nachgefragten Qualifikationen, die möglichst auch noch international vernetzt sind, glauben den Nationalstaat nicht nötig zu haben. Anders ist das bei denjenigen, die aufgrund weniger spezieller Qualifikation von geschützten, begrenzten Arbeitsmärkten in den Wohlstandszonen profitieren und mit höherer Wahrscheinlichkeit auf Leistungen des nationalen Sozialstaats angewiesen sind, der durch völlige Entgrenzung vor der sicheren Überforderung steht.

Im Spätsommer der Willkommenskultur wurde eine der vielen Widersprüchlichkeiten der Gegenwart deutlich: Je weiter die Globalisierung voranschreitet, desto deutlicher spürbar werden die Gegenkräfte. Die Einwanderung von Hunderttausenden Fremden erscheint den einen als willkommene Chance, das in Jahrzehnten eingeübte humanitäre Ethos voll und ganz durchzusetzen, die eigene, schuldhafte Geschichte zu beenden und den Universalismus, wenn schon nicht weltweit, so doch zumindest in Deutschland umzusetzen. Währenddessen kam tatsächlich mit ebenjenen Einwanderern genau das nach Deutschland, was Merkel und Co überwinden wollten: politische Gegensätze.

Der auf die Spitze getriebene Universalismus stärkt letztlich, was er völlig zu überwinden, ja abzuschaffen können glaubte: den nationalen Partikularismus. Konfrontiert mit der Aussicht, nur noch einsames Individuum in einer unüberschaubaren Welt von ungebundenen Welt-Menschen zu sein, wächst das Bedürfnis nach kollektiver Identität, nach Gemeinschaft mit seinesgleichen.

Hier ist ein politischer Konflikt, der an Schärfe zunimmt und den Traum vom *Ende der Geschichte* und damit dem Ende des Politischen als Illusion entlarvt. Denn aus diesem Antagonismus gibt es keinen einvernehmlichen Ausweg im Konsens. Aber: Die Vernunft gebietet, dass er demokratisch entschärft wird, also durch die Suche nach Mehrheiten und Kompromissen. Doch nicht dadurch, dass die eine oder andere Seite zum Bösen schlechthin (zum Beispiel zum »Nazi« oder »Volksverräter«) erklärt wird.

Wie geht man nun um mit den Krisensymptomen wachsender Ungleichheiten und verschärfter Konflikte zwischen den Staaten und innerhalb der westlichen Wohlstandsgesellschaften bei gleichzeitiger Globalisierung? Grundsätzlich gibt es im Westen drei politische Reaktionen auf den Widerspruch zwischen Partikularismus und Universalismus. Eine pragmatisch-gemäßigte und zwei radikale.

Das klassische Erfolgsrezept der tonangebenden westlichen Staaten – Frankreich, England, Amerika – in der zweiten Hälfte des 20. Jahrhunderts könnte man als pragmatischen Partiko-Universalismus bezeichnen: Westliche Politiker bekundeten zwar stets, dass die Entwicklung irgendwie schon langfristig in Richtung eines geeinten Europas und schließlich einer Weltgesellschaft geht. Aber man hatte es nicht allzu eilig auf diesem Weg und handelte letztlich doch im eigenen, nationalen Interesse oder zumindest nicht dagegen. Jenseits der großen Worte blieb also der Primat der Nähe selbstverständlich: Regierungspolitik hat sich eher für das Eigene und das Näherliegende als für die ganze Welt und die anderen einzusetzen.

In dieser Tradition steht vermutlich auch der junge französische Präsident. Emmanuel Macron ließ es in seiner großen Rede an der Sorbonne nicht an europäischem Pathos mangeln. Aber seine Vorschläge für weitere Integrationsschritte haben doch einen ganz handfesten Effekt, der für ihn und seine Wähler entscheidend sein dürfte: Sie würden Frankreich Geld (vor allem deutsches) verschaffen, das Macron braucht, um seine nationalen Reformen weniger schmerzhaft durchziehen zu können. Und was die Einwanderungspolitik angeht, verteilt Macron zwar gerne Lob für Merkels Offenheit, sorgt aber dafür, dass Frankreich bloß nicht ebenso attraktiv für Asylbewerber wird wie Deutschland. Bislang kann Macron damit die Attacken der Rechtspopulistin Marine Le Pen einigermaßen erfolgreich parieren.

Deutschland steht offensichtlich nicht in dieser pragmatisch-universalistischen Tradition. Kein Wunder, es ist das Land, das vor 1945 den Universalismus radikal bekämpfte – und durch die Verbrechen des Nationalsozialismus den radikalen und offenen Partikularismus moralisch delegitimierte.

Aus dem großen Feind des Universalismus ist nach der totalen Niederlage 1945 dessen eifrigster Anhänger geworden. In kaum einem anderen Land der EU und der Welt (am ehesten vielleicht noch Schweden) ist die Diskrepanz zwischen universalistischer Ethik und tatsächlicher Politik daher heute so gering wie hierzulande. Nirgendwo sonst ist der Wille, den Weg in die Weltgesellschaft zu beschleunigen und das Eigene endgültig hinter sich zu lassen, so stark. In kaum einem anderen Land zeigen sich regierende Politiker derart überzeugt, dass es ihre Verantwortung sei, globale Probleme zu lösen (zum Beispiel Fluchtursachen und den Klimawandel zu bekämpfen) und den Interessen Europas und der gesamten Menschheit Priorität vor denen des eigenen Landes zu geben.

Angela Merkel hat sich im Laufe ihrer 13 Regierungsjahre immer deutlicher als scheinbare Erfüllerin dieser »Sehnsucht der Deutschen nach Wiedergutwerdung« (Markus Vahlefeld) positioniert. Merkel tat dies, so denke ich, weniger aus tiefster innerer Überzeugung, sondern aus taktischen Gründen: Hier fand sie schließlich eine breite Basis zur Sicherung ihrer Macht.

Der Universalismus, der im gesamten Westen nach 1989 immer dominanter wurde und sich als alternativlos präsentierte, konnte angesichts der Verlierer, die er hervorbrachte, aber nicht ohne grundsätzlichen Widerspruch bleiben. Den liefert der (Rechts-)Populismus als dritte Antwort: konsequenter und offener Partikularismus, von Trump in zwei Worten artikuliert: »America first«.

Merkel befördert wider Willen den Populismus

Wer nun glaubt, dass Merkel und ihre Politik ein Bollwerk gegen diese neue Kraft seien, irrt sich fundamental. Gerade Merkels forcierter, sich als alternativlos darstellender Universalismus rief den Widerstand des Partikularismus auf den Plan – auch im eigenen Land. Kein Regierungspolitiker des Westens hat den Populisten so gute Argumente geliefert wie Angela Merkel. Überall in Europa und auch in Nordamerika führten die merkelsche Willkommenspolitik von 2015 und die absehbaren extremen Belastungen Deutschlands durch faktisch unbegrenzte Armutszuwanderung als abschreckendes Beispiel zur Stärkung jener politischen Kräfte, die das Eigene vor den Zumutungen der Globalisierung zu schützen versprachen.

Die meisten westlichen Länder nehmen nun den Fuß vom universalistischen Gaspedal und treten auf die partikulare Bremse. Sei es mit direkter Regierungsbeteiligung der Populisten oder nur unter dem Eindruck ihrer wachsenden Stimmenanteile. Sei es offen national argumentierend, gegen Merkel und gegen Brüssel, wie Ungarns Viktor Orbán als Wortführer der ostmitteleuropäischen Visegrád-Staaten, oder eher pragmatisch, die EU und den Multilateralismus zwar predigend, aber die eigenen nationalen Interessen knallhart vertretend wie Emmanuel Macron in Frankreich. Deutschland in der späten Merkel-Ära wirkt dagegen wie ein Raser, der selbst im dichten Nebel das Bremsen für seiner unwürdig hält – oder einfach das richtige Pedal nicht findet.

Als Menetekel für ein postmerkelistisches Deutschland könnte Österreich dienen. Zunächst unter dem Sozialdemokraten Werner Faymann noch Unterstützer Merkels, hat das kleine Nachbarland – in jeglicher Hinsicht Deutschland sehr nahe stehend und ähnlich – eine fundamentale Kehrtwende vollzogen. Der junge Bundeskanzler Sebastian Kurz, der seine ÖVP innerhalb kürzester Zeit neu ausrichtete und mit der rechtspopulistischen FPÖ eine Koalition bildete, ist längst auch in den Augen vieler CDU-Anhänger zum Inbegriff dessen geworden, was statt Merkel in Deutschland möglich wäre. In einer Umfrage von INSA für den *Focus* im Mai 2018 sagten 38 Prozent der Befragten, wenn Sebastian Kurz hierzulande als Kanzlerkandidat anträte, würden sie seine Partei wählen – 5,5 Prozentpunkte mehr als CDU und CSU. Acht von zehn AfD-Wählern, jeder dritte FDP-Wähler und drei von zehn CDU/CSU-Wählern stimmten in der Umfrage für eine Kurz-Liste.[17] Kurz stellte die EU-Ratspräsidentschaft Österreichs unter das Motto: »Ein Europa, das schützt«. Er hat damit gezeigt, dass er die politischen Bedürfnisse der Gegenwart verstanden hat – und die Botschaft, die vom Erstarken des Populismus für die Politik ausgeht. Auch in deutschen Zeitungsredaktionen und den Führungszirkeln der schwächelnden Volksparteien wird sich die Einsicht in die Wirklichkeit nicht ewig vermeiden lassen: Der Populismus ist kein unverschuldetes Unglück, das wie ein Komet über eine wohlgeordnete Welt hereinbrach, sondern eine Reaktion auf das Versagen der etablierten Eliten, ein fundamentales Bedürfnis zu bedienen: nämlich das Bedürfnis der Bürger nach Schutz und Sicherheit für ihre materiellen, kulturellen und sonstigen Lebensgrundlagen.

Parteien, die diesem wachsenden Bedürfnis nicht Rechnung tragen, werden in absehbarer Zukunft immer weniger in der Lage sein, große Teile der Wählerschaft aus allen gesellschaftlichen Schichten und Milieus zu vertreten, also Volksparteien zu bleiben. Das sind schlechte Aussichten für Merkel und die mit ihr Regierenden. Denn sie können dieses Bedürfnis nach Schutz der eigenen Interessen in einer von Konkurrenz und auch unversöhnlichen Gegnerschaften bestimmten Welt nicht befriedigen. Sie haben spätestens seit 2015 auf diesem Feld ihre Glaubwürdigkeit verloren, indem sie vor den eigenen Bürgern und der Weltöffentlichkeit zeigten, dass sie nicht schützen konnten oder wollten. Der Fall des nicht abgeschobenen späteren Attentäters Anis Amri oder die absurde Affäre um die unrechtmäßige Abschiebung des Bin-Laden-Leibwächters wirken auf eine wachsende Zahl verunsicherter Bürger wie Offenbarungseide des Staates, seiner Justiz und seiner politischen Führung, die offenbar gegen wachsende Bedrohungen keine Antworten finden. Je deutlicher die Bedrohung empfunden wird, umso größer wird das Bedürfnis nach Beschützern werden.

Das Bedürfnis nach dem starken Staat

Merkel erlebte ihren Aufstieg zur Macht in einem Deutschland, einem Europa und einem Westen, die nach dem Zusammenbruch des Sowjetimperiums keine Bedrohungen mehr kannten oder kennen wollten. Für Merkel und Co war dieses Bedürfnis deswegen keine Kategorie. Es spielte in ihrer Taktik keine Rolle. Das Bedürfnis nach einem schützenden Staat schien in der zweiten Hälfte des 20. Jahrhunderts und vor allem nach 1989 obsolet geworden zu sein. Eine historische Ausnahmesituation, die nun zu Ende geht.

Das Bedürfnis nach Sicherheit und Schutz ist vermutlich der Urgrund schlechthin für die Existenz von Staaten und somit für das Phänomen Politik. Um sich selbst und die eigenen Nachkommen vor den in der Natur und bei den fremden Artgenossen lauernden Gefahren zu schützen, schließen Menschen sich zu Staaten zusammen. Der Philosoph Thomas Hobbes (1588–1679) hat in seinem Buch *Leviathan* (1651) diesen Gegensatz herausgestellt: zwischen dem Naturzustand der absoluten Freiheit und absoluten Unsicherheit, in dem nach Hobbes »der Mensch des Menschen Wolf« ist, einerseits und der Unterwerfung unter die Macht des Staates, die Sicherheit und Schutz verspricht, andererseits. Hobbes benennt den Naturzustand nach dem biblischen Ungeheuer Behemoth, den Staat nach dem biblischen Ungeheuer Leviathan. Man kann am Gegensatz dieser beiden Prinzipien – absolute Freiheit/Anarchie gegen unbedingte Ordnung/ totale Herrschaft – bis heute die politischen Bedürfnisse ordnen.[18] Beide sind negative Extreme, beide führen, wenn sie radikal verwirklicht werden, zu Blutvergießen und Grausamkeit. Das lehrt die historische Erfahrung: Extreme Beispiele für die Ordnung des Leviathan waren zum Beispiel die faschistischen und kommunistischen Gewaltherrschaften des 20. Jahrhunderts. Extreme Beispiele für die Unordnung des Behemoth finden sich in der Gegenwart in den *failed states* Somalia, Libyen, Jemen, Syrien, Irak, Afghanistan, aber auch in den Favelas von Südamerika und in den *no go areas* amerikanischer und europäischer Städte. Schutzlos ausgeliefert empfinden sich viele Menschen allerdings auch der globalisierten Wirtschaft. In der Rede vom Raubtierkapitalismus klingt die Angst vor dem Ungeheuer Behemoth wieder durch.

Politische Vernunft kann eigentlich nur zu dem Schluss führen, dass man sich vor beiden Ungeheuern gleichermaßen hüten und einen Weg der Mitte suchen sollte. Doch in der Wirklichkeit tendieren Menschen leider eher dazu, das eine Ungeheuer mehr zu fürchten als das andere. Ob ein Mensch nun die Ordnung des Leviathan oder die Unordnung des Behemoth eher fürchtet, hängt von eigenen Erfahrungen und Beobachtungen ab – und von der historischen Erinnerung. Dass die größten Verbrechen der Geschichte von totalitären Staaten, allen voran dem nationalsozialistischen Deutschland, begangen wurden, ist zweifellos der Grund dafür, dass zumindest im Westen seit 1945 Leviathan deutlich gefährlicher als Behemoth erschien. Faschismus und in Osteuropa auch der Kommunismus waren die negativen Ur-Erlebnisse. Die gesamte Nachkriegsgeschichte kann man als Fortschritt, fort von Leviathan, interpretieren. Fort von dem, was man einst den »Machtstaat« nannte.

Kapitel 4

Der Westen wurde also: postmodern, offen, kosmopolitisch, anti-nationalistisch, multilateral, globalistisch. Mit anderen Worten: Man glaubte an das *Ende der Geschichte*. Deutschland wollte dabei nicht nur besonders glänzen wegen seiner schuldhaften Geschichte als ehemals besonders machtversessener Machtstaat, sondern konnte dies auch besonders bedenkenlos tun. Denn die Funktion des Schutzes nach außen übernahm nach 1945 im Wesentlichen die USA. Und was den Schutz im Innern anging? Das Bewusstsein für die Schrecken des Behemoth, nämlich das Faustrecht des Stärkeren, und für die Notwendigkeit des Leviathan, des starken Staates, ist im befriedeten Westen in der zweiten Hälfte des 20. Jahrhunderts verloren gegangen. Es gab keine Kriege und Bürgerkriege mehr im Westen und keine gescheiterten Staaten. Dank Wirtschaftswunder und sozialer Marktwirtschaft war auch der soziale Friede weitgehend Wirklichkeit geworden. Ein Leben in Sicherheit und ungefährdetem Wohlstand wurde immer mehr als Selbstverständlichkeit empfunden. Da für die Bewohner der westlichen Wohlfahrtsstaaten nach 1945 also kein Behemoth erfahrbar war, erschien ihnen auch der Leviathan immer mehr verzichtbar. Der durchgreifende Staat erschien sogar zunehmend als inakzeptabel. Der Mensch als Wolf des Menschen war schließlich, so wollte man glauben, für alle Zeiten erledigt. Also konnte man ihn von der Kette lassen: Unter Parolen wie *Emanzipation, Weltoffenheit, Selbstverwirklichung* schien eine Gesellschaft Wirklichkeit zu werden, die weder den Leviathan nötig noch den Behemoth zu fürchten hätte. Und wo sich auch nur eine Spur des Wölfischen zeigte, waren die Fressnäpfe des Sozialstaates meist nicht weit, um ihn zu besänftigen. Aus dem schützenden war ein versorgender Staat geworden, aus Leviathan eine Milchkuh.

Warum Merkel nicht mehr in unsere Zeit passt

Das Ende der Illusionen ist das Ende des Merkelismus

Der Glaube an die Selbstverständlichkeit einer Welt ohne Feinde und des Rechts auf ein Leben mit Wohlfahrtsgarantie ist die Geschäftsgrundlage unpolitischer Politik. Merkels Methode des politischen Ausverkaufs beruht auf der Abwesenheit von fundamentalen Bedrohungsgefühlen und Ängsten in der Bevölkerung.

Doch damit ist es vorbei. Das ist wohl das wesentliche Merkmal des Epochenwechsels, den wir gerade erleben. Die scheinbaren Gewissheiten des hinter uns liegenden Zeitalters, Wohlstand und innere wie äußere Sicherheit, gehen verloren. Die Angst als Urgrund politischer Leidenschaft ist wieder da und mit ihr das Bedürfnis nach Schutz. Die unpolitische Politik der vergangenen 13 Jahre hat nichts getan, um der Angst die reale Grundlage zu nehmen. Im Gegenteil. Statt die Grundlagen des Sozialstaats durch Beschränkung langfristig zu sichern, ließen Merkel und Co den deutschen Staat zu einer gigantischen Welt-Hilfsorganisation expandieren. Dass dies auf Kosten der Bürger, der Familien, der Zukunft all derer, die »schon länger hier leben«, geschieht, wird noch durch deren erstaunliche Steuerzahlungsfähigkeit verschleiert – und vor allem durch die Komplexität der staatlichen Verschuldungsmöglichkeiten. Doch hinter dem Schleier werden die Konturen der verdrängten Bedrohungen immer deutlicher.

Die finanziellen Belastungen, die Deutschland in den vergangenen 13 Jahren angehäuft hat, sind nur der in Euro quantifizierbare Teil der bedrohlichen Zukunftsaussichten. Laut Schätzung des Ökonomen Daniel Stelter hat der deutsche Staat unter Merkel zusätzliche Lasten von 3700 bis 4700 Milliarden Euro angehäuft – durch Rentenerhöhungen, Energiewende, Eurorettung, Einwanderung in die Sozialsysteme –, »zusätzlich zu den Lasten, die sich aus der Alterung der Gesellschaft ohnehin ergeben und für die keine Regierung der letzten 40 Jahre vorgesorgt hat«. Stelters Ausblick gibt keinen Grund zur Beruhigung: »Der Anpassungsschock, der uns bevorsteht, wird äußerst schmerzhaft. Genau zu dem Zeitpunkt, an dem die geburtenstarken Jahrgänge in den Ruhestand gehen wollen, wird uns von allen Seiten die Rechnung präsentiert werden. Eine deutliche Steigerung der Abgabenbelastung bei gleichzeitigen Kürzungen der Sozialleistungen ist unvermeidlich. Die Verteilungskonflikte werden sich dramatisch verschärfen.«[19]

Gleichzeitig mit der Zunahme kultureller und ethnischer Vielfalt ist soziales Kapital aufgebraucht worden: der auf gemeinsamen Sitten und Traditionen beruhende Zusammenhalt auf nationaler Ebene, aber auch in den Gemeinden und Nachbarschaften ist geschwunden. Die Bereitschaft der Bürger, miteinander zu kooperieren und sich an Regeln des Zusammenlebens auch ohne staatlichen Zwang zu halten, hat abgenommen. Wie Robert D. Putnam und andere Soziologen gezeigt haben, steigen dadurch die sozialen Kosten einer Gesellschaft. Was zuvor in einem Klima des Vertrauens zwischen Bürgern weitgehend auch ohne staatlichen Druck sicher schien, ist es nun nicht mehr. Zum Beispiel als Frau abends mit der U-Bahn zu fahren oder seine Kinder unbeaufsichtigt spielen zu lassen. Umso weniger verzichtbar werden starke und präsente Gewaltmittel des Staates, um Ordnung und die Sicherheit der Bürger notfalls mit Gewalt durchzusetzen.

Auf diesem Feld der Sicherheit haben Merkel und ihre Mitstreiter und erst recht ihre Koalitionspartner aber nichts bis wenig glaubwürdig anzubieten. Wie gering Merkel offensichtlich die Bedeutung dieser Aufgabe einschätzt, beweist die Tatsache, dass sie während ihrer gesamten Kanzlerschaft nicht ein einziges Mal an den wöchentlichen Sitzungen der deutschen Geheimdienste zur nachrichtendienstlichen Lage teilgenommen hat.[20] Wenn die Präsidenten des Bundeskriminalamtes und der Bundespolizei mit den Leitern des Bundesnachrichtendienstes, des Bundesamtes für Verfassungsschutz und des Militärischen Abschirmdienstes über Kriege, Terror, Cyberattacken und neue Routen illegaler Migranten nach Deutschland sprechen, interessiert das die Kanzlerin nicht. Sie will sich vermutlich die Finger nicht schmutzig machen mit solch unmoralischen Themen. Und womöglich möchte sie auch einfach nicht belästigt werden mit den offensichtlichen Folgen ihrer verheerenden Entscheidungen.

Ein nicht unterschriebenes Papier hochrangiger Sicherheitsbeamter warnte im Herbst 2015 vor der Unmöglichkeit, Hunderttausende illegale Einwanderer zu integrieren, stattdessen »importieren wir islamistischen Extremismus, arabischen Antisemitismus, nationale und ethnische Konflikte anderer Völker sowie ein anderes Rechts- und Gesellschaftsverständnis. ... Die deutschen Sicherheitsbehörden sind und werden nicht in der Lage sein, diese importierten Sicherheitsprobleme und hierdurch entstehende Reaktionen auf Seiten der deutschen Bevölkerung zu lösen.«[21] Doch das Entsetzen ihrer Sicherheitsexperten, das sich durch viele Gewalttaten und andere Entwicklungen im Nachhinein als realistisch erwies, ließ Merkel offenbar kalt. Die Deutschen haben wahrlich wenig Anlass, darauf zu vertrauen, dass ihre Sicherheit der Kanzlerin besonders am Herzen läge.

Regieren in der Ära Merkel besteht einerseits aus viel Parteitaktik und andererseits aus dem Verschieben immer gigantischerer Geldbeträge. Beim Eintreiben von Steuern und der Konstruktion neuer Verschuldungsmöglichkeiten zeigt sich die politische Klasse ebenso vital wie bei der Verteilung des Geldes in ein immer weiter expandierendes Sozialsystem, in europäische Solidarität und in Subventionsmaschinerien wie die Energiewende. Sobald es aber um den Kernbereich der Staatlichkeit, nämlich die innere und äußere Sicherheit geht, erscheint die deutsche Politik wie gelähmt. Da dominiert statt Tatkraft ein moralgesättigter Diskurs der Empörungsbereitschaft. Man sucht dann, wie das Ergebnis des bizarren Koalitionsstreits um den Migrationsplan von Horst Seehofer zeigte, weniger nach Lösungen, die an der Wirklichkeit ausgerichtet sind, als nach Verschleierung des Irrsinns der unbegrenzten Einwanderung in die Sozialsysteme – und identifiziert gemeinsam mit einer hörigen Presse Störenfriede (zum Beispiel Hans-Georg Maaßen), an denen sich die Empörungslust abreagieren kann. Bei Merkel wissen die Bürger zwar nicht, wofür sie steht, aber sie werden eingelullt in das bequeme Gefühl, dass sie mit ihr auf der guten Seite stehen.

Diese Taktik forcierter Realitätsverschleierung durch Gefühle als Politikersatz hat Merkel zu höchster Blüte gebracht. Es war eine Un-Politik von Politikern, die sich selbst, dem Staat und den Bürgern keinen Konflikt auszuhalten zutrauten. Eine Un-Politik, die kein anderes Ziel hatte, als Mehrheiten ohne Risiken zu erringen und zu erhalten. Aber sie ist an ihrer Grenze angelangt, nämlich an die Grenze zur neuen Wirklichkeit. In ihr sind Konflikte unvermeidlich.

Die Aufgabe der Zukunft: ein schützender Staat

Merkels Regierungszeit erscheint dem Philosophen Heiner Mühlmann als »eine Zeit des Aufschubs. Am Ende dieses

Aufschubs kündigt sich ein Chaoshorizont an, hinter dem ein neuer Typ von Nachhaltigkeitskatastrophen lauert. In ihnen werden nicht nur CO2-Gas und ansteigende Meeresspiegel die materiellen Substrate chaotischer Entwicklungen sein, sondern auch wir Menschen selbst.«[22]

Je näher die Bedrohungen in Folge des Zerfalls alter Ordnungen und der Auflösung bisheriger Selbstverständlichkeiten den Bürgern kommen, desto weniger wird sie der Wohlfühl-Politikersatz zufriedenstellen, den Merkel und andere Meister der Macht für eine Gesellschaft entwarfen, die sich am *Ende der Geschichte* wähnte. Je ungemütlicher es dem Einzelnen wird, desto geringer ist sein Bedarf, auf der guten Seite zu stehen, und desto größer sein Bedarf nach effektivem Schutz. Auch globale Gefahren wie der Klimawandel werden, je konkreter sie erfahren werden, vermutlich nicht den Drang der Deutschen steigern, ein Vorbild für den Rest der Welt zu sein. Vielmehr dürfte hier wie in anderen Ländern der Bedarf nach akuten, unmittelbar wirksamen Anpassungs- und Schutzmaßnahmen vor Ort wachsen. Und im Zweifelsfall werden verunsicherte Bürger einer Regierung, die sofort und wirkungsvoll unilateral handelt, den Vorzug geben gegenüber einer Regierung, die auf europäischen oder multilateralen Lösungen beharrt, die nie verwirklicht werden.

Das heißt: Entweder die Politik ändert sich und geht auf das wieder wachsende Bedürfnis der Bürger nach Schutz ein. Oder die Bürger werden sich mittelfristig neue Politiker, neue Regierende wählen, die anbieten, was die alten nicht lieferten. Jede neue politische Bewegung und jede Erneuerung der CDU und der anderen etablierten Parteien, die für die Zeit nach Merkel und nach der Großen Koalition gerüstet sein will, muss daher vor allem eins tun: glaubwürdige

Angebote schaffen für das wachsende Bedürfnis der Bürger nach Schutz ihrer materiellen Versorgung und kulturellen Güter, ihrer Lebensgrundlagen in der Natur und ihrer bürgerlichen Freiheitsrechte. Diese ursprüngliche Aufgabe von Politik wird im Zeitalter zunehmender Unsicherheiten wieder im Zentrum von Parteiprogrammen und Regierungshandeln stehen müssen.

Das muss und sollte natürlich in demokratischen Parteien keineswegs die Preisgabe humanitärer, universeller Werte bedeuten. Aber vernünftigerweise muss gerade eine Partei wie die CDU, die den Anspruch hat, immer regierungsfähig zu sein, humanitäre Werte pragmatisch abwägen gegen partikulare Interessen derer, die man repräsentieren will. Weiterhin zu glauben, dass man hier einen radikalen, widerspruchsfreien moralischen Konsens herstellen kann, wie es Merkel und ihre Unterstützer im Herbst 2015 versuchten, wird die Fronten nur weiter verhärten gegenüber denjenigen, die nicht mitmachen beim vorgegebenen Konsens. Wenn die Akteure des moralischen und ökonomischen Universalismus nicht endlich begreifen, dass sie Rücksicht nehmen müssen auf diejenigen, die auf dem Weg in die »eine Welt« nicht begeistert mitgehen wollen oder können, wird deren Widerstand dagegen nicht geringer, sondern radikaler werden. Der Konflikt zwischen dem Wunsch nach der Weltgesellschaft und dem Bedürfnis nach dem Schutz des Eigenen ist nicht aufzulösen. Aber er kann zivilisiert und demokratisch geführt und entschärft werden durch pragmatische Kompromisse. Das wird die große Aufgabe demokratischer Politik in den kommenden Jahren sein.

Auf den Politikern und ihren Parteien, die die vergehende Merkel-Ära politisch überleben und das Land regieren wollen, lastet eine enorme Verantwortung. Vor ihnen liegt eine gigantische Aufgabe. Merkel und Co werden ihnen ein Staatswesen hinterlassen, das im Angesicht einer bedrohlichen Zukunft deutlich weniger gefestigt ist, als es noch eine Generation zuvor war. Der Merkelismus hat politische Ressourcen der Regierungspartei CDU und soziales Kapital Deutschlands verzehrt. Der Staat ist verfettet und geschwächt, die Gesellschaft zerfranst, die Bürger verunsichert.

In den kommenden Jahren werden uns für die Versäumnisse Merkels und ihrer Vorgänger die Rechnungen präsentiert werden. Die Weigerung, Armutszuwanderung wirkungsvoll zu begrenzen, wird unter anderem dazu führen, dass die Grenzen der Belastbarkeit des umverteilenden Sozialstaates getestet werden. Die bald unvermeidlichen Einschränkungen werden zu schockierenden Enttäuschungen von Erwartungen und harten Verteilungskonflikten führen – in einem Staat und einer Gesellschaft, die auf beides nicht vorbereitet sind. In dieser Situation könnte nicht weniger als die Demokratie in Gefahr geraten, wenn der von Merkel und Co sträflich demontierte Ordnungsstaat weiterhin versagt.

Wir wissen zum Beispiel aus der Erfahrung Russlands nach dem Zusammenbruch der Sowjetunion in den 1990er-Jahren: Vor die Wahl gestellt zwischen einer schwachen Demokratie, die keinen Schutz und keine Sicherheit nach dem Ordnungsverlust bieten konnte, und Wladimir Putins autoritärem Regime, das dies kann, wählten die Russen die zweite Option. Im Zweifelsfall würden sicher auch die heutigen Deutschen und alle anderen Europäer nach der Devise Goethes handeln, der 1792 das gewaltsame Ende der Mainzer Republik miterlebte: »Es liegt nun einmal in meiner Natur: ich will lieber eine Ungerechtigkeit begehen, als Unordnung ertragen.«[23] Es lag nicht nur in Goethes Natur. Erst Generationen, die den Schrecken des Behemoth nicht mehr kennengelernt haben, wie die 68er und ihre Kinder, können glauben, dass der Leviathan nicht nötig sei.

»Das demokratische Regierungssystem ist ernsthaft bedroht, nicht nur durch äußere Einflussnahmen und den Aufstieg autokratischer Regime, sondern von einer gewaltigen Vertrauenskrise im Innern«, sagt Nina Schick von der Organisation »Rasmussen Global«. Die hatte in einer Umfrage unter 125 000 Menschen in 50 Ländern festgestellt, dass die Unzufriedenheit der Bürger mit demokratischen Regierungen größer ist als mit undemokratischen. In Demokratien (darunter Deutschland) glauben 64 Prozent der Befragten, dass ihre Regierung »nicht in ihrem Interesse handelt«, in nichtdemokratischen Staaten (zum Beispiel Ägypten, Saudi-Arabien, Türkei, China, Russland) nur 41 Prozent. Unter den Demokratien schnitten dabei gut ab: Südkorea, Peru, Brasilien, Indien.[24] Ist es Zufall, dass dies alles Demokratien außerhalb Europas und des klassischen Westens sind? Ist es Zufall, dass es Länder sind, die nicht von Massenzuwanderung betroffen sind?

Diese besorgniserregenden Umfrageergebnisse waren nur einen Tag lang Thema in der Presse. Den demokratischen Parteien sollten sie sehr zu denken geben. Denn sie offenbaren: Die Parteien der Nach-Merkel-Zeit, nicht zuletzt die CDU, werden die Anpassung an die neue Wirklichkeit also nicht nur im eigenen Überlebensinteresse vollziehen müssen, sondern auch im Interesse der Bewahrung der freien, offenen Gesellschaft und der Demokratie. Wenn demokratische Politiker nicht die Lehren aus der Wirklichkeit ziehen und wenn es ihnen nicht gelingt, den Leviathan, den schützenden Staat, wiederaufzurichten, und wenn sie nicht die leidenschaftslose Gleichgültigkeit gegen die Folgen ihres eigenen Nichthandelns ablegen, die Merkel im Herbst 2015 mit dem Satz »Nun sind sie halt da« offenbarte, dann dürfte eintreten, was ein mit Sicherheitsfragen vertrauter Spitzenbeamter damals prophezeite: »Wir werden eine Abkehr vieler Menschen vom Verfassungsstaat erleben.«[25] Das wäre die schlimmste Spätfolge dieser langen, verhängnisvollen Kanzlerschaft.

ANMERKUNGEN

Kapitel 1
Die Fesseln merkelscher Macht

1 www.judus.de/2017/11/22/pressemitteilung-junge-union-d%C3%BCsseldorf-m%C3%B6chte-personellen-neuanfang/.
2 www.welt.de/politik/article170867371/Habe-nicht-das-Gefuehl-dass-Frau-Merkel-so-viel-geleistet-hat.html.
3 www.nzz.ch/meinung/das-ende-der-aera-merkel-ld.1332098.
4 www.wiwo.de/politik/deutschland/jamaika-gescheitert-der-anfang-von-merkels-ende-ist-da/20606808-all.html.
5 Vgl. Frank Bösch: *Macht und Machtverlust. Die Geschichte der CDU*, Stuttgart/München 2002, S. 10ff.
6 Gespräch mit mir am 21. Juni 2018.
7 Gespräch mit mir am 18. Mai 2018.
8 Gespräch mit mir am 14. Mai 2018.
9 https://static-assets.rp-online.de/images/news/180622_Masterplan_Migration.pdf. In der neuen Fassung heißt es – als Ergebnis des Koalitionsstreits – stattdessen: »An der deutsch-österreichischen Grenze wird ein neues Grenzregime ausgestaltet, das sicherstellt, dass Asylbewerber, für deren Asylverfahren andere EU-Länder zuständig sind, an der Einreise gehindert werden. Wir richten dafür Transitzentren ein, aus denen die Asylbewerber direkt in die zuständigen Länder zurückgewiesen werden (Zurückweisung auf Grund-

lage einer Fiktion der Nichteinreise). Dafür wollen wir nicht unabgestimmt handeln, sondern mit den betroffenen Ländern Verwaltungsabkommen abschließen oder das Benehmen herstellen [darauf kam es Merkel vermeintlich an; F.K.]. In den Fällen, in denen sich Länder Verwaltungsabkommen über die direkte Zurückweisung verweigern, findet die Zurückweisung an der deutsch-österreichischen Grenze auf Grundlage einer Vereinbarung mit der Republik Österreich statt.« www.bmi. bund.de/SharedDocs/downloads/DE/veroeffentlichungen/ themen/migration/masterplan-migration.html.

10 www.welt.de/debatte/kommentare/plus178874582/Stefan-Aust-Merkels-Sommernachtsalbtraum.html.

11 Auch dieses und alle weiteren Pantel-Zitate stammen aus dem Gespräch mit mir am 21. Juni 2018.

12 »Auch in der CSU hat ein Umdenken eingesetzt«, in: *FAZ*, 13.7.2018, Nr. 160F, S. 2.

13 »Duell aus Schwäche« (Titelgeschichte), in: *Der Spiegel*, 16.6.2018, S. 10.

14 www-faz-net.wao.zone/aktuell/politik/inland/streit-um-asylpolitik-eskaliert-wie-geht-es-weiter-15640580.html.

15 www.n-tv.de/politik/Mehrheit-haelt-Seehofer-fuer-Stoerenfried-article20529586.html.

16 *Protokoll 28. Parteitag der CDU Deutschlands*, S. 30. www.cdu. de/system/tdf/media/dokumente/2015_parteitagsprotokoll_ karlsruhe.pdf.

17 Stephens nennt Merkel »a muddler«. www.nytimes. com/2018/07/05/opinion/angela-merkel-germany-immigration-european-union.html.

18 *Protokoll 29. Parteitag der CDU Deutschlands*, S. 25ff. www.cdu.de/ system/tdf/media/dokumente/29._parteitagsprotokoll_2016_ internet.pdf.

19 *Orientierung in schwierigen Zeiten – für ein erfolgreiches Deutschland und Europa. Beschluss des 29. Parteitags der CDU Deutschlands*, S. 14. www.cdu.de/system/tdf/media/dokumente/

Anmerkungen

cdupt16_orientierung_inschwierigenzeitenfuereinerfolgreichesdeutschlandundeuropa_0.pdf.

20   *Protokoll 29. Parteitag der CDU Deutschlands*, S. 61. www.cdu.de/system/tdf/media/dokumente/29._parteitagsprotokoll_2016_internet.pdf.

21   www.bmi.bund.de/SharedDocs/pressemitteilungen/DE/2017/04/gesetzgebung.html.

22   Ebd.

23   Angela Merkel: »Die von Helmut Kohl eingeräumten Vorgänge haben der Partei Schaden zugefügt«, in: *FAZ*, 22.12.1999, S. 2.

24   www.wiwo.de/politik/deutschland/konservativer-aufbruch-in-der-csu-besuch-bei-den-unionsrebellen-wider-willen/13608486-all.html.

25   https://werteunion.net/wofuer-wir-kaempfen/konservatives-manifest/.

26   Angela Merkel: »Die von Helmut Kohl eingeräumten Vorgänge haben der Partei Schaden zugefügt«, in: *FAZ*, 22.12.1999, S. 2.

Kapitel 2
Die Bilanz – Deutschland nach 13 Jahren Merkel

1   Für ausführliche Bilanzen auf zahlreichen Feldern von jeweils spezialisierten Autoren: Philipp Plickert (Hg.): *Merkel – Eine Kritische Bilanz. (Mit Beiträgen von Thilo Sarrazin, Necla Kelek, Cora Stephan, Norbert Bolz, Roland Tichy und anderen)*, München 2017.

2   Diese Titel von *Sabine-Christiansen*-Sendungen der Jahre 2001 und 2002 und noch sehr viele weitere listete das Feuilleton der *FAZ* auf: »Von deutscher Republik – Vor der Präsidentenwahl: Ein Brühwürfel unseres Wahns«, in: *FAZ*, 19.5.2004, Nr. 116, S. 35.

Anmerkungen

3   Henning Klodt und Stefan Kooths: »Von der roten Laterne zum Siegerpokal?«, in: Plickert (Hg.): *Merkel – Eine kritische Bilanz*, S. 107.

4   https://www.iwh-halle.de/fileadmin/user_upload/publications/iwh_online/io_2015-04.pdf, S. 104.

5   www.economist.com/node/18070170.

6   www.bpb.de/apuz/250663/agenda-2010-und-arbeitsmarkt-eine-bilanz?p=all.

7   www.iwkoeln.de/studien/iw-trends/beitrag/christoph-schroeder-an-international-comparison-of-unit-labour-costs-319688.html.

8   Jeffrey Franks, Bergljot Barkbu, Rodolphe Blavy, William Oman und Hanni Schoelermann: »Economic Convergence in the Euro Area: Coming Together or Drifting Apart?«, in: *IMF Working Paper*, Januar 2018.

9   Vgl. »Der Preis der Einheit«, in : *Der Spiegel*, Nr. 39/2010. www.spiegel.de/spiegel/print/d-73989788.html. Detaillierter: David Marsh: *Der Euro. Die geheime Geschichte der neuen Weltwährung*, Hamburg 2009.

10 »Merkel präsentiert ihren Plan für Europa«, in: *FAZ*, 4.6.2018, S. 17.

11 David Marsh: »Die Widersprüche der Euro-Krise«, in: Plickert (Hg.): *Merkel – Eine kritische Bilanz*, München 2017, S. 101.

12 https://www.bundesbank.de/de/aufgaben/unbarer-zahlungsverkehr/target2/target2-saldo/target2-saldo-603478.

13 www.wiwo.de/finanzen/geldanlage/stelter-strategisch-die-endlose-euro-rettung-wird-teuer/22627480-all.html.

14 Erstmals in dem Gastbeitrag »Neue Abgründe« in der *WirtschaftsWoche*, 21.2.2011, Nr. 8, S. 35. Eine Auflistung von Sinns Publikationen zur »Target-Falle«: http://www.hanswernersinn.de/de/themen/TargetSalden.

15 www.wiwo.de/finanzen/geldanlage/stelter-strategisch-die-endlose-euro-rettung-wird-teuer/22627480-all.html.

Anmerkungen

16 Feri Cognitive Finance Institute: *Zukunftsrisiko »Euro Break up«. Hintergründe, aktuelle Entwicklungen und mögliche Konsequenzen*, Bad Homburg, März 2018. Eine Kurzversion ist abrufbar unter: https://www.feri-institut.de/media/1715/fcfi_eurobreakup-201803kurzversion1.pdf. Das Zitat stammt aus der ausführlichen Version, diese ist erhältlich unter: info@feri-institut.de.

17 Ebd.

18 www.wiwo.de/finanzen/geldanlage/stelter-strategisch-die-endlose-euro-rettung-wird-teuer/22627480-all.html.

19 www.bmas.de/SharedDocs/Downloads/DE/PDF-Publikationen/a-101-17-sozialbericht-2017.pdf, S. 197.

20 »Sozialausgaben in Deutschland steigen auf eine Billion Euro«, in: *FAZ*, 4.8.2018, Nr. 179, S. 17.

21 www.bmas.de/SharedDocs/Downloads/DE/PDF-Publikationen/a-101-17-sozialbericht-2017.pdf, S. 199.

22 www.wiwo.de/politik/deutschland/beamtenapparat-bundesregierung-stockt-mitarbeiterzahl-auf/22606584.html.

23 www.wiwo.de/my/finanzen/geldanlage/denkfabrik-die-stimmung-ist-gut-aber-nur-oekonomisch/20810812.html.

24 https://www.presseportal.de/pm/127836/3729767.

25 www.wiwo.de/politik/deutschland/wohlstandsindex-58-prozent-haben-angst-vor-der-zukunft/19837080-all.html

26 www.wiwo.de/politik/deutschland/wohlstandsindex-58-prozent-haben-angst-vor-der-zukunft/19837080-all.html.

27 Zu den zwei Ängste und ihren politischen Implikationen: www.wiwo.de/politik/deutschland/knauss-kontert-die-zwei-grossen-aengste-der-gegenwart/20569416.html.

28 Grundsatzprogramm der AfD, S. 79.

29 Eine Übersicht zu Umfragen zur Akzeptanz der Atomkraft seit den 1980er-Jahren: http://de.atomkraftwerkeplag.wikia.com/wiki/Meinungsumfragen_zur_Atomkraft.

Anmerkungen

30 www.sueddeutsche.de/medien/verschlossene-auster-fuer-stromkonzerne-ich-scheiss-dich-zu-mit-meinem-geld-1.1115387-2.

31 www.iwkoeln.de/studien/iw-kurzberichte/beitrag/hubertus-bardt-zwischenbilanz-zur-energiewende-395344.html.

32 Justus Haucap: »Deutschlands teurer Irrweg in der Energiepolitik«, in: Plickert (Hg.): *Merkel – Eine kritische Bilanz*, München 2017, S. 118-128.

33 www.iwkoeln.de/studien/iw-kurzberichte/beitrag/hubertus-bardt-zwischenbilanz-zur-energiewende-395344.html.

34 Robin Alexander: »Das Bild, das es nicht geben sollte«, in: *Welt am Sonntag*, 5.3.2017, Nr. 10, S. 11.

35 Wolfgang Streeck: »Merkel. Ein Rückblick«, in: *FAZ*, 16.11.2017, Nr. 266, S. 11.

36 Ebd.

37 »Existenzfragen für Europa«, in: *FAS*, 3.6.2018, Nr. 22, S. 2.

38 www.welt.de/politik/deutschland/article177682132/Grenzstreit-CDU-Minister-will-bei-Zurueckweisungen-sogar-weiter-gehen-als-CSU.html.

39 Statistisches Bundesamt: *Integrationsindikatoren 2005–2016*, S. 5ff.

40 www.destatis.de/DE/PresseService/Presse/Pressemitteilungen/2017/11/PD17_387_12521.html.

41 Bruegel.org/2018/01/people-on-the-move-migration-and-mobility-in-the-european-union/.

42 www.welt.de/politik/deutschland/article174668559/EU-Laender-Die-Schieflage-bei-Asylentscheidungen-ist-extrem.html.

43 www.wiwo.de/politik/europa/fluechtlingspolitik-spaniens-buerokratie-treibt-fluechtlinge-nach-deutschland/20981240.html.

44 https://www.huffingtonpost.de/2016/07/27/tuerkei-erdogan-kritik-ralph-ghadban_n_11219920.html.

Anmerkungen

45 www.wiwo.de/politik/deutschland/sozialstaat-die-sozialkosten-explodieren-und-niemand-handelt/19617464.html.

46 Ebd.

47 www.nzz.ch/meinung/kommentare/die-fluechtlingskosten-sind-ein-deutsches-tabuthema-ld.1316333.

48 www.welt.de/politik/deutschland/article162720105/Fluechtlingskosten-uebersteigen-Marke-von-20-000-000-000-Euro.html.

49 www.nzz.ch/meinung/kommentare/die-fluechtlingskosten-sind-ein-deutsches-tabuthema-ld.1316333.

50 Vgl. Wanda Spahl und Sabine Weiss: *Immigration und der soziale Wohlfahrtsstaat in Österreich, Deutschland und der Schweiz: Eine komparative Metastudie*, 2017. www.addendum.org/sozialstaat/zuwanderung.

51 *Ifo Schnelldienst*, 4/2016, 69. Jg., 7.–8. KW, 25. Februar 2016, S. 24-29.

52 Ebd., S. 14.

53 Michael Hanfeld: »Straftaten und Straftäter«, in: *FAZ*, 21.6.2018, Nr. 141, S. 9.

54 Auf Basis der Polizeilichen Kriminalstatistik 2017 zeigt Jochen Renz, dass vor allem Ausländer aus den Herkunftsländern der sogenannten Fluchtmigration extrem hohe »Kriminalraten« aufweisen: www.tichyseinblick.de/meinungen/kriminalstatistik-fuer-2017-teil-2-woher-die-taeter-kommen/.

55 www.wiwo.de/politik/deutschland/bamf-causa-bremen-offenbart-vor-allem-strukturelle-maengel/21214622.html.

56 Ebd.

57 www.cicero.de/innenpolitik/asylunterkunft-bamf-asylstreit-grenze-fluechtlinge-migrantion.

58 www.welt.de/politik/deutschland/article172934015/Ausreisepflichtige-Migranten-Zahl-der-Abschiebungen-2017-deutlich-gesunken.html.

Anmerkungen

59 www.faz.net/aktuell/politik/inland/fast-jede-zweite-geplante-abschiebung-abgebrochen-15604699.html.

Kapitel 3
Die unpolitische Politikerin – Warum Merkel in Deutschland (noch) regiert

1. www.fr.de/politik/meinung/kolumnen/merkel-muss-weg-in-hamburg-pegida-auf-hanseatisch-a-1448250.
2. www.welt.de/regionales/hamburg/article174758205/Hamburg-Teilnehmer-der-Merkel-muss-weg-Kundgebung-verletzt.html.
3. Der Wortlaut seiner Rede ist hier nachzulesen: www.tichyseinblick.de/feuilleton/matthias-matussek-sprach-in-hamburg/.
4. Angela Merkel, Hugo Müller-Vogg: *Mein Weg. Angela Merkel im Gespräch mit Hugo Müller-Vogg*, 2. Aufl., Hamburg 2004, S. 192.
5. Ebd., S. 207.
6. www.antifa-berlin.info/news/1429-proteste-gegen-siebten-merkel-muss-weg-aufmarsch.
7. www.hamburg.de/innenbehoerde/schlagzeilen/10690368/auch-reichsbuerger-unter-den-versammlungsteilnehmern/.
8. http://vera-lengsfeld.de/2018/02/16/die-antifa-pruegelt-fuer-merkel/.
9. www.shz.de/regionales/hamburg/merkel-gegner-und-antifa-anhaenger-treffen-aufeinander-id19434171.html.
10. www.welt.de/politik/deutschland/article174952611/Kandel-Knallkoerper-auf-Beamte-Polizei-macht-Antifa-schwere-Vorwuerfe.html.
11. www.facebook.com/DPolG.RLP/.
12. www.bundesregierung.de/ContentArchiv/DE/Archiv17/Interview/2010/04/2010-04-30-schroeder-faz.html.

Anmerkungen

13 www.spiegel.de/politik/deutschland/merkel-kritisiert-pegida-bei-neujahrsansprache-scharf-a-1010785.html.

14 Zitiert nach Jacqueline Boysen: *Angela Merkel. Eine deutsch-deutsche Biographie*, 2. Aufl., München 2001, S. 10.

15 Merkel, Müller-Vogg: *Mein Weg. Angela Merkel im Gespräch mit Hugo Müller-Vogg*, S. 9f.

16 Judy Dempsey: *Das Phänomen Merkel. Deutschlands Macht und Möglichkeiten*, Hamburg 2013, S. 190.

17 Peter Sloterdijk: »Die Machtwandlerin«, in: *Handelsblatt*, 18.9.2015.

18 Douglas Murray: *Der Selbstmord Europas. Immigration, Identität, Islam*, München, 2018, S. 259f.

19 Volker Zastrow: »Schande«, in: *FAS*, 19.10.2014, Nr. 42, S. 12.

20 https://web.br.de/interaktiv/wahlprogramm-analyse-bundestagswahl/.

21 https://www.infratest-dimap.de/uploads/media/LinksRechts_Nov2015_01.pdf.

22 Vgl. Frank Böckelmann: *Jargon der Weltoffenheit. Was sind unsere Werte noch wert?*, Waltrop/Leipzig 2014.

23 Arnold Gehlen: *Moral und Hypermoral*, 5. Aufl., Wiesbaden 1986, S. 79.

24 Merkel, Müller-Vogg: *Mein Weg. Angela Merkel im Gespräch mit Hugo Müller-Vogg*, S. 218.

25 *Protokoll 28. Parteitag der CDU Deutschlands*, S. 39. www.cdu.de/system/tdf/media/dokumente/2015_parteitagsprotokoll_karlsruhe.pdf.

26 Zitiert nach Boysen: *Angela Merkel*, S. 230.

27 www.faz.net/aktuell/wirtschaft/kuenstliche-intelligenz/koalitionsvertrag-besteht-zu-70-prozent-aus-spd-forderungen-15443775.html.

28 https://kress.de/news/detail/beitrag/138346-zeit-vize-bernd-ulrich-sarrazin-hat-gutes-geschaffen.html.

Anmerkungen

29 Viola Neu: »*Ich wollte etwas bewegen.*« *Die Mitglieder der CDU*, Sankt Augustin/Berlin 2017. http://www.kas.de/wf/doc/kas_51117-544-1-30.pdf, S. 12.

30 Boysen: *Angela Merkel*, S. 10.

31 Ebd., S. 136f.

32 Wolfgang Stock: *Angela Merkel. Eine politische Biographie*, München 2000, S. 24.

33 Gerd Langguth: *Angela Merkel*, München 2005, S. 340.

34 Max Weber: *Politik als Beruf*, München/Leipzig, 1919. https://de.m.wikisource.org/wiki/Politik_als_Beruf.

35 Niccolò Machiavelli: *Der Fürst*, hg. von Werner Bahner, Leipzig 1980, S. 96ff.

36 Ernst Troeltsch: *Der Historismus und seine Überwindung*, Berlin 1924, S. 84. https://archive.org/details/DerHistorismusUndSeineuumlberwindung.

37 Angela Merkel, Hugo Müller-Vogg: *Mein Weg. Angela Merkel im Gespräch mit Hugo Müller-Vogg*, S. 159.

38 Auf dem kleinen Parteitag der CDU am 20.11.2000 in Stuttgart warf Merkel Schröder und der SPD vor, sie seien »nicht in der Lage, eine Debatte über das Verhältnis von Nation und Vaterland zu führen«. Zitiert nach Boysen: *Angela Merkel*, S. 227.

39 www.welt.de/politik/deutschland/article162407512/Das-Volk-ist-jeder-der-in-diesem-Lande-lebt.html.

40 Danny Michelsen und Franz Walter: *Unpolitische Demokratie. Zur Krise der Repräsentation*, Berlin 2013, S. 290.

41 Boysen: *Angela Merkel*, S. 228.

42 Merkel, Müller-Vogg: *Mein Weg. Angela Merkel im Gespräch mit Hugo Müller-Vogg*, S. 153f.

43 Norbert Bolz: »Merkels Erfolgsgeheimnis«, in: Plickert (Hg.): *Merkel – Eine kritische Bilanz*, S. 20.

44 Die Wirkung ist hoch umstritten. Merkel selbst bestritt mehrfach, dass ihre Bilder Flüchtlinge zum Aufbruch nach Deutsch-

Anmerkungen

land bewegt hätten. Eine Umfrage kam später zum Ergebnis, dass rund jeder dritte Flüchtling aus Syrien die Bilder kannte (www.welt.de/politik/deutschland/article159245106/Nur-jeder-dritee-Syrer-kannte-Merkel-Selfies.html). Eine Reportage des Schweizer Fotografen und Autoren Rudolph Jula dagegen beschreibt die einladende Wirkung von Merkels Bildern und Worten auf Syrer in der Türkei (*Cicero*, September 2016). Das Heft trägt den vielsagenden Titel »Merkels Marschbefehl«.

45 www.deutschlandfunk.de/angela-merkel-sich-jetzt-wegzuducken-und-zu-hadern-das-ist.868.de.html?dram:article_id=332881.

46 Wolfgang Streeck: »Merkel. Ein Rückblick«, in: *FAZ*, 16.11.2017, Nr. 266, S. 11.

47 »Wir brauchen bei Rückführungen eine nationale Kraftanstrengung«, sagte sie auf dem Deutschlandtag der Jungen Union im Oktober 2016, zitiert nach: www.welt.de/politik/deutschland/article158781613/Nationale-Kraftanstrengung-fuer-Rueckfuehrungen.html. Ähnliches sagte sie im Januar 2017 bei einer Tagung des Beamtenbundes (www.faz.net/aktuell/politik/inland/angela-merkel-kuendigt-nationale-kraftanstrengung-bei-abschiebungen-an-14611483.html).

48 So bestätigte mir der frühere Abgeordnete Philipp Lengsfeld im Gespräch am 14.5.2018. Schäubles Zitat stammt aus einem Interview vom Februar 2016: www.bundesfinanzministerium.de/Content/DE/Interviews/2016/2016-02-04-PNP.html.

49 Robin Alexander: »Das Bild, das es nicht geben sollte«, in: *Welt am Sonntag*, 5.3.2017, Nr. 10, S. 11.

50 Robin Alexander: *Die Getriebenen. Merkel und die Flüchtlingspolitik: Report aus dem Innern der Macht*, München 2017.

51 Wolfgang Streeck: »Merkel – Ein Rückblick«, in: *FAZ*, 16.11.2017, Nr. 266, S. 11.

52 www.wiwo.de/politik/deutschland/bundestagswahl-2017/angela-merkel-die-weltkanzlerin-verspricht-wohlstand-fuer-alle/20051506.html.

Anmerkungen

53 Francis Fukuyama: »The End of History?«, in: *The National Interest* 16 (1989), S. 4.

54 Francis Fukuyama: *Das Ende der Geschichte. Wo stehen wir?*, München 1992, S. 13.

55 Rolf Peter Sieferle: *Epochenwechsel. Die Deutschen an der Schwelle zum 21. Jahrhundert*, Berlin 2017 (Neuauflage des 1994 erschienen Werkes), S. 103f.

56 Sieferle: *Epochenwechsel*, S. 105f.

57 Samuel P. Huntington: *Kampf der Kulturen. Die Neugestaltung der Weltpolitik im 21. Jahrhundert*, München/Wien 1996.

58 Martin Riesebrodt: *Die Rückkehr der Religionen. Fundamentalismus und der »Kampf der Kulturen«*, 2. Aufl., München 2001, S. 26.

59 Ebd., S. 29.

60 Norbert Elias: *Studien über die Deutschen. Machtkämpfe und Habitusentwicklung im 19. und 20. Jahrhundert*, Frankfurt am Main. 1989, S. 301.

Kapitel 4
Warum Merkel nicht mehr in unsere Zeit passt

1 Interview von Edward Luce in der *Financial Times*, 20.7.2018, www.ft.com/content/926a66b0-8b49-11e8-bf9e-8771d5404543 (»I think Trump may be one of those figures in history who appears from time to time to mark the end of an era and to force it to give up its old pretences.«).

2 https://www.bundesregierung.de/breg-de/service/bulletin/regierungserklaerung-von-bundeskanzlerin-dr-angela-merkel-862358.

3 www.nytimes.com/2016/11/13/world/europe/germany-merkel-trump-election.html. In jüngerer Zeit ist man allerdings auch bei der NYT anderer Ansicht. Kolumnist Bret Stephens schrieb am 8. Juli 2018 »Warum Merkel gehen muss«. www.nytimes.com/2018/07/05/opinion/angela-merkel-germany-immigration-european-union.html.

Anmerkungen

4 www.zeit.de/2016/48/angela-merkel-westliche-welt-us-wahl-donald-trump.

5 Bernd Ulrich: »Eine Frage der Ära«, in: *Die Zeit*, Nr. 49/2017.

6 www.nytimes.com/2018/05/30/us/politics/obama-reaction-trump-election-benjamin-rhodes.html.

7 Bernd Ulrich: »Zeit zu gehen?«, in: *Die Zeit*, 28.6.2018, Nr. 27, S. 2.

8 So Kaiser Wilhelm II. in seiner Rede »An das deutsche Volk« am 6. August 1914.

9 www.ft.com/content/926a66b0-8b49-11e8-bf9e-8771d5404543.

10 Daniel Stelter: »Die Rechnung«, in: *Cicero*, Nr. 8., August 2018, S. 17-20.

11 www.faz.net/aktuell/politik/inland/wird-die-cdu-im-osten-kuenftig-mit-der-linken-koalieren-15736446.html.

12 www.bild.de/regional/dresden/landtagswahlen-sachsen/wie-will-kretschmer-kuenftig-regieren-55992460.bild.html.

13 www.wiwo.de/politik/deutschland/lob-fuer-afd-chefin-petry-biedenkopf-sieht-gruene-als-vorbild-fuer-die-afd/14881790.html.

14 https://www.sueddeutsche.de/leben/kurt-biedenkopf-das-neue-laesst-sich-nicht-mit-alten-theorien-bewaeltigen-1.3877877?reduced=true.

15 www.wiwo.de/politik/deutschland/kurt-biedenkopf-die-spd-ist-am-ende-die-afd-wird-bleiben/20982968-2.html.

16 http://jameskirchick.com/2017/04/27/donald-trump-isnt-fascist-hes-golfer/.

17 www.focus.de/politik/deutschland/sebastian-kurz-38-prozent-der-deutschen-wuerden-oesterreichs-kanzler-waehlen_id_8949614.html.

18 Vgl. Sieferle: *Epochenwechsel*, S. 223-228.

Anmerkungen

19 Daniel Stelter: »Die Rechnung«, in: *Cicero*, Nr. 8, August 2018, S. 25. Ausführlicher: Daniel Stelter: *Das Märchen vom reichen Land. Wie die Politik uns ruiniert*, München 2018.
20 www.welt.de/politik/deutschland/plus179758154/Angela-Merkel-und-die-Geheimdienste-sind-in-der-Fluechtlingsfrage-uneins.html.
21 www.welt.de/politik/deutschland/article148000968/Sicherheitsexperten-entsetzt-ueber-deutsche-Politik.html.
22 https://www.nzz.ch/feuilleton/zeitgeschehen/angela-merkels-regierungsstil-politikschlaeue-ld.103846.
23 http://gutenberg.spiegel.de/buch/belagerung-von-mainz-3641/10.
24 »Bürger beurteilen Demokratien äußerst kritisch«, in: *FAZ*, 22.6.2018, Nr. 142, S. 1.
25 www.welt.de/politik/deutschland/article148000968/Sicherheitsexperten-entsetzt-ueber-deutsche-Politik.html.

Das Märchen vom reichen Land

Daniel Stelter

Wir leben in Deutschland in der scheinbar besten aller Welten, doch schon bald werden wir feststellen, dass wir nicht das reiche Land sind, das uns Medien und Politik glauben machen wollen. Denn der Boom der hiesigen Wirtschaft ist nicht unser Verdienst, sondern in erster Linie eine Folge der tiefen Zinsen, des schwachen Euro und des Verschuldungsexzesses im Rest der Welt.

In seinem neuen Buch zeigt Daniel Stelter, einer der klarsten und profiliertesten Denker in Sachen Ökonomie: Wenn wir weitermachen wie bisher, wird nicht nur unsere Wirtschaftskraft in den kommenden Jahren rapide sinken, sondern nachfolgende Generationen werden die finanziellen Lasten, die uns heutige Politiker aufbürden, nicht stemmen können. Doch der Bestsellerautor entlarvt nicht nur das Märchen vom »reichen Land« als eben solches, er zeigt auch konkrete Wege auf, wie wir dem Albtraumszenario entgehen können.

256 Seiten | Hardcover | 22,99 € (D) | 23,70 € (A) | ISBN 978-3-95972-153-0

Die neurotische Nation

Wolfgang Herles

Wirtschaftswunder, Wiedervereinigung, Willkommenskultur: In den Augen der meisten Deutschen sind die vergangenen siebzig Jahre eine einzige Erfolgsstory. Doch wir reden uns unsere Geschichte schön. Bereits in den Jahren des Wirtschaftswunders begann die Überforderung des Sozialstaats, mit der Wiedervereinigung nahmen die Selbstzweifel an der Identität der Deutschen nicht ab, sondern zu, und die Willkommenskultur führte bis zum Kontrollverlust des Staates.

Der prominente Fernsehjournalist und Schriftsteller Wolfgang Herles verknüpft meisterhaft die Geschichte der Bundesrepublik mit einem Psychogramm der deutschen Gesellschaft. Dabei zeigt er eindrücklich, wie die aus den unverarbeiteten Traumata der Deutschen – Nazidiktatur, Holocaust, Weltkrieg, Geldentwertung – entstandenen Ängste bis heute die Realität verzerren und einer zukunftsfähigen Politik im Weg stehen.

320 Seiten | Hardcover mit Schutzumschlag | 22,99 € (D) | 23,70 € (A) | ISBN 978-3-95972-139-4

Merkel – Eine kritische Bilanz

Philip Plickert

»Sie kennen mich« – mit diesem Spruch warb Angela Merkel vor vier Jahren für ihre Wiederwahl. Doch wer ist Merkel wirklich? Was sind ihre Verdienste, was waren ihre größten Fehler? In diesem Buch ziehen 22 Professoren und Publizisten eine Bilanz der Ära Merkel. Der Herausgeber, FAZ-Redakteur Philip Plickert, hat renommierte Autoren versammelt, die das politische Wirken und die Person Merkels analysieren.

Mit Beiträgen von Thilo Sarrazin, Necla Kelek, Cora Stephan, Norbert Bolz, Roland Tichy, Werner J. Patzelt, Wolfgang Ockenfels, Ralf Georg Reuth, Birgit Kelle, Daniel Koerfer, Dominik Geppert, David Marsh, Henning Klodt, Stefan Kooths, Justus Haucap, Michael Wolffsohn, Rafael Seligmann, Anthony Glees, Boris Kálnoky, Andreas Unterberger, Christopher Caldwell und Erich Vad.

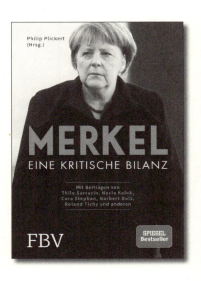

256 Seiten | Hardcover | 19,99 € (D) | 20,60 € (A) | ISBN 978-3-95972-065-6

Der Draghi-Crash

Markus Krall

Politik und Geldpolitik in Europa haben sich von den Grundsätzen verabschiedet, die in der Vergangenheit die Garanten des Erfolgs für den Kontinent waren. Die Finanzkrise und ihre nicht enden wollenden Nachbeben verleiten eine verunsicherte und überforderte Elite an den Schaltstellen der Macht dazu, ihr Heil in Staatsplanung, Intervention und Bürokratie zu suchen. Allen voran entzieht sich die Geldpolitik von Mario Draghi als Chef der Europäischen Zentralbank jeglicher Kontrolle. Auf dem Weg der Eurorettung ist sie zur ungebremsten Staatsfinanzierung degeneriert. Das Ergebnis ist absehbar: Am Horizont zeichnet sich eine monetäre Katastrophe ab, deren Entladung historisch ihresgleichen suchen wird.

Markus Krall führt sachkundig und kurzweilig durch die Materie und zeigt auf, in welchem Tümpel der »schwarze Schwan« des Crashs umherschwimmt.

208 Seiten | Hardcover | 17,99 € (D) | 18,50 € (A) | ISBN 978-3-95972-072-4

Wenn schwarze Schwäne Junge kriegen

Markus Krall

Keine Veränderung, kein Risiko, keine Volatilität bitte! Der Wunsch nach einem „weiter so wie bisher" scheint allumgreifend. Doch ohne Risiko gibt es keinen Fortschritt, kein Lernen, keine Erkenntnis. Wir klammern uns am Istzustand fest und verschließen unsere Augen vor den Problemen, die auf uns zukommen. Das ist ein Rezept für Katastrophen.

Markus Krall, Bestsellerautor und einer der profundesten Kenner der Risiko-Landschaft deckt in seinem neuen Buch auf, wo unentdeckte, unterdrückte oder kaschierte Risiken lauern, wo die sich entladenden Verwerfungen in Wirtschaft und Politik, die rasende technologische Entwicklung und die geostrategischen Fehlentwicklungen zu potenziellen Katastrophen führen können.

Ein packender Parforce-Ritt durch eine Welt, die schon morgen nicht mehr dieselbe sein wird.

320 Seiten | Hardcover | 17,99 € (D) | 18,50 € (A) | ISBN 978-3-95972-151-6

Wenn Sie **Interesse** an **unseren Büchern** haben,

z. B. als Geschenk für Ihre Kundenbindungsprojekte, fordern Sie unsere attraktiven Sonderkonditionen an.

Weitere Informationen erhalten Sie bei unserem Vertriebsteam unter +49 89 651285-154

oder schreiben Sie uns per E-Mail an:

vertrieb@finanzbuchverlag.de

FBV
FinanzBuch Verlag